环球网校

零基础过经济师考试系列
全国经济专业技术资格考试用书
全新版

克|题|制|胜 1

经济基础知识 初级

「精选章节习题集」

环球网校经济师考试研究院 编

全真机考模拟 ◁
以题促学 ◁
考前实战 ◁

立信会计出版社
LIXIN ACCOUNTING PUBLISHING HOUSE

图书在版编目(CIP)数据

经济基础知识(初级)精选章节习题集/环球网校经济师考试研究院编. —上海:立信会计出版社,2020.7(2025.8重印)

全国经济专业技术资格考试用书

ISBN 978-7-5429-6548-6

Ⅰ.①经… Ⅱ.①环… Ⅲ.①经济学-资格考试-习题集Ⅳ.①F0-44

中国版本图书馆 CIP 数据核字(2020)第 123631 号

责任编辑　　毕芸芸

经济基础知识(初级)精选章节习题集
Jingji Jichu Zhishi(Chuji) Jingxuan Zhangjie Xitiji

出版发行	立信会计出版社
地　　址	上海市中山西路 2230 号　　邮政编码　200235
电　　话	(021)64411389　　传　　真　(021)64411325
网　　址	www.lixinaph.com　　电子邮箱　lixinaph2019@126.com
网上书店	http://lixin.jd.com　　http://lxkjcbs.tmall.com
经　　销	各地新华书店
印　　刷	三河市中晟雅豪印务有限公司
开　　本	787 毫米×1092 毫米　　1/16
印　　张	20
字　　数	438 千字
版　　次	2020 年 7 月第 1 版
印　　次	2025 年 8 月第 6 次
书　　号	ISBN 978-7-5429-6548-6/F
定　　价	69.00 元

如有印订差错,请与本社联系调换

环球君带你学『经济师』

初级经济师是国家认可的初级职称,是经济专业技术资格的一种,是国家对多个行业内从事经济相关职业人员从业能力的认可。

初级经济师考试实行机考,总共考核两个科目,即"经济基础知识"和"专业知识与实务"。每个科目的考试时间为1.5小时,两门考试中间有40分钟休息时间。

如果备考经济师是一场战役,那么考前60天一定是决定战役能否胜利的关键节点。考生该如何更好地利用考前60天呢?除了要学习重要的知识点,还要进行刷题训练,通过做题提升学习效率,保持做题的题感。

环球网校经济师考试研究院的老师们对初级经济师考试进行了系统研究分析,结合历年辅导大批考生的经验,编写了本书,期望能够帮助大家顺利通过考试。本书分为三大版块:

第一版块:刷题练习。本部分按照章节顺序呈现习题,旨在让考生能够对每个常考知识点都能以习题形式进行练习。本部分的每道题都是环球网校经济师考试研究院的老师根据考试频率和知识点的考查方向精挑细选出来的,便于考生复习,打好扎实的知识基础。

第二版块:思维导图。本部分以思维导图的形式展现了各章的重点内容,便于考生直观明了、高效快捷地掌握知识体系。

第三版块:全真机考模拟。考生在精做章节练习题、掌握知识脉络后,一定要做成套试卷进行模拟考试。本部分旨在让考生在仿真机考环境中进行模拟练习,进而胸有成竹地参加考试。

在做题过程中,考生应当注意对错题进行整理和分析,从而完善自身的知识体系。建议考生针对每一道错题都问自己以下几个问题:

(1)这道题考查的知识点是什么?

(2)与本题考查的知识点相关的内容有哪些?

(3)我是怎么运用相关知识点解决这道题的问题的?

(4) 这道题的解题过程是什么?

(5) 为什么我做错了这道题?

(6) 这道题还有其他做法吗?

思考上述问题可以帮助考生从知识掌握、能力提升、解题习惯等方面分析错误,有针对性地进行复习,高效备考。

如果考生在做题中遇到了自己研究不明白的题目,可以扫描相关二维码听老师讲解该知识点。本书在每一章最后设置了"学习笔记"栏目,考生可以记录在学习中遇到的难点、雷点,从而准确地找到自己的薄弱点,然后想办法去攻克它。

学习是日积月累、循序渐进的过程,要系统、全面地掌握知识,就要采用有效的方法坚持不懈、持之以恒地学习。希望通过这60天的学习,大家能够养成良好的学习习惯,顺利通过初级经济师考试,为以后的职业发展奠定良好的基础。

环球网校经济师考试研究院

目录

第一部分 经济学基础

第一章 社会经济制度 ………………… 1
Day 1 …………………………………… 1
考点：物质资料生产 …………………… 1
考点：社会基本矛盾运动 ……………… 2
考点：社会经济规律 …………………… 2
考点：社会经济制度的变革和演化 …… 3
考点：自然经济的基本特征 …………… 3
考点：商品经济的产生和发展 ………… 3
Day 2 …………………………………… 4
考点：市场与市场体系 ………………… 4
考点：商品经济与市场经济 …………… 4
考点：合理配置社会资源的必要性 …… 4
考点：社会资源的配置方式 …………… 4
考点：经济体制与经济制度 …………… 5
　参考答案及解析 ………………………… 7

第二章 商品经济的基本原理 ………… 10
Day 3 …………………………………… 10
考点：商品的使用价值和价值 ………… 10
考点：具体劳动和抽象劳动 …………… 11
考点：商品的价值量 …………………… 11
考点：货币的产生和本质 ……………… 11
Day 4 …………………………………… 13
考点：货币的职能 ……………………… 13
考点：货币流通规律 …………………… 13
考点：价值规律的内容和表现形式 …… 13
考点：价值规律的作用 ………………… 14
　参考答案及解析 ………………………… 16

第三章 资本主义的发展历程和社会主义经济制度的建立 ……………………… 19
Day 5 …………………………………… 19
考点：资本主义的历史发展过程 ……… 19
考点：垄断资本主义的基本经济特征 … 19
考点：垄断资本 ………………………… 20
考点：金融寡头 ………………………… 20
考点：国家垄断资本主义 ……………… 20
考点：当代资本主义的新变化 ………… 21
考点：社会主义取代资本主义的总趋势
　　　……………………………………… 21
考点：社会主义经济制度建立的客观必然性 ……………………………………… 21
考点：社会主义经济制度产生的特点 … 21
考点：我国社会主义经济制度建立的途径
　　　……………………………………… 22
　参考答案及解析 ………………………… 24

第四章 社会主义的本质及其初级阶段的基本经济制度 ………………………… 26
Day 6 …………………………………… 26
考点：社会主义的根本任务是解放和发展生产力 ……………………………… 26
考点：社会主义的根本目的是消灭剥削、消除两极分化和实现共同富裕 ……… 26
考点：社会主义初级阶段理论概述 …… 27
考点：社会主义初级阶段的基本经济制度
　　　……………………………………… 27
考点：社会主义初级阶段的收入分配制度
　　　……………………………………… 27
　参考答案及解析 ………………………… 30

第五章 社会主义市场经济体制及其运行基础 …………………………………… 32
Day 7 …………………………………… 32
考点：社会主义商品经济与市场经济 … 32
考点：社会主义经济体制改革的目标和基本模式 ……………………………… 33
考点：社会主义市场体系的基本特征 … 33
考点：社会主义市场经济条件下的商品市场和要素市场 ………………………… 33

· 1 ·

考点：社会主义市场规则与秩序 …… 33
　Day 8 …… 35
　　考点：市场中介组织 …… 35
　　考点：社会主义企业和企业制度 …… 35
　　考点：社会主义企业的类型 …… 35
　　考点：现代企业制度的基本特征 …… 35
　　考点：我国农村的基本经济制度 …… 36
　　参考答案及解析 …… 38
第六章　社会主义经济的增长与发展 …… 41
　Day 9 …… 41
　　考点：社会主义再生产的实质 …… 41
　　考点：社会主义再生产的特点 …… 41
　　考点：产业结构的内涵及其划分 …… 42
　　考点：影响产业结构的因素 …… 42
　　考点：产业结构的优化 …… 42
　　考点：国民生产总值和国内生产总值的核算 …… 43
　Day 10 …… 44
　　考点：社会主义积累基金和消费基金 …… 44
　　考点：社会保障制度的健全与完善 …… 44
　　考点：经济增长与经济发展 …… 44
　　考点：社会主义经济发展战略 …… 44
　　考点：认识新发展阶段，贯彻新发展理念，构建新发展格局 …… 45
　　考点：以中国式现代化全面推进中华民族伟大复兴 …… 45
　　考点：高质量发展是全面建设社会主义现代化国家的首要任务 …… 45
　　参考答案及解析 …… 47
第七章　社会主义市场经济的宏观调控 …… 50
　Day 11 …… 50
　　考点：社会主义国家的经济职能 …… 50
　　考点：社会主义市场经济宏观调控的必要性 …… 50
　　考点：宏观经济调控的目标 …… 51
　　考点：宏观经济调控的方式 …… 51
　　考点：宏观经济调控的手段 …… 51
　　考点：财政政策 …… 51
　　考点：货币政策 …… 51
　　考点：宏观调控的综合协调 …… 52
　　参考答案及解析 …… 54

第八章　经济全球化与我国经济的对外开放 …… 56
　Day 12 …… 56
　　考点：经济全球化及其发展趋势 …… 56
　　考点：经济全球化对发展中国家的挑战与机遇 …… 57
　　考点：经济全球化与我国的开放型经济 …… 57
　　考点：经济全球化背景下我国的涉外经济管理 …… 57
　　考点：我国涉外经济管理应遵循的基本原则 …… 57
　　参考答案及解析 …… 60

第二部分　财政税收

第九章　公共物品与财政职能 …… 62
　Day 13 …… 62
　　考点：公共物品及其特征 …… 62
　　考点：公共物品的需求显示 …… 63
　　考点：公共物品的融资与生产 …… 63
　　考点：公共物品供给的制度结构 …… 64
　　考点：市场和市场效率 …… 64
　　考点：市场失灵 …… 64
　Day 14 …… 65
　　考点：财政的基本含义 …… 65
　　考点：财政的基本特征 …… 65
　　考点：资源配置职能 …… 65
　　考点：收入分配职能 …… 65
　　考点：经济稳定和发展职能 …… 66
　　考点：中央与地方财政事权和支出责任划分原则 …… 66
　　考点：中央与地方财政事权和支出责任划分改革的主要内容 …… 66
　　考点："十四五"规划对加快建立现代财政制度的要求 …… 66
　　参考答案及解析 …… 68
第十章　财政支出 …… 71
　Day 15 …… 71
　　考点：如何理解财政支出数据 …… 71
　　考点：财政支出分类方法 …… 71
　　考点：我国的政府支出分类改革 …… 72
　　考点：财政支出规模的定义 …… 72

考点：衡量财政支出规模的指标 …… 72
Day 16 …… 73
考点：衡量财政支出规模变化的指标
 …… 73
考点：影响财政支出规模的主要因素
 …… 73
考点：政府消费性支出 …… 73
考点：政府投资性支出 …… 73
考点：社会保障支出 …… 74
考点：财政补贴 …… 74
考点：购买性支出与转移性支出的功能
 比较 …… 74
参考答案及解析 …… 76

第十一章 财政收入 …… 79
Day 17 …… 79
考点：财政收入的含义 …… 79
考点：财政收入的形式 …… 79
考点：财政收入的分类 …… 80
考点：衡量财政收入规模的指标 …… 80
考点：影响财政收入规模的主要因素 …… 80
Day 18 …… 82
考点：财政收入规模的确定 …… 82
考点：政府债务收入的含义和特征 …… 82
考点：政府债务的经济影响 …… 82
考点：衡量政府债务收入规模的指标 …… 83
考点：中央政府债务管理制度 …… 83
考点：地方政府债务管理制度 …… 83
参考答案及解析 …… 85

第十二章 税收基本制度 …… 88
Day 19 …… 88
考点：税收的基本含义 …… 88
考点：税收的基本特征 …… 89
考点：税收的职能 …… 89
考点：税制要素 …… 89
考点：税收分类 …… 90
考点：我国现行税收法律制度 …… 90
Day 20 …… 91
考点：增值税 …… 91
考点：消费税 …… 91
考点：关税 …… 91
考点：所得税的主要特点 …… 91
考点：企业所得税 …… 91

考点：个人所得税 …… 92
考点：财产税的特点 …… 92
考点：房产税 …… 92
考点：契税 …… 92
考点：车船税 …… 92
考点：深化税收征管改革的主要目标
 …… 93
考点：深化税收征管改革的主要内容
 …… 93
参考答案及解析 …… 95

第十三章 政府预算制度 …… 99
Day 21 …… 99
考点：政府预算的含义 …… 99
考点：政府预算的职能 …… 99
考点：政府预算的原则 …… 100
考点：政府预算的分类 …… 100
考点：政府预算编制 …… 100
考点：政府预算的审查和批准 …… 100
考点：政府预算执行 …… 101
考点：政府预算调整 …… 101
考点：政府决算 …… 101
考点：部门预算的主要内容 …… 101
考点：深化预算管理制度改革 …… 101
参考答案及解析 …… 103

第三部分 货币与金融

第十四章 货币制度与货币发行 …… 106
Day 22 …… 106
考点：货币的本质 …… 106
考点：货币形态的演变 …… 106
考点：货币制度的构成要素 …… 107
考点：货币制度的演变 …… 107
考点：我国的货币制度 …… 108
考点：货币层次 …… 108
考点：货币供给机制 …… 108
参考答案及解析 …… 111

第十五章 信用与金融中介 …… 113
Day 23 …… 113
考点：信用的定义、存在前提及本质特征
 …… 113
考点：信用的作用 …… 113
考点：信用的形式 …… 114

考点：征信 …………………………… 114
Day 24 ………………………………… 115
考点：金融中介的定义 ………………… 115
考点：金融中介的类型 ………………… 115
考点：影子银行 ………………………… 115
考点：我国金融中介体系的建立、巩固和
发展 ………………………………… 116
考点：我国当前金融中介体系的结构 … 116
参考答案及解析 ………………………… 118

第十六章 金融体系与金融市场 ……… 121
Day 25 ………………………………… 121
考点：金融体系的定义 ………………… 121
考点：构成现代金融体系的基本要素
……………………………………… 121
考点：金融市场的定义和基本功能
……………………………………… 122
考点：金融市场的基本要素 …………… 122
考点：金融市场的分类 ………………… 122
Day 26 ………………………………… 123
考点：金融工具的定义和特征 ………… 123
考点：金融工具的种类 ………………… 123
考点：利率与利息 ……………………… 124
参考答案及解析 ………………………… 126

第十七章 汇率与国际收支 ……………… 129
Day 27 ………………………………… 129
考点：外汇 ……………………………… 129
考点：汇率 ……………………………… 130
考点：国际收支与国际收支平衡表 … 130
考点：国际收支差额分析 ……………… 131
参考答案及解析 ………………………… 133

第四部分 统 计

第十八章 统计与统计数据 ……………… 135
Day 28 ………………………………… 135
考点：统计的含义 ……………………… 135
考点：统计数据的计量尺度 …………… 136
考点：统计数据的类型 ………………… 136
考点：统计指标及其类型 ……………… 136
参考答案及解析 ………………………… 138

第十九章 统计调查 ……………………… 140
Day 29 ………………………………… 140
考点：统计调查的概念与作用 ………… 140

考点：统计调查的种类 ………………… 140
考点：普查 ……………………………… 141
考点：抽样调查 ………………………… 141
Day 30 ………………………………… 143
考点：重点调查 ………………………… 143
考点：典型调查 ………………………… 143
考点：收集第一手统计数据的方法 … 143
考点：收集第二手统计数据的方法 … 143
考点：大数据与行政记录数据的应用
……………………………………… 144
考点：统计数据的误差及误差的来源
……………………………………… 144
考点：统计数据的质量要求及检查 … 144
参考答案及解析 ………………………… 146

第二十章 统计数据的整理与显示 ……… 149
Day 31 ………………………………… 149
考点：分类数据的整理与显示 ………… 149
考点：顺序数据的整理与显示 ………… 150
Day 32 ………………………………… 152
考点：数据的分组 ……………………… 152
考点：数值型数据的图示 ……………… 152
考点：统计表的构成 …………………… 153
考点：统计表的设计 …………………… 153
参考答案及解析 ………………………… 155

第二十一章 数据特征的测度 …………… 158
Day 33 ………………………………… 158
考点：众数 ……………………………… 158
考点：中位数 …………………………… 158
考点：算数平均数 ……………………… 159
Day 34 ………………………………… 160
考点：几何平均数 ……………………… 160
考点：极差 ……………………………… 160
考点：标准差和方差 …………………… 160
考点：离散系数 ………………………… 161
参考答案及解析 ………………………… 163

第二十二章 统计指数 …………………… 166
Day 35 ………………………………… 166
考点：指数的概念与分类 ……………… 166
考点：基期加权综合指数 ……………… 167
考点：报告期加权综合指数 …………… 167
考点：总量指数与指数体系 …………… 167
考点：指数体系的分析与应用 ………… 167

考点：几种常用的统计指数 …………… 168
参考答案及解析 …………………… 170

第五部分 会 计

第二十三章 会计基本概念 …………… 171
Day 36 …………………………… 171
考点：会计的概念及特征 …………… 171
考点：会计的基本职能 ……………… 172
考点：会计的对象 ………………… 172
考点：会计核算的具体内容 ………… 172
考点：会计核算的一般要求 ………… 173
Day 37 …………………………… 174
考点：会计的基本前提 ……………… 174
考点：会计基础 …………………… 174
考点：会计确认计量的基本原则 …… 174
考点：会计信息质量要求 …………… 175
参考答案及解析 …………………… 177

第二十四章 会计核算 ………………… 181
Day 38 …………………………… 181
考点：会计要素 …………………… 181
考点：会计科目 …………………… 182
Day 39 …………………………… 184
考点：会计等式 …………………… 184
考点：复式记账 …………………… 184
考点：会计凭证 …………………… 185
Day 40 …………………………… 187
考点：原始凭证 …………………… 187
考点：记账凭证 …………………… 187
考点：会计凭证的传递和保管 ……… 187
考点：会计账簿概述 ……………… 188
考点：账簿的内容、启用与登记规则
…………………………………… 188
考点：会计账簿的格式和登记方法
…………………………………… 188
Day 41 …………………………… 189
考点：对账 ………………………… 189
考点：错账更正方法 ……………… 189
考点：结账 ………………………… 189
考点：财产清查概述 ……………… 190
考点：财产清查的方法 …………… 190
考点：财产清查结果的处理 ………… 191
参考答案及解析 …………………… 193

第二十五章 财务会计报告 …………… 201
Day 42 …………………………… 201
考点：财务会计报告的概念 ………… 201
考点：财务会计报告的内容 ………… 202
考点：财务会计报告的分类 ………… 202
考点：资产负债表 ………………… 202
考点：利润表 ……………………… 202
Day 43 …………………………… 204
考点：现金流量表 ………………… 204
考点：所有者权益变动表 …………… 204
考点：编制时间 …………………… 204
考点：先做财产清查、核实债务 …… 204
考点：先做对账、结账及其他检查工作
…………………………………… 205
考点：报表格式、内容及依据 ……… 205
考点：勾稽关系 …………………… 205
参考答案及解析 …………………… 207

第六部分 法 律

第二十六章 法的一般原理 …………… 210
Day 44 …………………………… 210
考点：法的概念 …………………… 210
考点：法的本质 …………………… 210
考点：法的特征 …………………… 211
考点：法律渊源 …………………… 211
Day 45 …………………………… 212
考点：法律规范 …………………… 212
考点：法律关系 …………………… 212
考点：法的制定、实施和解释 ……… 213
参考答案及解析 …………………… 215

第二十七章 中国特色社会主义法治体系
…………………………………… 217
Day 46 …………………………… 217
考点：法律体系和法治体系 ………… 217
考点：中国特色社会主义法律体系的基本
构成 ……………………………… 217
Day 47 …………………………… 219
考点：全面推进依法治国 …………… 219
考点：建设中国特色社会主义法治体系
…………………………………… 219
参考答案及解析 …………………… 221

第二十八章　行政法基础知识 …… 223
Day 48 …… 223
考点：行政法的概念和特征 …… 223
考点：行政法律关系 …… 224
考点：行政主体 …… 224
考点：行政行为的概念和特征 …… 224
考点：几种主要的行政行为 …… 224
Day 49 …… 226
考点：行政复议的特征 …… 226
考点：行政复议的基本原则 …… 226
考点：行政复议基本制度 …… 226
考点：行政诉讼的特征 …… 226
考点：行政诉讼的基本原则 …… 226
考点：行政诉讼的举证责任 …… 227
参考答案及解析 …… 229

第二十九章　民法基础知识 …… 232
Day 50 …… 232
考点：民法的概念和调整对象 …… 232
考点：民法的基本原则 …… 233
考点：民事法律关系 …… 233
考点：自然人 …… 233
考点：法人 …… 234
Day 51 …… 235
考点：非法人组织 …… 235
考点：民事法律行为的概念 …… 235
考点：无效民事法律行为 …… 235
考点：可撤销的民事法律行为 …… 235
考点：效力待定的民事法律行为 …… 236
考点：代理的概念和法律特征 …… 236
考点：代理的种类 …… 236
考点：无权代理和滥用代理权 …… 236

考点：代理的终止 …… 236
Day 52 …… 238
考点：民事权利 …… 238
考点：民事责任 …… 238
考点：诉讼时效的概念 …… 239
考点：诉讼时效的种类 …… 239
考点：诉讼时效期间的中止、中断和延长 …… 239
参考答案及解析 …… 242

第三十章　诉讼与仲裁法律基础知识 …… 248
Day 53 …… 248
考点：民事诉讼法的基本原则 …… 248
考点：民事诉讼法的基本制度 …… 248
考点：民事诉讼的管辖 …… 249
考点：第一审普通程序与简易程序 …… 250
考点：第二审程序 …… 250
考点：审判监督程序 …… 251
Day 54 …… 252
考点：督促程序 …… 252
考点：公示催告程序 …… 252
考点：执行程序 …… 252
考点：仲裁法基础知识 …… 252
参考答案及解析 …… 255

思维导图 …… 259
Day 55 …… 259
Day 56 …… 282
Day 57 …… 293

全真机考模拟 …… 309
Day 58 至 *Day 60* …… 309

第一部分 经济学基础

第一章 社会经济制度

学习指导

本章为经济学基础部分开篇章节，内容相对比较简单，考试重点也比较突出，常考的知识点有物质资料生产和基本经济规律、自然经济与商品经济、市场与市场体系、资源配置方式与经济体制等，历年考查分数为 6 分左右。

建议大家在学习本章内容时，结合经济常识理解记忆，抓住重点及掌握变形题目解题技巧，学好经济学基础的第一课。

日期	考点
Day1	➤物质资料生产 ➤社会基本矛盾运动 ➤社会经济规律 ➤社会经济制度的变革和演化 ➤自然经济的基本特征 ➤商品经济的产生和发展
Day2	➤市场与市场体系 ➤商品经济与市场经济 ➤合理配置社会资源的必要性 ➤社会资源的配置方式 ➤经济体制与经济制度

Day 1

▼ **考点**：物质资料生产

1. [多选] 人类进行物质资料生产应当具备的基本要素包括（　　）。
   A. 人的劳动　　　　　　　　　　B. 劳动资料
   C. 自然条件　　　　　　　　　　D. 劳动对象
   E. 生产关系

2. [单选] 下列选项中，（　　）是人类最基本的实践活动。
   A. 物质资料生产　　　　　　　　B. 商品交换

C. 经济规律　　　　　　　　　　　　D. 社会生产

▽ **考点**：社会基本矛盾运动

3. [多选] 社会生产关系是指人们在生产资料所有制基础上形成的，并在社会生产过程中发生的（　　）等关系的总和。
   A. 生产
   B. 分配
   C. 交换
   D. 消费
   E. 流通

4. [多选] 人类社会的基本矛盾是由（　　）构成的。
   A. 生产力和生产关系的矛盾
   B. 经济基础和上层建筑的矛盾
   C. 物质需求与精神需求的矛盾
   D. 生产资料与生产工具的矛盾
   E. 生产资料与生活资料的矛盾

5. [单选] 生产关系形成的基础是（　　）。
   A. 社会生产力水平
   B. 生产资料所有制
   C. 自然资源分布状况
   D. 国家政治体制

6. [单选] 建立在一定经济基础之上，并与之相适应的政治、法律制度和社会意识形态，是这个社会的（　　）。
   A. 上层建筑
   B. 生产关系
   C. 生产力
   D. 经济制度

7. [单选] 一定社会形态中占主导地位的生产关系的总和，构成这个社会的（　　）。
   A. 经济体制
   B. 经济制度
   C. 经济基础
   D. 生产方式

▽ **考点**：社会经济规律

8. [多选] 经济规律具有客观性的原因有（　　）。
   A. 人们不得利用、改造经济规律
   B. 任何经济规律都是不以人的主观意志为转移的
   C. 人们从事经济活动必须尊重经济规律，并按经济规律的要求办事
   D. 人们在经济规律面前无能为力，任由经济规律摆布
   E. 任何经济规律都是在一定的客观经济条件的基础上产生，并随着客观经济条件的变化而变化

9. [多选] 经济规律的客观性表明（　　）。
   A. 任何经济规律都是在一定客观经济条件基础上产生和发生作用
   B. 任何经济规律都随客观经济条件的变化而变化
   C. 人们不能消灭、废除和改造经济规律

D. 人们不能随意创造和制定经济规律
E. 人们不能认识和利用经济规律

考点：社会经济制度的变革和演化

10. [多选] 关于社会经济制度的说法，正确的有（　　）。
    A. 社会经济制度是一定时期占统治地位的社会生产关系的总和
    B. 社会经济制度是构成一定社会形态的最基本、最本质的经济基础
    C. 社会经济制度产生变革的基本原因是社会基本矛盾的运动
    D. 社会经济制度是区分人类历史不同社会形态的根本标志
    E. 社会经济制度的变革完全可以依照人的意志而转移

考点：自然经济的基本特征

11. [单选] 在人类社会发展至今存在的基本经济形态中，为了满足生产者自身需要而进行生产的经济形态是（　　）。
    A. 市场经济　　　　　　　　　　B. 计划经济
    C. 商品经济　　　　　　　　　　D. 自然经济

考点：商品经济的产生和发展

12. [单选]（　　）是商品经济产生和发展的根本条件。
    A. 生产资料和产品属于同一个所有者　　B. 生产资料和产品属于不同的所有者
    C. 生产资料和产品的公有制　　　　　　D. 生产资料属于多个所有者

13. [单选]（　　）是商品经济产生和发展的一般基础。
    A. 生产资料和产品属于不同的所有者　　B. 市场经济
    C. 生产资料所有制　　　　　　　　　　D. 社会分工

14. [多选] 关于商品经济产生和发展的说法，正确的有（　　）。
    A. 商品经济是商品生产和交换的总和
    B. 商品经济是以交换为目的的社会经济形态
    C. 商品经济存在于整个人类历史发展过程
    D. 商品经济产生和发展的一般基础是社会分工
    E. 商品经济产生和发展的根本条件是生产资料公有制

学习笔记

Day 2

▼ 考点：市场与市场体系

1. [单选] 在当前的要素市场中，对商品市场和其他要素市场的发展起着越来越重要的作用而逐渐成为市场体系核心的是（　　）。
   A. 房地产市场
   B. 资本市场
   C. 信息市场
   D. 劳动力市场

2. [多选] 一个完善的市场体系应当具备的基本功能包括（　　）。
   A. 提高资源配置效率
   B. 对国民经济运行进行宏观调控
   C. 为市场主体提供经济联系的场所和载体
   D. 实现商品市场和要素市场之间信息的沟通和传递
   E. 较为真实地反映商品和要素的市场价值

3. [单选] 一个完善的市场体系为商品市场和要素市场主体之间提供了经济联系的场所和载体，这体现出其具有（　　）功能。
   A. 经济联系
   B. 信息传递
   C. 关系调整
   D. 社会评价

▼ 考点：商品经济与市场经济

4. [多选] 关于商品经济与市场经济关系的说法，正确的有（　　）。
   A. 商品经济是市场经济存在和发展的基础和前提
   B. 商品经济的充分发展必然过渡到市场经济
   C. 市场经济是市场在社会资源配置中起辅助性作用的商品经济
   D. 市场经济是商品经济发展的初级阶段
   E. 市场经济是商品经济发展的必然要求

▼ 考点：合理配置社会资源的必要性

5. [多选] 在社会化大生产条件下，（　　）是配置资源的两种方式。
   A. 计划
   B. 竞争
   C. 价值规律
   D. 市场
   E. 再分配

▼ 考点：社会资源的配置方式

6. [多选] 下列关于社会资源的配置方式的说法中，错误的有（　　）。
   A. 市场配置可以使企业和市场直接发生关系
   B. 市场配置方式在经济体制上的反映是商品经济
   C. 计划方式有两种：指令性计划和指导性计划
   D. 计划配置方式在经济体制上反映的是计划经济
   E. 市场配置方式不会使企业和市场直接发生关系

▼ **考点**：经济体制与经济制度

7. [单选] 一定社会经济组织内部资源配置的机制、方式和结构的总和称为（　　）。
   A. 经济状态　　　　　　　　　　　　　B. 经济制度
   C. 经济模式　　　　　　　　　　　　　D. 经济体制

8. [单选] 经济体制的影响因素不包括（　　）。
   A. 经济制度　　　　　　　　　　　　　B. 生产力发展水平
   C. 历史文化传统　　　　　　　　　　　D. 国家历史情况

9. [单选] （　　）是决定经济体制模式的最终依据。
   A. 经济制度　　　　　　　　　　　　　B. 生产力的发展水平
   C. 生产关系　　　　　　　　　　　　　D. 分配制度

10. [单选] 一国在选择社会资源配置方式时应遵循的基本原则是（　　）。
    A. 采用世界多数国家所采用的方式
    B. 采用世界最发达国家所采用的方式
    C. 仅考虑与本国基本经济制度相匹配的方式
    D. 结合本国在特定历史条件下的经济状况和经济发展目标

✎ 学习笔记

本章学习检查表

知识点名称	初次学习		第一次复习		第二次复习	
	做对题目数/总题目数	学习日期	做对题目数/总题目数	复习日期	做对题目数/总题目数	复习日期
物质资料生产						
社会基本矛盾运动						
社会经济规律						
社会经济制度的变革和演化						
自然经济的基本特征						
商品经济的产生和发展						
市场与市场体系						
商品经济与市场经济						
合理配置社会资源的必要性						
社会资源的配置方式						
经济体制与经济制度						

填写建议：

"做对题目数/总题目数"记录自己各知识点做题的情况，比如，某知识点总题目数10题，自己做对了其中7题，记录为7/10。

"学习日期"和"复习日期"记录自己学习和复习各知识点的日期。

备忘录

参考答案及解析

Day 1

1. ABD [解析] 人类进行物质资料生产应具备三个基本要素：①人的劳动，即劳动力的支出，它是生产的最基本要素。②劳动资料，即劳动手段，包括生产工具、生产场所、道路、运河等，其中最重要的是生产工具。③劳动对象，即劳动者在生产过程中所加工的一切物质资料。它分为两类：一类是未经人加工可直接纳入生产过程的自然物，如原始森林的树木、地下埋藏的煤层和矿石等；另一类是经过人加工的物质资料，如棉花、钢铁等原材料。

2. A [解析] 物质资料生产为人类提供基本的吃、穿、住、行等生活和生存资料，是人类最基本的实践活动。

3. ABCD [解析] 生产关系是指人们在生产资料所有制基础上形成的，并在社会生产过程中发生的生产和分配、交换、消费等关系的总和。其中，生产是起决定作用的环节，它决定着分配、交换、消费的对象、方式、数量和性质；分配和交换是联结生产和消费的桥梁和纽带，对生产和消费起着重要的影响作用；消费是最终目的和动力。

4. AB [解析] 生产力和生产关系的矛盾、经济基础和上层建筑的矛盾构成了人类社会的基本矛盾。

5. B [解析] 人们在社会生产过程中形成的生产和分配、交换、消费等方面的经济关系，是以一定的生产资料所有制为基础的。生产资料所有制形式决定了人们在社会生产中的地位和相互关系，决定着产品的分配、交换和消费形式，从而决定着生产关系。

6. A [解析] 上层建筑内容包括政治、法律制度和社会意识形态。

7. C [解析] 一定社会形态中占主导地位的生产关系的总和，构成这个社会的经济基础。

8. BCE [解析] 经济规律具有客观性，因为：①任何经济规律都是在一定的客观经济条件的基础上产生，并随着客观经济条件的变化而变化；②任何经济规律都是不以人的主观意志为转移的；③人们从事经济活动必须尊重经济规律，并按经济规律的要求办事。

9. ABCD [解析] 经济规律的客观性表明：任何经济规律都是在一定客观经济条件基础上产生和发生作用，任何经济规律都随着客观经济条件的变化而变化，人们不能消灭、废除和改造经济规律，也不能创造和制定经济规律。

10. ABCD [解析] 社会经济制度的变革表现为人类社会经济形态的发展和更替，它是在生产力发展及其与生产关系的相互作用中实现的，是一种不以人的意志为转移的客观历史过程，E 项错误。

11. D [解析] 市场经济是通过市场或市场机制来配置资源的一种经济运行方式，通过市场机制（价格机制、供求机制、竞争机制）来引导和调节企业和居民的行为，A 项错误。计划经济，或计划经济体制，又称指令型经济，是对生产、资源分配以及产品消费事先进行计划的经济体制，B 项错误。商品经济是直接以交换为目的社会经济形态，C 项错误。自然经济是为了满足生产者自身需要而进行生产的经济形态，D 项正确。

12. B [解析] 生产资料和产品属于不同的所有者是商品经济产生和发展的根本条件。

13. D [解析] 社会分工是商品经济产生和发展的一般基础。

14. ABD [解析] 商品经济是商品生产和商品交换的总和，是直接以交换为目的的社会经济形态，A、B两项正确。商品经济的产生和发展以一定的经济条件为前提，这些经济条件有：①社会分工；②生产资料和产品属于不同的所有者，存在具有独立经济利益的经济实体，C项错误。社会分工是商品经济产生和发展的一般基础，D项正确。生产资料和产品属于不同的所有者是商品经济产生和发展的根本条件，E项错误。

Day 2

1. B [解析] 要素市场中的资本市场已随着社会经济的发展对商品市场和其他要素市场的发展产生越来越重要的影响而逐渐成为市场体系的核心；商品的生产和交易最终取决于人的劳动，劳动力市场正逐渐成为要素市场中最能动的市场；在高新技术和信息产业迅猛发展的背景下，信息市场和技术市场更加不可或缺。

2. ACDE [解析] 一个完善的市场体系的基本功能包括：①提高资源配置效率功能；②经济联系功能，为商品市场和要素市场主体之间提供经济联系的场所和载体；③经济利益关系调整功能；④信息产生和传递功能，能够实现商品市场和要素市场之间信息的沟通和传递；⑤社会评价功能，能够较为真实地反映出商品和要素的市场价值。

3. A [解析] 经济联系功能是为商品市场和要素市场主体之间提供经济联系的场所和载体。

● 考点再现

$Q_{2\text{-}3}$ 一个完善的市场体系应具备的功能。

（1）提高资源配置效率功能。通过商品市场、要素市场之间的相互联系和相互作用，提高资源配置效率。

（2）经济联系功能。为商品市场和要素市场主体之间提供经济联系的场所和载体。

（3）经济利益关系调整功能。通过商品价格和要素价格（工资、利率、股票价格等）的波动，调节不同市场主体的经济利益。

（4）信息产生和传递功能。能够实现商品市场和要素市场之间信息的沟通和传递，使各市场主体根据获得的市场信息调整自身的经济行为，作出参与市场活动的相关决策。

（5）社会评价功能。能够较为真实地反映出商品和要素的市场价值。

4. ABE [解析] 商品经济与市场经济的联系是：商品经济是市场经济存在和发展的基础和前提（A项正确），市场经济是市场在资源配置中起决定性作用的商品经济（C项错误）；商品经济实现充分发展后将过渡到市场经济（B项正确）；市场经济是商品经济发展的必然要求（E项正确），市场经济是发达的商品经济（D项错误）。

5. AD [解析] 在社会化大生产条件下，计划和市场是配置资源的两种方式。

6. BE [解析] 合理配置社会资源是任何社会经济活动的中心问题，是生产力发展的重要前提。在社会化大生产条件下，计划和市场是配置资源的两种方式。市场配置方式在经济体制上的反映是市场经济，B项错误。市场配置可以使企业和市场直接发生关系，E项错误。

7. D [解析] 经济体制是一定社会经济组织内部资源配置的机制、方式和结构的总和，是对一定社会经济运行模式的概括。

8. D［解析］经济体制的影响因素有经济制度、生产力发展水平、历史文化传统以及现实国情等。
9. B［解析］生产力的发展水平是决定经济体制模式的最终依据。
10. D［解析］社会资源的配置方式有两种，即计划方式和市场方式。但无论选择哪种方式，都离不开本国在特定历史条件下的经济状况和经济发展目标。

第二章 商品经济的基本原理

> **学习指导**

本章主要内容是商品经济的一些基本原理，研究商品经济的一般规律是学习资本主义生产方式和社会主义生产方式的基础。本章常考的知识点有商品的使用价值和价值、货币的产生和本质、货币的职能、价值规律及其作用等，历年考查分数为5分左右。

本章常考查一些容易混淆的概念，如使用价值和价值、具体劳动和抽象劳动等，因此在学习时要注意加以区分。

日期	考点
Day3	➢ 商品的使用价值和价值 ➢ 具体劳动和抽象劳动 ➢ 商品的价值量 ➢ 货币的产生和本质
Day4	➢ 货币的职能 ➢ 货币流通规律 ➢ 价值规律的内容和表现形式 ➢ 价值规律的作用

▶▶ Day 3

▼ **考点**：商品的使用价值和价值

1. ［多选］关于商品使用价值和价值相互关系的说法，正确的有（　　）。
   A. 商品生产者和消费者不能同时占有商品的价值和使用价值
   B. 商品的使用价值和价值统一于商品之中，缺一不可
   C. 仅有使用价值而没有价值的物品也能成为商品
   D. 没有使用价值的物品也不会有价值
   E. 商品使用价值是商品价值的物质承担者

2. ［单选］商品的本质属性是（　　）。
   A. 使用价值　　　　　　　　　　　　B. 交换价值
   C. 价值　　　　　　　　　　　　　　D. 剩余价值

3. ［多选］关于价值和交换价值的关系的说法，正确的有（　　）。
   A. 交换价值是价值的基础
   B. 交换价值是价值的内容
   C. 交换价值是价值的表现形式

D. 价值是交换价值的表现形式

E. 价值是交换价值的内容

▽ 考点：具体劳动和抽象劳动

4. [单选] 商品具有使用价值和价值两个属性是由（　　）决定的。
   A. 生产过程的复杂性
   B. 劳动的二重性
   C. 满足人们需要的程度
   D. 交易的不同方式

5. [单选] 形成商品价值的唯一源泉是生产商品的（　　）。
   A. 复杂劳动　　　　　　　　　　　B. 具体劳动
   C. 简单劳动　　　　　　　　　　　D. 抽象劳动

6. [多选] 关于生产商品的具体劳动和抽象劳动的说法，正确的有（　　）。
   A. 抽象劳动是劳动具体形式的体现
   B. 具体劳动和抽象劳动之间完全对立
   C. 具体劳动创造商品的使用价值，体现人与自然的关系
   D. 商品生产者在从事具体劳动的同时也付出了抽象劳动
   E. 对于商品生产者来说，抽象劳动在质上相同，在量上有差别

▽ 考点：商品的价值量

7. [单选] 商品的社会价值是由（　　）决定的价值量。
   A. 社会必要劳动时间
   B. 劳动生产率
   C. 企业的劳动时间
   D. 个别企业的劳动时间

8. [多选] 决定和影响劳动生产率高低的因素主要有（　　）。
   A. 自然条件　　　　　　　　　　　B. 国家政策
   C. 生产资料的质量和效能　　　　　D. 生产过程的社会组织形式
   E. 劳动者的平均熟练程度

9. [多选] 商品的价值量与（　　）。
   A. 包含在商品中的社会必要劳动量成反比
   B. 包含在商品中的社会必要劳动量成正比
   C. 生产该商品的劳动生产率成反比
   D. 生产该商品的劳动生产率成正比
   E. 生产该商品的个别劳动耗费成正比

▽ 考点：货币的产生和本质

10. [单选] 在价值形式发展过程中，一切商品的价值都统一表现在从商品世界中分离出来充当一般等价物的某一种商品上，这种价值形式是（　　）。
    A. 一般价值形式　　　　　　　　　B. 简单的价值形式

C. 偶然的价值形式 D. 扩大的价值形式

11. [单选] 在价值形式的演变过程中，一种商品的价值表现在与它相交换的一系列商品上，这种商品的价值充分地表现为无差别的人类劳动的凝结。这种价值形式是（　　）。
   A. 简单的价值形式 B. 扩大的价值形式
   C. 一般价值形式 D. 货币价值形式

12. [多选] 货币的产生使商品内部的一系列矛盾转化为商品和货币的外部对立，这些矛盾包括（　　）。
   A. 使用价值和价值的矛盾 B. 简单劳动与复杂劳动的矛盾
   C. 脑力劳动与体力劳动的矛盾 D. 具体劳动与抽象劳动的矛盾
   E. 私人劳动与社会劳动的矛盾

学习笔记

Day 4

▽ 考点：货币的职能

1. [单选] 货币被用来支付商品赊买过程中的延期支付，以及用来支付债务、租金、利息、工资等职能，是指货币的（　　）。
   A. 支付手段
   B. 贮藏手段
   C. 流通手段
   D. 价值尺度

2. [单选]（　　）是货币用来表现和衡量其他商品价值的职能。
   A. 流通手段
   B. 价值尺度
   C. 价格标准
   D. 交换价值

3. [单选] 货币的基本职能是（　　）。
   A. 价值尺度和流通手段
   B. 价值尺度和贮藏手段
   C. 支付手段和流通手段
   D. 世界货币和价值尺度

4. [多选] 下列关于货币职能的说法，正确的有（　　）。
   A. 货币的基本职能是价值尺度
   B. 商品价值的货币表现就是商品的价格
   C. 作为流通手段的货币，必须是现实的货币
   D. 货币在执行流通手段时，不一定是足值的货币
   E. 充当贮藏手段职能的货币，必须是足值的货币

题目讲解

▽ 考点：货币流通规律

5. [多选] 根据货币流通规律，商品流通中需要的货币量取决于（　　）。
   A. 待流通的商品数量
   B. 商品流通的市场范围
   C. 商品交易的难易程度
   D. 商品的价格水平
   E. 货币流通速度

6. [单选] 纸币的发行量超过了商品流通所需金属货币量会引起（　　）。
   A. 货币贬值和物价上涨
   B. 货币升值和物价上涨
   C. 货币贬值和物价下降
   D. 货币升值和物价下降

7. [多选] 一定时期内商品流通中所需要的货币量（　　）。
   A. 与商品价格总额成正比
   B. 与商品的价格水平成正比
   C. 与货币流通速度成反比
   D. 与商品的价格水平成反比
   E. 与待流通的商品数量成正比

▽ 考点：价值规律的内容和表现形式

8. [单选] 价值规律的基本内容是（　　）。
   A. 价值规律是商品经济中的客观经济规律
   B. 价值规律是决定其他规律的经济规律
   C. 价值量由生产商品的社会必要劳动时间决定，商品交换以价值量为基础实行等价交换
   D. 价值规律是经济中起基础性作用的规律

9. ［单选］在现实生活中，价值规律对市场中商品生产和交换活动的支配作用主要是通过（　　）表现出来的。

　　A. 价格运动　　　　　　　　　　　　B. 交易方式

　　C. 交易范围　　　　　　　　　　　　D. 交易规模

10. ［多选］价格受供求的影响而围绕价值上下波动，不是对价值规律的否定，而是价值规律作用的表现形式，这是因为（　　）。

　　A. 商品交换都是等价交换

　　B. 各种商品价格的变动，是以各自的价值为基础

　　C. 从商品交换的总体看，价格总额与价值总额大体是相等的

　　D. 从商品交换的较长时间看，价格与价值是趋于一致的

　　E. 价格变化不会无限脱离价值，说明价格归根到底受价值制约

▼ **考点**：价值规律的作用

11. ［多选］在商品经济条件下，价值规律的作用体现在（　　）。

　　A. 调节资源配置和经济活动

　　B. 理顺分配关系，避免两极分化

　　C. 刺激生产者改进技术，提高劳动生产率

　　D. 促使商品生产者在市场竞争中实现优胜劣汰

　　E. 健全和完善社会保障制度

12. ［单选］价值规律通过市场商品价格的涨落来调节资源配置和经济活动，这种调节通常只能是一种（　　）。

　　A. 事后调节　　　　　　　　　　　　B. 事前调节

　　C. 随机调节　　　　　　　　　　　　D. 全程调节

✎ **学习笔记**

本章学习检查表

知识点名称	初次学习		第一次复习		第二次复习	
	做对题目数/总题目数	学习日期	做对题目数/总题目数	复习日期	做对题目数/总题目数	复习日期
商品的使用价值和价值						
具体劳动和抽象劳动						
商品的价值量						
货币的产生和本质						
货币的职能						
货币流通规律						
价值规律的内容和表现形式						
价值规律的作用						

填写建议：

"做对题目数/总题目数"记录自己各知识点做题的情况，比如，某知识点总题目数10题，自己做对了其中7题，记录为7/10。

"学习日期"和"复习日期"记录自己学习和复习各知识点的日期。

备忘录

参考答案及解析

Day 3

1. **ABDE** [解析] 商品是使用价值和价值的矛盾统一体。首先,使用价值和价值统一于商品之中,缺一就不能成为商品(B项正确)。使用价值是价值的物质承担者(E项正确),没有使用价值的物品没有价值,因而也就不是商品(D项正确);价值是商品的本质属性,仅仅有使用价值而没有价值的物品也不是商品(C项错误)。其次,使用价值和价值又相互排斥。商品消费者购买某种商品是为了消费,即获得商品的使用价值,他要获得使用价值,就必须支付商品的价值。商品生产者和消费者都不能既占有商品价值又占有商品的使用价值(A项正确)。只有通过商品交换,生产者让渡了商品的使用价值实现了价值,消费者支付了商品价值而获得了使用价值,商品中使用价值和价值的内在矛盾才能得到解决。

2. **C** [解析] 使用价值是商品的自然属性,价值是商品所特有的本质属性和社会属性。

3. **CE** [解析] 商品的使用价值,在质上各不相同,在量上也难以比较。但商品的价值,在质上是相同的,在量上也可以比较,从而可以使不同的商品按照一定的比例进行交换。商品交换的比例取决于商品价值的大小。因此,价值是交换价值的基础或内容,交换价值是价值的表现形式。

4. **B** [解析] 商品之所以具有使用价值和价值两个属性,是由劳动的二重性决定的,即具体劳动和抽象劳动。

5. **D** [解析] 抽象劳动是创造价值的劳动,是形成价值的唯一源泉。

6. **CDE** [解析] 具体劳动与抽象劳动的关系——矛盾统一。统一性:具体劳动和抽象劳动在时间上和空间上是统一的。商品生产者在从事具体劳动的同时也支出了抽象劳动,具体劳动和抽象劳动不是两次劳动,更不是两种劳动,而是生产商品的同一劳动过程的两个不同方面。矛盾性:①具体劳动是从劳动的有用效果来看的劳动,抽象劳动是抽取了劳动的有用性的一般人类劳动。②具体劳动在质上不同,在量上不能比较;抽象劳动在质上相同,只有量的差别。③具体劳动反映的是人与自然的关系,是劳动的自然属性;抽象劳动体现着商品生产者之间的经济关系,是劳动的社会属性,是商品经济特有的历史范畴。④具体劳动是生产使用价值的劳动,但不是使用价值的唯一源泉;抽象劳动是创造价值的劳动,是形成价值的唯一源泉。综上,C、D、E三项正确。抽象劳动是撇开劳动的具体形式的一般人类劳动,A项错误。具体劳动和抽象劳动之间存在着矛盾统一的关系,B项错误。

7. **A** [解析] 商品的价值量不是由个别生产者生产某种商品耗费的个别劳动时间决定的,而是由生产商品的社会必要劳动时间决定的。由社会必要劳动时间所决定的价值量,是商品的社会价值。A项正确,C、D两项错误。社会必要劳动时间不是固定不变的,而是随着劳动生产率的变化而变化。劳动生产率并不直接决定商品的价值量,即社会价值,B项错误。

8. **ACDE** [解析] 决定和影响劳动生产率高低的因素主要有劳动者的平均熟练程度、生产过程的社会组织形式、科学技术发展及其在生产中的应用、生产资料的质量和效能、自然条件等。A、C、D、E四项正确。国家政策并不能直接决定劳动生产率的高低,劳动生产率是指劳动者生产某种商品使用价值的效率,B项错误。

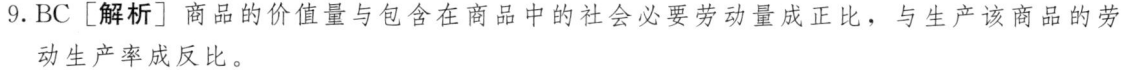

9. BC [解析] 商品的价值量与包含在商品中的社会必要劳动量成正比，与生产该商品的劳动生产率成反比。

10. A [解析] 一般价值形式，即一切商品的价值都统一表现在从商品世界中分离出来充当一般等价物的某一种商品上。

11. B [解析] 扩大的价值形式是指一种商品价值表现在与它相交换的一系列商品上。

> ●考点再现
>
> $Q_{10\text{-}11}$ 价值形式的四个阶段。
>
> 在商品经济中，商品的价值是通过货币来表现的，商品价值的表现形式就是价值形式。价值形式经历的四个阶段如下：
>
> （1）简单或偶然的价值形式：一种商品价值偶然地个别地表现在另一种商品上。
>
> （2）扩大的价值形式：一种商品价值表现在与它相交换的一系列商品上。
>
> （3）一般价值形式：一切商品的价值都统一表现在从商品世界分离出来充当一般等价物的某一种商品上。
>
> （4）货币价值形式：一般等价物最终固定在一种商品上时。

12. ADE [解析] 货币的出现使商品世界分成两极，这样商品内部的使用价值和价值的矛盾、具体劳动和抽象劳动的矛盾、私人劳动和社会劳动的矛盾，就发展成为商品与货币的外部对立。

Day 4

1. A [解析] 支付手段是指货币被用来支付商品赊买过程中的延期支付，以及用来支付债务、租金、利息、工资等的职能。

2. B [解析] 价值尺度是表现和衡量商品价值量大小的尺度。货币本身是商品。货币充当衡量商品价值的尺度是外在的，衡量商品价值量的内在尺度是社会必要劳动时间。

3. A [解析] 货币的职能是指货币在社会经济生活中的作用，是由货币的本质决定的，是货币本质的具体体现。在发达的商品经济中，货币的职能包括价值尺度、流通手段、贮藏手段、支付手段和世界货币五种，其中价值尺度和流通手段是货币的基本职能。

> ●考点再现
>
> $Q_{1\text{-}3}$ 货币的职能。
>
> 货币的职能是指货币在社会经济生活中的作用，是由货币的本质决定的，是货币本质的具体体现。在发达的商品经济中，货币的职能包括价值尺度、流通手段、贮藏手段、支付手段和世界货币五种，其中价值尺度和流通手段是货币的基本职能。
>
> （1）价值尺度：货币充当表现和衡量商品价值量大小的尺度。货币本身是商品。货币充当衡量商品价值的尺度是外在的，衡量商品价值量的内在尺度是社会必要劳动时间。
>
> （2）流通手段：货币充当商品交换媒介。必须是现实的货币，但不一定足值（可以是纸币）。
>
> （3）贮藏手段：货币退出流通领域，被当作独立的价值及财富的一般形式而保存起来，必须是足值的货币。
>
> （4）支付手段：货币被用来支付商品赊买过程中的延期支付，以及用来支付债务、租金、利息、工资等。

(5) 世界货币：货币跨出国内流通，一般是贵金属，少数发达国家的纸币也在一定程度上起着世界货币的作用。

4. BCDE [解析] 货币的基本职能是价值尺度和流通手段，A项错误。商品价值的货币表现就是商品的价格，B项正确。作为流通手段的货币，必须是现实的货币，C项正确。货币在执行流通手段时，不一定是足值的货币，D项正确。充当贮藏手段职能的货币，必须是足值的货币，E项正确。

5. ADE [解析] 根据货币流通规律，商品流通中需要的货币量取决于以下三个因素：①待流通的商品数量；②商品的价格水平；③货币流通速度。

6. A [解析] 商品流通过程中所需要的货币量由商品的价格总额和货币流通速度决定。如果纸币的发行量超过了商品流通所需金属货币量，就会引起纸币贬值，物价上涨，即通货膨胀；如果纸币的发行量小于商品流通所需金属货币量，则会引起纸币价值含量上升，物价下降，即通货紧缩。

7. ABCE [解析] 流通中所需要的货币量＝商品价格总额÷货币流通次数＝W价格水平×待售W数量÷G流通速度，A、B、C、E四项正确。流通中所需要的货币量与商品的价格水平成正比，而非反比，D项错误。

8. C [解析] 价值规律的基本内容是商品的价值量由生产商品的社会必要劳动时间决定，商品交换以价值量为基础实行等价交换。

9. A [解析] 价值规律对生产和交换活动的支配作用是通过价格运动表现出来的。按照价值规律的要求，商品价格的确定是以商品价值为基础的，但是并不意味着每一次具体的商品交换都是等价交换。

10. BCDE [解析] 商品交换并不都是等价交换，A项错误。商品的市场价格都是以各自的价值为基础变动的，B项正确。从总体上讲，一定时期内市场上商品的总价格和总价值应是大体相等的，C项正确。从商品交换的较长时间看，价格与价值是趋于一致的，D项正确。价格变化不会无限脱离价值，说明价格归根到底受价值制约，E项正确。

11. ACD [解析] 价值规律在商品经济中的主要作用：①调节资源配置和经济活动；②刺激商品生产者改进技术，提高劳动生产率，有利于社会生产力的发展；③促使商品生产者在市场竞争中实现优胜劣汰。

12. A [解析] 价值规律调节资源配置和经济活动的作用有一定的局限性。这是因为，商品价格的涨落是在市场已经形成了商品供求失衡的状况下发生的，因而价值规律通过价格涨落来调节资源配置和经济活动，只能是一种事后调节，往往会伴随着资源的浪费。

第三章　资本主义的发展历程和社会主义经济制度的建立

> **学习指导**

本章主要内容是资本主义的发展历程和社会主义经济制度的建立。本章常考的知识点有资本主义的历史发展过程、垄断资本主义、社会主义取代资本主义的总趋势、社会主义经济制度的建立等，历年考查分数为 2 分左右。

本章需要结合第 4 章内容进行综合学习，注意区分资本主义和社会主义的不同点。

日期	考点
Day5	➢资本主义的历史发展过程 ➢垄断资本主义的基本经济特征 ➢垄断资本 ➢金融寡头 ➢国家垄断资本主义 ➢当代资本主义的新变化 ➢社会主义取代资本主义的总趋势 ➢社会主义经济制度建立的客观必然性 ➢社会主义经济制度产生的特点 ➢我国社会主义经济制度建立的途径

▶▶ Day 5

▼ **考点**：资本主义的历史发展过程

1. ［单选］下列关于资本主义的历史发展过程的表述，错误的是（　　）。

   A. 垄断资本主义阶段的主要特征是垄断取代自由竞争成为经济生活的基础
   B. 自由竞争资本主义阶段的主要特点是自由竞争、自由经营
   C. 自由竞争资本主义阶段企业的经济活动由市场机制来调节，国家不干预经济
   D. 19 世纪 50 年代至 60 年代资本主义从自由竞争阶段过渡到垄断阶段

▼ **考点**：垄断资本主义的基本经济特征

2. ［多选］垄断资本主义的基本经济特征有（　　）。

   A. 生产和资本的高度集中导致垄断组织产生
   B. 银行资本和工业资本融合，形成了金融寡头
   C. 资本输出呈萎缩趋势
   D. 瓜分世界的资本家国际垄断同盟不断瓦解

E. 少数资本主义国家瓜分和重新瓜分世界领土的斗争日益激烈

3. [单选] 垄断资本主义的发展分为私人垄断资本主义和国家垄断资本主义,这两个时期的区别在于( )。
   A. 国家是否对社会生活进行全面的干预和调节
   B. 垄断资本是否由国家占有
   C. 垄断组织的形式不同
   D. 是否出现金融寡头

▼ 考点：垄断资本

4. [单选] 垄断组织的建立,实质是为了( )。
   A. 提高市场占有率   B. 降低生产成本
   C. 获得规模经济   D. 获取垄断利润

5. [多选] 垄断组织获得垄断利润的来源有( )。
   A. 从工人那里扣除的一部分劳动价值
   B. 把非垄断企业的一部分剩余价值转化为垄断利润
   C. 占有城乡小生产者的一部分产品价值
   D. 把国外劳动人民创造的一部分价值转化为垄断利润
   E. 由垄断本身而增大的商品价值

▼ 考点：金融寡头

6. [单选] 工业垄断资本和银行垄断资本相互渗透、彼此融合后形成的新资本形式是( )。
   A. 国家资本   B. 金融资本
   C. 商业资本   D. 银行资本

7. [单选] 在垄断资本主义阶段,金融寡头在经济上的统治主要是通过( )来实现的。
   A. 国有制   B. 赎买制
   C. 参与制   D. 合作制

8. [单选] 下列关于金融寡头的表述,不正确的是( )。
   A. 金融寡头是资本主义国家政治、经济和社会生活等各个方面的实际统治者
   B. 金融寡头是指掌握着庞大金融资本的少数最大的垄断资本家或资本家集团
   C. 金融寡头在经济上的统治,主要通过股份制来实现
   D. 金融寡头是随着金融资本的形成而形成的

▼ 考点：国家垄断资本主义

9. [多选] 资本主义国有企业产生的途径有( )。
   A. "国有化"政策
   B. 国家直接投资创办国有企业
   C. 国家对私人垄断企业的部分股份进行收购
   D. 私人垄断资本投资国有企业
   E. 国家与私人垄断组织联合投资创办企业

10. [单选] 国家与私人垄断资本在企业内部的结合这种国家垄断资本主义形式产生的途径不包括（   ）。
    A. 国家收购私人垄断企业的一部分股份
    B. 国有企业吸收一部分私人垄断资本投资
    C. 国家直接投资兴建国有企业
    D. 国家与私人垄断组织联合共同投资兴建企业

▼ 考点：当代资本主义的新变化

11. [多选] 下列关于当代资本主义新变化的说法，正确的有（   ）。
    A. 工人阶级和资产阶级的矛盾相对缓和
    B. 资本主义生产关系持续恶化
    C. 社会生产力获得了巨大发展
    D. 资产阶级政治统治形式趋于腐朽
    E. 资本主义生产关系出现了资本占有社会化的趋势

▼ 考点：社会主义取代资本主义的总趋势

12. [多选] 资本主义被社会主义所取代是一个充满着复杂的矛盾和斗争的历史过程，这是因为（   ）。
    A. 资本主义基本矛盾运动的复杂性和曲折性决定了社会主义取代资本主义是一个长期的过程
    B. 资本主义生产关系还能继续容纳社会生产力的发展
    C. 资本主义世界体系的形成和发展决定了资本主义向社会主义过渡的复杂性和长期性
    D. 社会主义制度的发展和完善是长期的
    E. 这是由社会主义的本质决定的

▼ 考点：社会主义经济制度建立的客观必然性

13. [单选] 下列关于社会主义经济制度建立的客观必然性的说法，正确的是（   ）。
    A. 是社会主义建设规律的必然结果
    B. 是生产关系一定要适应生产力性质规律作用的必然结果
    C. 是经济基础一定要适应上层建筑规律作用的必然结果
    D. 是国家垄断资本主义运动规律的必然结果

▼ 考点：社会主义经济制度产生的特点

14. [单选] 下列关于社会主义经济制度产生的特点的说法，正确的是（   ）。
    A. 社会主义经济制度的产生是以一种私有制形式代替另一种私有制形式
    B. 社会主义经济制度可以从资本主义私有制内部产生
    C. 社会主义经济制度的基础是生产资料公有制
    D. 社会主义经济制度是资本主义经济制度发展的基础条件

▽ 考点：我国社会主义经济制度建立的途径

15. ［多选］我国建立社会主义经济制度的基本途径有（　　）。

　　A. 没收官僚资本

　　B. 改造民族资本

　　C. 财政投资建立国有企业

　　D. 对国有企业进行股份制改造

　　E. 改造农业和手工业中的个体私有制

✎ 学习笔记

第三章 资本主义的发展历程和社会主义经济制度的建立

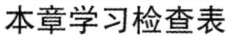
本章学习检查表

知识点名称	初次学习		第一次复习		第二次复习	
	做对题目数/总题目数	学习日期	做对题目数/总题目数	复习日期	做对题目数/总题目数	复习日期
资本主义的历史发展过程						
垄断资本主义的基本经济特征						
垄断资本						
金融寡头						
国家垄断资本主义						
当代资本主义的新变化						
社会主义取代资本主义的总趋势						
社会主义经济制度建立的客观必然性						
社会主义经济制度产生的特点						
我国社会主义经济制度建立的途径						

填写建议：

"做对题目数/总题目数"记录自己各知识点做题的情况，比如，某知识点总题目数10题，自己做对了其中7题，记录为7/10。

"学习日期"和"复习日期"记录自己学习和复习各知识点的日期。

备忘录

参考答案及解析

Day 5

1. D [解析] 资本主义发展的两个阶段包括自由竞争资本主义阶段与垄断资本主义阶段。自由竞争资本主义阶段的主要特点是自由竞争、自由经营，垄断资本主义阶段的主要特征是垄断取代自由竞争成为经济生活的基础，A、B两项正确。自由竞争资本主义阶段企业的经济活动由市场机制来调节，国家不干预经济，C项正确。19世纪末20世纪初，资本主义从自由竞争阶段过渡到垄断阶段，D项错误。

2. ABE [解析] 垄断资本主义的基本经济特征有：①垄断代替竞争在经济生活中占统治地位，生产和资本的高度集中，导致了经济生活中起决定作用的垄断组织的产生（A项正确）；②银行资本和工业资本已经融合起来，形成了金融寡头（B项正确）；③资本输出成为典型的经济现象，具有特别重要的意义（C项错误）；④资本家国际垄断同盟已经形成，并在经济上瓜分世界（D项错误）；⑤少数资本主义国家瓜分和重新瓜分世界领土的斗争日趋激烈（E项正确）。

3. A [解析] 垄断资本主义的发展分为私人垄断资本主义和国家垄断资本主义，这两个时期的区别在于国家是否对社会生活进行全面的干预和调节。

4. D [解析] 垄断组织的建立，实质是为了获取垄断利润。垄断利润是指垄断组织凭借其垄断地位获得的大大超过平均利润的高额利润。

5. ABCD [解析] 垄断利润的来源主要有：①垄断组织内部工人创造的剩余价值。②存在于垄断组织外部但通过价格等机制转移到垄断组织中的价值和剩余价值。例如，通过垄断高价出售商品而占有工人和其他劳动者的一部分收入，通过垄断高价和垄断低价占有非垄断组织的一部分剩余价值和小生产者创造的一部分价值，通过国家对国民收入的再分配将社会已形成的一部分价值转化为垄断利润，通过对外扩张、资本输出、不等价交换等掠夺其他国家人民的一部分财富等。A、B、C、D四项正确，E项不属于垄断利润的来源。

6. B [解析] 银行与工业之间关系日益密切，进而形成了工业垄断资本和银行垄断资本的融合，即金融资本。

7. C [解析] 在垄断资本主义阶段，金融寡头在经济上的统治主要是通过"参与制"实现的。"参与制"是指金融寡头通过掌握股票控制额的办法来层层控制企业的制度。

8. C [解析] 金融寡头是指掌握着庞大金融资本的少数大垄断资本家或资本家集团，又叫财团，是资本主义国家政治、经济和社会生活等各个方面的实际统治者，A、B两项表述正确。金融寡头在经济上的统治，主要通过"参与制"来实现，不是股份制，C项表述错误。在金融资本形成的同时，也就形成了金融寡头，D项表述正确。

9. AB [解析] 资本主义国有企业产生的途径有：①国家通过"国有化"政策，对私有企业进行高价收购，将技术落后、经营不善、长期亏损和濒临破产的企业收归国有；②国家直接投资创办国有企业。

10. C [解析] 国家与私人垄断资本在企业内部的结合这种国家垄断资本主义形式产生的途径包括：国家收购私人垄断企业的一部分股份；国有企业吸收一部分私人垄断资本投资；国家与

私人垄断组织联合共同投资兴建企业。

11. ACE [解析] 当代资本主义的新变化：①社会生产力获得了巨大发展，进入了一个新阶段——生产力诸要素实现质的飞跃；高消费为主要特征的富裕社会；产业结构发生重大变革，第三产业比重上升，高新技术产业成为主导产业（C项正确）。②资本主义生产关系在私有制范围内不断进行调整，出现了资本占有社会化的趋势（E项正确）。③资产阶级政治统治形式趋于完善——选举制度不断完善、法制化程度提高、对国家权力机构的监督和制约大大加强。④当代资本主义国家在不损害资产阶级根本利益的情况下，推行了一系列社会改良的措施，使工人阶级和资产阶级的矛盾相对缓和——吸收工人参与企业管理、推行职工持股计划、建立社会福利制度等（A项正确）。

12. ABCD [解析] 人类社会发展的历史表明，一种新的社会经济制度取代旧的社会经济制度，总是要经历一个长期的、曲折的历史过程，特别是资本主义在全世界被社会主义所取代，更是一个漫长而又曲折的历史过程，A项正确。一种社会经济制度彻底退出历史舞台，必须是它的生产关系已经不可继续容纳社会生产力的发展。资本主义生产关系在其许可关系的范围内不断调整使其适应生产力的发展要求，一定程度上对资本主义社会生产力的发展仍起着推动作用，从而使社会主义代替资本主义是一个长期历史过程，B项正确。当今时代是和平与发展的时代，当代世界是社会主义和资本主义两种制度并存和竞争的时代。两种不同的社会制度之间既存在矛盾和竞争，又彼此和平共处。在社会主义与资本主义的竞争中，社会主义取代资本主义既具有不可抵抗的历史必然性，又具有难以避免的历史长期性。这符合一切新事物战胜取代旧事物的共同规律，C项正确。一种新社会制度要彻底战胜旧的社会制度，归根到底要求新社会制度比旧的社会制度创造更高的劳动生产率。只有社会主义国家的生产力提高了，创造出比资本主义更高的劳动生产率，社会主义国家人民的生活水平大大提高了，社会主义才能有吸引力，社会主义的优越性才能真正体现出来，社会主义才能取得最终胜利。这显然需要一个相当长的历史过程，D项正确。资本主义被社会主义所取代的复杂历史过程跟社会主义本质没有关系，E项错误。

13. B [解析] 社会主义制度代替资本主义制度，是资本主义社会内在矛盾运动的必然结果，是生产关系一定要适应生产力性质规律作用的必然结果。A、C、D三项均为错误描述。

14. C [解析] 社会主义经济制度的基础是生产资料公有制，它的产生不是以一种私有制形式代替另一种私有制形式，A项错误、C项正确。社会主义经济制度的产生是对资本主义私有制的否定，B、D两项错误。

15. ABE [解析] 我国建立社会主义经济制度的基本途径有：①没收官僚资本；②改造民族资本，壮大社会主义经济基础；③改造农业和手工业中的个体私有制，建立社会主义劳动群众集体所有制经济。

第四章 社会主义的本质及其初级阶段的基本经济制度

学习指导

本章主要内容是社会主义本质及其初级阶段的基本经济制度。本章常考的知识点有社会主义的本质及其根本任务、社会主义初级阶段理论及基本经济制度等，历年考查分数在2分左右。

本章内容较为简单，多为大家平时所熟知的知识点，部分细节需要注意，记忆时一定要按照原文记忆。

日期	考点
Day6	➢社会主义的根本任务是解放和发展生产力 ➢社会主义的根本目的是消灭剥削、消除两极分化和实现共同富裕 ➢社会主义初级阶段理论概述 ➢社会主义初级阶段的基本经济制度 ➢社会主义初级阶段的收入分配制度

Day 6

▼ 考点：社会主义的根本任务是解放和发展生产力

1. [多选] 社会主义的根本任务是解放和发展生产力，这是由（　　）决定的。
   A. 解决社会主义社会的主要矛盾的客观要求
   B. 社会主义的根本目的
   C. 建立社会主义物质基础的客观要求
   D. 社会主义最终战胜资本主义的客观要求
   E. 为将来过渡到共产主义社会创造物质条件的需要

2. [多选] 关于社会主义本质的说法，正确的有（　　）。
   A. 坚持公有制为基础　　　　　　　B. 实行按劳分配原则
   C. 解放和发展生产力　　　　　　　D. 达到共同富裕
   E. 巩固和发展社会经济关系

▼ 考点：社会主义的根本目的是消灭剥削、消除两极分化和实现共同富裕

3. [单选] 剥削制度、贫富两极分化的深刻经济根源在于（　　）。
   A. 资源配置有差异　　　　　　　　B. 市场发育不完全
   C. 生产资料私有制　　　　　　　　D. 经济发展不平衡

4. [单选] 社会主义的根本目的是（　　）。
   A. 解放和发展生产力
   B. 解决主要矛盾
   C. 消灭剥削、消除两极分化，实现共同富裕
   D. 实现共产主义社会理想

✓ 考点：社会主义初级阶段理论概述

5. [多选] 关于我国社会主义初级阶段的说法，正确的有（　　）。
   A. 社会主义初级阶段是指我国在生产力相对落后、商品经济欠发达条件下建设社会主义必然要经历的特定阶段
   B. 社会主义初级阶段尚不具备社会主义经济制度的一般经济特征
   C. 社会主义初级阶段必须建立和发展市场经济体制
   D. 社会主义初级阶段标志着我国已经进入社会主义社会
   E. 社会主义初级阶段基本经济制度是市场经济

✓ 考点：社会主义初级阶段的基本经济制度

6. [单选] 我国要大力发展混合所有制经济，实现投资主体多元化，使（　　）成为公有制的主要实现形式。
   A. 混合制　　　　　　　　　　B. 公司制
   C. 股份制　　　　　　　　　　D. 合作制

7. [单选] 公有制的实现形式是指公有制经济在其运行过程中采取的（　　）。
   A. 具体经营方式和组织形式　　B. 国家干预方式
   C. 国民收入初次分配方式　　　D. 国家税费征缴

8. [单选] 股份制是有利于现代企业实现所有权与经营权分离的一种（　　）。
   A. 利益协调方式　　　　　　　B. 企业组织结构形式
   C. 资本组织形式　　　　　　　D. 收入分配方式

9. [多选] 公有制经济的主体地位主要体现在（　　）。
   A. 公有资产占优势主要体现在量上，可以先不关注质
   B. 集体所有制经济对经济发展起主导作用
   C. 公有制企业在数量上和质量上占优势
   D. 国有经济对经济发展起主导作用
   E. 公有资产在社会总资产中占优势

10. [单选] 我国现阶段的非公有制经济的组成部分不包括（　　）。
    A. 个体经济　　　　　　　　　B. 私营经济
    C. 外资经济　　　　　　　　　D. 三资企业

✓ 考点：社会主义初级阶段的收入分配制度

11. [单选] 下列关于"构建协调配套的收入分配格局"，说法错误的是（　　）。
    A. 必须健全再分配制度和着重保护劳动所得
    B. 必须在完善再分配制度调节机制基础上强化政府责任

C. 发挥好第三次分配的作用

D. 在规范收入分配秩序方面推进体制机制创新

12. [单选] 在社会主义初级阶段的收入分配制度下，各种生产要素按其在生产过程中的（　　）参与分配。

    A. 稀缺程度　　　　　　　　　　B. 贡献大小

    C. 数量多少　　　　　　　　　　D. 股权占比

13. [单选] 我国社会主义财政收入分配的理想目标是逐步形成（　　）分配格局。

    A. 橄榄型

    B. 马鞍型

    C. 直线型

    D. 阶梯型

14. [单选] 在构建我国协调配套的收入分配格局中，对再分配起主导作用的是（　　）。

    A. 政府　　　　　　　　　　　　B. 社会组织

    C. 企业　　　　　　　　　　　　D. 个人

✎ 学习笔记

第四章　社会主义的本质及其初级阶段的基本经济制度

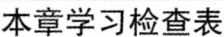本章学习检查表

知识点名称	初次学习		第一次复习		第二次复习	
	做对题目数/总题目数	学习日期	做对题目数/总题目数	复习日期	做对题目数/总题目数	复习日期
社会主义的根本任务是解放和发展生产力						
社会主义的根本目的是消灭剥削、消除两极分化和实现共同富裕						
社会主义初级阶段理论概述						
社会主义初级阶段的基本经济制度						
社会主义初级阶段的收入分配制度						

填写建议：

"做对题目数/总题目数"记录自己各知识点做题的情况，比如，某知识点总题目数10题，自己做对了其中7题，记录为7/10。

"学习日期"和"复习日期"记录自己学习和复习各知识点的日期。

备忘录

参考答案及解析

Day 6

1. ACDE ［解析］社会主义的根本任务是解放和发展生产力，由以下几方面决定：①解决社会主义社会的主要矛盾的客观要求（社会主要矛盾为人民日益增长的美好生活需要和不平衡不充分的发展之间的矛盾）；②建立社会主义物质基础的客观要求；③社会主义最终战胜资本主义的客观要求；④为过渡到共产主义社会创造物质条件的客观要求。

2. CD ［解析］社会主义的本质是解放生产力，发展生产力，消灭剥削，消除两极分化，最终达到共同富裕。

3. C ［解析］剥削制度、两极分化的深刻经济根源在于生产资料私有制。

4. C ［解析］社会主义的根本目的是消灭剥削、消除两极分化，实现共同富裕，社会主义的根本任务是解放和发展生产力。

5. ACD ［解析］社会主义初级阶段是社会主义社会发展的一个历史阶段，必然具有社会主义制度的一般经济特征，B项错误。我国社会主义初级阶段的基本经济制度是以公有制为主体，多种所有制经济共同发展，E项错误。

6. C ［解析］我国要大力发展混合所有制经济，实现投资主体多元化，使股份制成为公有制的主要实现形式。

7. A ［解析］公有制经济实现形式是指公有制经济在其运行过程中采取的具体经营方式和组织形式。

8. C ［解析］股份制是现代企业的一种资本组织形式，有利于实现所有权和经营权的分离，有利于提高企业和资本的运作效率。

9. DE ［解析］公有制经济的主体地位主要体现在：①公有资产在社会总资产中占优势；②国有经济控制国民经济命脉，对经济发展起主导作用。

10. D ［解析］我国现阶段的非公有制经济由个体经济、私营经济、外资经济所组成。三资企业是指外商独资企业、中外合资经营企业和中外合作经营企业。

11. A ［解析］构建协调配套的收入分配格局，必须健全初次分配制度，努力提高劳动报酬在初次分配中的比重，坚持多劳多得，鼓励勤劳致富，着重保护劳动所得；必须在完善再分配调节机制的基础上强化政府责任；还应当发挥好第三次分配的作用；还要在规范收入分配秩序方面推进体制机制创新，如扩大中等收入者比重，逐步形成橄榄型分配格局。

12. B ［解析］在社会主义初级阶段，必须坚持以按劳分配为主体，各种生产要素按贡献参与分配，多种分配方式并存的收入分配制度。

13. A ［解析］"逐步形成橄榄型分配格局"的重要预期和理想目标，既是我们党带领全国各族人民朝着共同富裕方向阔步前进的宏大理想，也是衡量发展成果是否更多更公平惠及全体人民和深化收入分配制度改革最终成效的客观标准。

14. A ［解析］与初次分配不同，再分配起主导作用的是政府，更加强调公平的原则，具有通过国家权力强制进行的特征。

第五章 社会主义市场经济体制及其运行基础

学习指导

本章主要内容是社会主义市场经济体制及其运行基础。本章常考的知识点有社会主义商品经济与市场经济、社会主义经济体制改革的目标和基本模式、社会主义市场体系、社会主义市场经济的微观基础等,历年考查分数为5分左右。

本章内容出多选题的概率较高,且近几年考试内容逐渐细化,要在理解的基础上加以记忆。

日期	考点
Day7	➢社会主义商品经济与市场经济 ➢社会主义经济体制改革的目标和基本模式 ➢社会主义市场体系的基本特征 ➢社会主义市场经济条件下的商品市场和要素市场 ➢社会主义市场规则与秩序
Day8	➢市场中介组织 ➢社会主义企业和企业制度 ➢社会主义企业的类型 ➢现代企业制度的基本特征 ➢我国农村的基本经济制度

▶▶▶ Day 7

✓ 考点:社会主义商品经济与市场经济

1. [单选] 社会主义市场经济是指在社会主义公有制基础上,使市场在社会主义国家宏观调控下对资源配置起( )作用的经济体制。
   A. 辅助性　　　　　B. 决定性　　　　　C. 先导性　　　　　D. 补偿性

2. [单选] 社会主义市场经济的特殊性不包括( )。
   A. 坚持和完善以公有制为主体、多种经济成分共同发展的制度
   B. 建立以间接手段为主的完善的宏观调控体系
   C. 坚持和完善以按劳分配为主体,各种生产要素按贡献参与分配,多种分配方式并存的个人收入分配制度
   D. 市场主体自主经营、自负盈亏

3. [多选] 关于社会主义社会仍需实行商品经济的原因的说法,正确的有( )。
   A. 生产资料所有制形式与资本主义社会相比未发生根本变化

B. 产品分配方式与资本主义社会相比未发生根本变化

C. 社会主义社会仍然广泛存在着社会分工

D. 以公有制为基础的经济单位仍是具有各自利益的经济实体

E. 各种非公有制经济仍是独立的商品生产者和经营者

考点：社会主义经济体制改革的目标和基本模式

4. [多选] 在社会主义市场经济体制中，资源配置的调节手段包括（　　）。

   A. 安排　　　　　　　　　　　B. 分配

   C. 计划　　　　　　　　　　　D. 自由

   E. 市场

5. [单选] 社会主义经济体制改革的目标是（　　）。

   A. 建立社会主义市场经济体制　　B. 引导市场健康发展

   C. 市场对资源配置起决定性作用　D. 加强国家对经济的宏观调控

考点：社会主义市场体系的基本特征

6. [单选] 下列不属于社会主义市场体系的基本特征的是（　　）。

   A. 统一性　　　　　　　　　　B. 开放性

   C. 计划性　　　　　　　　　　D. 竞争性

7. [多选] 在社会主义条件下，不断通过改革培育和完善市场体系的重要意义有（　　）。

   A. 是发挥市场机制作用不可缺少的条件

   B. 是转变企业经营机制必不可少的条件

   C. 是政府转变职能，建立国家宏观调控体系的基础

   D. 有利于发挥市场的基础性作用

   E. 完善市场体系是把微观搞活和宏观管理统一起来的中心环节

考点：社会主义市场经济条件下的商品市场和要素市场

8. [多选] 下列市场类型中，属于社会主义市场经济条件下生产要素市场的有（　　）。

   A. 房地产市场　　　　　　　　B. 技术市场

   C. 文化市场　　　　　　　　　D. 旅游市场

   E. 劳动力市场

9. [单选] 从社会再生产过程看，最终市场是指（　　）。

   A. 生产资料市场　　　　　　　B. 金融市场

   C. 劳动力市场　　　　　　　　D. 消费品市场

10. [单选] 在社会主义市场经济条件下，市场经济存在和发展的基本条件是（　　）。

    A. 金融市场　　B. 要素市场　　C. 商品市场　　D. 信息市场

考点：社会主义市场规则与秩序

11. [多选] 我国实行市场管理的主要内容有（　　）。

    A. 对市场主体的管理

B. 对市场客体的管理

C. 对市场经营活动和竞争方式的管理

D. 对市场规模和范围的管理

E. 对市场价格的管理和监督

12. [单选] 国家制定的维护市场公平竞争、保证市场正常运行的制度、法规和准则的总称是（　　）。

　　A. 市场规则　　　　　　　　　　B. 市场秩序

　　C. 市场机制　　　　　　　　　　D. 市场制度

✎ 学习笔记

第五章 社会主义市场经济体制及其运行基础

Day 8

▼ **考点**：市场中介组织

1. ［多选］我国对市场中介组织的管理包括（　　）。
   A. 立法管理
   B. 行政管理
   C. 行业管理
   D. 自律管理
   E. 诚信管理

2. ［单选］为商品流通提供服务和沟通的市场中介是（　　）。
   A. 律师事务所
   B. 会计师事务所
   C. 信息咨询
   D. 资产和资信评级机构

3. ［单选］在我国建立市场经济体制的过程中，市场中介组织要依法通过资格认证，依据法律法规和市场规则，建立（　　）运行机制。
   A. 自律性
   B. 竞争性
   C. 自主性
   D. 公益性

▼ **考点**：社会主义企业和企业制度

4. ［单选］企业具有两重属性，它既是生产力的组织形式，又体现一定的（　　）。
   A. 社会生产目的
   B. 社会生产关系
   C. 经济发展水平
   D. 生产力发展水平

▼ **考点**：社会主义企业的类型

5. ［单选］下列市场经济组织中，既属于按企业的所有制性质分类又属于按企业的组织形式分类的是（　　）。
   A. 个体工商户
   B. 有限责任公司
   C. 股份有限公司
   D. 集体所有制企业

6. ［多选］下列市场经济组织中，应对自身债务承担无限责任的有（　　）。
   A. 个体工商户
   B. 股份有限公司
   C. 个人独资企业
   D. 国有独资公司
   E. 合伙制企业

7. ［单选］（　　）是指依照中国相关法律在中国境内设立的，由各合伙人订立合伙协议，共同出资、合伙经营、共享收益、共担风险，并对合伙企业债务承担无限连带责任的营利性组织。
   A. 公司制企业
   B. 个人独资企业
   C. 合伙企业
   D. 个体工商户

▼ **考点**：现代企业制度的基本特征

8. ［单选］现代企业制度是与社会化大生产和现代市场经济相适应的企业制度，其主要组织形式是（　　）。
   A. 现代公司制度
   B. 企业法人制度
   C. 有限责任制度
   D. 分层管理制度

9. [多选] 关于企业法人财产权的说法，正确的有（　　）。
   A. 企业法人财产权是现代企业制度的根本特征
   B. 企业法人财产权是企业法人获得存在的基础
   C. 企业法人财产权是企业法人依法对企业实际拥有财产的直接占用权、使用权和处置权
   D. 企业法人财产权改变了企业财产的归属
   E. 企业法人财产权使企业真正成为自主经营、自负盈亏的法人实体

10. [单选] 根据《中华人民共和国公司法》，股份有限公司的发起人人数为（　　）。
    A. 1~200人
    B. 1~100人
    C. 50人以上
    D. 1~50人

11. [多选] 在推进现代企业制度改革的过程中，确立法人财产权的重要意义包括（　　）。
    A. 为明晰产权奠定了理论基础
    B. 使法人制企业找到了存在的基础
    C. 为企业经营机制的转换开辟了道路
    D. 为国有资产的重组、保值、增值创造了条件
    E. 为政府直接管理企业提供了依据

◆ 考点：我国农村的基本经济制度

12. [单选] 家庭联产承包责任制并未改变我国农村土地的集体所有制性质，只是改变了农村土地的（　　）。
    A. 管理模式
    B. 经营方式
    C. 分配方式
    D. 种植结构

✎ 学习笔记

本章学习检查表

知识点名称	初次学习		第一次复习		第二次复习	
	做对题目数/总题目数	学习日期	做对题目数/总题目数	复习日期	做对题目数/总题目数	复习日期
社会主义商品经济与市场经济						
社会主义经济体制改革的目标和基本模式						
社会主义市场体系的基本特征						
社会主义市场经济条件下的商品市场和要素市场						
社会主义市场规则与秩序						
市场中介组织						
社会主义企业和企业制度						
社会主义企业的类型						
现代企业制度的基本特征						
我国农村的基本经济制度						

填写建议：

"做对题目数/总题目数"记录自己各知识点做题的情况，比如，某知识点总题目数10题，自己做对了其中7题，记录为7/10。

"学习日期"和"复习日期"记录自己学习和复习各知识点的日期。

备忘录

参考答案及解析

Day 7

1. B [解析] 社会主义市场经济是指在社会主义公有制基础上,使市场在社会主义国家宏观调控下对资源配置起决定性作用的经济体制。

2. D [解析] 社会主义的特殊性包括:①在所有制结构上,以公有制为主体、多种所有制经济共同发展,不同经济成分还可以自愿实行多种形式的联合经营。各类不同的企业都要进入市场,通过平等竞争来发挥国有经济的主导作用。②在分配制度上,坚持和完善以按劳分配为主体,各种生产要素按贡献参与分配,多种分配方式并存的制度。③在宏观调控上,能够把人民的当前利益与长远利益、局部利益和整体利益结合起来,建立以间接手段为主的完善的宏观调控体系,保证国民经济健康运行。D项市场主体自主经营、自负盈亏是社会主义市场经济与其他社会的市场经济的共同特征。

3. CD [解析] 社会主义商品经济存在的原因:①社会分工;②独立经济利益实体的存在。

4. CE [解析] 在社会主义市场经济体制中,资源配置的调节手段包括计划和市场,二者能够而且必须互相结合。

5. A [解析] 社会主义经济体制改革的目标是建立社会主义市场经济体制。

6. C [解析] 社会主义市场体系的基本特征包括统一性、开放性、竞争性和规范性。

7. ABCE [解析] 在社会主义条件下,不断通过改革培育和完善市场体系具有以下重要意义:①是发挥市场机制作用不可缺少的条件;②是转变企业经营机制必不可少的条件;③是政府转变职能,建立国家宏观调控体系的基础,也是国家搞好宏观管理的必要前提;④完善市场体系是把微观搞活和宏观管理统一起来的中心环节。

8. ABE [解析] 生产要素市场主要包括金融、劳动力、房地产、技术、信息等市场。C、D两项属于商品市场。

9. D [解析] 商品市场包括消费品市场和生产资料市场。消费品市场,是指为满足包括居民个人和社会集团的消费者的物质文化生活需要而供应消费品的市场。从社会再生产过程来看,消费品市场是最终市场。

10. C [解析] 在社会主义市场经济条件下,商品市场是市场经济存在和发展的基本条件,它是商品流通的载体,没有商品市场,市场经济也就无法运行。

11. ABCE [解析] 市场管理的内容主要包括对市场主体的管理、对市场客体的管理、对市场经营活动与竞争方式的管理、对价格的管理与监督。

12. A [解析] 市场规则是指国家制定的维护市场公平竞争、保证市场正常运行的制度、法规和准则的总称,A项正确。市场秩序包括市场进入秩序、市场竞争秩序和市场交易秩序,其内容是市场规则的实现,B项错误。市场机制就是市场运行的实现机制,它作为一种经济运行机制,是指市场机制体内的供求、价格、竞争、风险等要素之间互相联系及作用机理,C项错误。

Day 8

1. ABCD [解析] 我国对市场中介组织的管理一般包括立法管理、行政管理、行业管理和自律管理四个方面。

2. C [解析] 市场中介组织可分为两大类：一是为商品流通提供服务和沟通的市场中介，如经纪人、信息咨询等；二是对市场运行提供公证和进行监督的市场中介，如会计师事务所、律师事务所、公证和仲裁机构、计量和质量检验认证机构、资产和资信评级机构等。A、B、D 项属于市场运行提供公证和进行监督的市场中介，故 C 项正确。

3. A [解析] 市场中介组织是介于国家和市场经营主体及消费者之间的非行政性社会经济组织和机构的通称。在我国建立市场经济体制的过程中，市场中介组织要依法通过资格认证，依据市场规则，建立自律性运行机制。

4. B [解析] 企业具有两重属性，它既是生产力的组织形式，又体现一定的社会生产关系。前者是企业的共性，后者是反映一定社会属性的特性。

5. A [解析] 按企业的所有制性质，可将企业分为全民所有制（国有）企业、集体所有制企业、私营企业、混合所有制企业、外商投资企业、个体工商户。按照企业的组织形式，可以将企业分为公司制企业、个人独资企业、合伙企业和个体工商户。因此既属于按企业的所有制性质分类又属于按企业的组织形式分类的是个体工商户。

6. ACE [解析] 在市场经济组织中，应对自身债务承担无限责任的是个体工商户、个人独资企业、合伙企业。股份有限公司股东以其所持有股份为限对公司承担责任，公司以其全部资产对公司债务承担责任。B 项错误。国有独资公司是指国家授权投资的机构或者国家授权的部门单独投资设立的有限责任公司，有限责任公司以其全部资产为限，对公司债务承担有限责任。D 项错误。故正确答案为 A、C、E 三项。

7. C [解析] 公司制企业包括有限责任公司和股份有限公司，A 项错误。个人独资企业是指按照《中华人民共和国个人独资企业法》在中国境内设立的，由一个自然人投资，财产为投资人个人所有，投资人以其个人财产对企业债务承担无限责任的经营实体。B 项错误。合伙企业是指依照《中华人民共和国合伙企业法》在中国境内设立的，由各合伙人订立合伙协议，共同出资、合伙经营、共享收益、共担风险，并对合伙企业债务承担无限连带责任的营利性组织。C 项正确。个体工商户是指在法律允许的范围内，经国家工商行政管理机关登记核准，从事工业、手工业或商业等生产经营活动的个体劳动者。他们既是资金的所有者，又是全权的经营者和劳动者，并以其个人或家庭的财产对其债务承担无限责任。D 项错误。

> ● 考点再现
>
> Q_{5-7} 社会主义企业的类型。
>
> （1）按企业的所有制性质分类，具体如表 5-1 所示。
>
> **表 5-1　社会主义企业按企业的所有制性质分类**
>
> | 所有制类型 | 企业类型 |
> | --- | --- |
> | 公有制 | 全民所有制（国有）企业、集体所有制企业 |
> | 非公有制 | 混合所有制企业、外商投资企业、私营企业、个体工商户 |

(2) 按企业的组织形式分类，具体如表5-2所示。

表5-2 社会主义企业按企业的组织形式分类

类型	主要内容
公司制企业	是独立存在的权利主体，包括有限责任公司和股份有限公司。国有独资公司为有限责任公司
个人独资企业	由一个自然人投资，财产为投资人个人所有，投资人以其个人财产对企业债务承担无限责任的经营实体
合伙企业	由各合伙人订立合伙协议，共同出资、合伙经营、共享收益、共担风险，并对合伙企业债务承担无限连带责任的营利性组织
个体工商户	既是资金的所有者，又是全权的经营者和劳动者，并以其个人或家庭的财产对其债务承担无限责任

(3) 其他分类。

①按企业在社会再生产过程中的地位可分为生产企业、商品流通企业和服务性企业。

②按我国行业划分标准可分为农业、林业、牧业、渔业、工业、建筑业、交通运输业、商业、服务业、房地产业、金融保险业等行业的企业。

③按企业规模可分为大、中、小企业。

8. A [解析] 现代企业制度是同社会化大生产和现代市场经济相适应的企业制度，它是以完善的企业法人制度为基础，以有限责任制度为特征，以公司制为主要的、典型的企业资本组织形式的新型企业制度。

9. ABCE [解析] 法人财产权是现代企业制度的根本特征，A项正确。法人财产权是指企业法人依照法律、法规对企业实际拥有的财产的直接占有权、使用权和处置权，C项正确。法人财产权没有改变财产的归属，财产所有权确保了所有者的权益，D项错误。法人财产权使法人企业找到了存在的基础，使国有企业真正成为自主经营、自负盈亏、自我发展、自我约束的法人实体，B、E两项正确。

10. A [解析] 股份有限公司是指由1人以上200人以下发起人（其中应当有半数以上的发起人在中国境内有住所）通过发起设立或募集设立的方式所设立的经济组织。有限责任公司是指由1个以上50个以下股东出资设立，每个股东以其认缴的出资额为限对公司承担责任，公司法人以其全部财产对公司债务承担责任的经济组织。

11. ABCD [解析] 确立法人财产权的意义：为明晰产权奠定了理论基础，找到了公有制与市场经济的结合点；使法人企业找到了存在的基础，使国有企业真正成为自主经营、自负盈亏、自我发展、自我约束的法人实体；为企业制度创新奠定了基础，为企业经营机制的转换创造了条件；为国有资产的重组和流动、保值、增值创造了条件。现代企业制度实现政企分开，故E项错误。

12. B [解析] 家庭联产承包责任制是继土地改革以来我国农村生产关系的一次重大调整。这种调整，不是改变也没有改变农村土地的集体所有制性质，只是改变了农村土地的经营方式，即由相对集中的统一经营改为以家庭为单位的分户经营。

第六章 社会主义经济的增长与发展

学习指导

本章主要内容是社会主义经济的增长与发展。本章常考的知识点有国民生产总值和国内生产总值的核算、社会主义积累基金和消费基金、社会主义经济增长与经济发展等，历年考查分数为 7 分左右。

本章多为记忆性内容，注意区分国民生产总值和国内生产总值、社会主义积累基金和消费基金。此外，应加强最新国情及政策性知识的了解掌握。

日期	考点
Day9	▶社会主义再生产的实质 ▶社会主义再生产的特点 ▶产业结构的内涵及其划分 ▶影响产业结构的因素 ▶产业结构的优化 ▶国民生产总值和国内生产总值的核算
Day10	▶社会主义积累基金和消费基金 ▶社会保障制度的健全与完善 ▶经济增长与经济发展 ▶社会主义经济发展战略 ▶认识新发展阶段，贯彻新发展理念，构建新发展格局 ▶以中国式现代化全面推进中华民族伟大复兴 ▶高质量发展是全面建设社会主义现代化国家的首要任务

Day 9

▼ **考点**：社会主义再生产的实质

1. [单选] 社会主义再生产的实质是（　　）。

   A. 扩大再生产　　　　　　　　　　　B. 提高社会经济发展水平
   C. 发展社会生产力　　　　　　　　　D. 在经济发展的基础上提高人民生活水平

▼ **考点**：社会主义再生产的特点

2. [多选] 从实现的方式来看，扩大再生产分为（　　）。

   A. 物质资料的再生产　　　　　　　　B. 外延的扩大再生产
   C. 内涵的扩大再生产　　　　　　　　D. 生产关系的再生产
   E. 社会主义再生产

3. [单选] 依靠技术进步、改善生产要素的质量以及提高劳动效率和生产效率来扩大生产的规模的再生产是（　　）。
   A. 简单再生产 B. 扩大再生产
   C. 内涵扩大再生产 D. 外延扩大再生产

考点：产业结构的内涵及其划分

4. [多选] 在产业分类中，根据不同的产业在生产过程中对不同生产要素的依赖程度，可以将产业划分为（　　）。
   A. 资源密集型产业 B. 资本密集型产业
   C. 知识密集型产业 D. 技术密集型产业
   E. 劳动密集型产业

5. [单选] 下列产业分类方法中，能够比较全面地反映包括非物质生产部门在内的整个国民经济各部门发展状况和相互关系的是（　　）。
   A. 生产要素密集程度分类法 B. 三次产业分类法
   C. 两大部类分类法 D. 企业规模分类法

6. [单选] 根据三次产业分类法，第一产业是指（　　）。
   A. 农业 B. 对初级产品进行加工的部门
   C. 不生产物质产品只提供服务的部门 D. 工业和建筑业

7. [单选] 依据三次产业分类法的划分标准，下列产业中不属于第三产业的是（　　）。
   A. 采矿业 B. 金融保险业
   C. 邮电通信业 D. 交通运输业

考点：影响产业结构的因素

8. [多选] 影响产业结构的因素包括（　　）。
   A. 资源结构对产业结构的影响
   B. 消费结构对产业结构的影响
   C. 科技进步对产业结构的影响
   D. 投资结构对产业结构的影响
   E. 信息的充分获取对产业结构的影响

考点：产业结构的优化

9. [单选] 反映世界新技术革命成果，能在将来带动整个产业结构向高度优化演进的产业是（　　）。
   A. 战略产业 B. 基础产业
   C. 主导产业 D. 高科技产业

10. [多选] 我国的产业结构存在比例关系不合理和低级现象，突出表现在（　　）。
    A. 农业基础薄弱 B. 工业发展滞后
    C. 第三产业素质不高 D. 第一、第二、第三产业的关系不协调
    E. 产业发展在低水平上重复

考点：国民生产总值和国内生产总值的核算

11. [单选] 国民生产总值和国内生产总值的关系是（　　）。
   A. 国内生产总值＝国民生产总值＋国外净要素收入
   B. 国内生产总值＝国民生产总值－财政支出
   C. 国内生产总值＝国民生产总值＋财政收入
   D. 国内生产总值＝国民生产总值－国外净要素收入

12. [单选] 采用"劳动者报酬、生产税净额、固定资产折旧、营业盈余四项之和"来计算国内生产总值的核算方法是（　　）。
   A. 收入法　　　　　　　　　　B. 支出法
   C. 平衡法　　　　　　　　　　D. 生产法

✎ 学习笔记

Day 10

▼ **考点**：社会主义积累基金和消费基金

1. [多选] 我国积累基金包括（　　）。
   A. 扩大生产基金　　　　　　　　　B. 社会后备基金
   C. 非生产性基本建设基金　　　　　D. 社会保障基金
   E. 国家管理基金

2. [多选] 我国国民收入分配过程中，社会消费基金由（　　）构成。
   A. 社会消费基金　　　　　　　　　B. 非生产性基本建设基金
   C. 社会保障基金　　　　　　　　　D. 国家管理基金
   E. 文教卫生基金

3. [单选] 国民收入分配中消费基金的实物形式是一年内（　　）。
   A. 用于个人消费和社会消费的消费资料总量　B. 用于个人消费的消费资料增量
   C. 全部生产资料和消费资料总量　　　　　　D. 新增加的生产资料总量

▼ **考点**：社会保障制度的健全与完善

4. [多选] 社会保障制度应坚持的方针有（　　）。
   A. 全覆盖　　　　B. 多层次　　　　C. 保基本　　　　D. 可持续
   E. 以人为本

5. [多选] 社会保障制度的主要内容包括（　　）制度。
   A. 社会保险　　　B. 社会互助　　　C. 社会福利　　　D. 社会优抚
   E. 社会救助

▼ **考点**：经济增长与经济发展

6. [单选] 下列关于经济增长的说法，错误的是（　　）。
   A. 经济增长是指一个国家或地区在一定时期内由于生产要素投入的增加或效益的提高等而引起的商品和劳务总供给量的增加
   B. 经济增长方式是指资源的总体配置方式
   C. 经济发展是实现经济增长的手段和基础
   D. 经济增长方式分为粗放型和集约型

▼ **考点**：社会主义经济发展战略

7. [多选] 下列关于经济发展战略的说法，正确的有（　　）。
   A. 我国现阶段的经济发展战略主要是制定正确的战略目标、战略阶段、战略重点
   B. 党的十六大提出国内生产总值到2020年比2000年翻两番
   C. 党的十七大提出国内生产总值到2020年比2000年翻两番
   D. 党的十八大提出国内生产总值和城乡居民收入比2010年翻一番
   E. 党的十八大提出在发展平衡性、协调性、可持续性基础上实现国内生产总值和城乡居民收入比2010年翻一番

8. [多选] 党的十八大报告提出了到2020年我国的经济发展战略目标，强调要加强经济发

展的（ ）。

A. 平衡性 B. 协调性
C. 增长性 D. 可持续性
E. 广泛性

9. [单选] 科学发展观的基本要求是（ ）。

A. 以人为本 B. 全面协调和可持续发展
C. 统筹兼顾 D. 可持续发展

考点：认识新发展阶段，贯彻新发展理念，构建新发展格局

10. [单选] 在党的十九大报告提出的新发展理念中，体现持续健康发展内在要求的是（ ）。

A. 协调 B. 开放
C. 绿色 D. 共享

11. [单选] 我国《十四五规划纲要》强调，"十四五"时期社会经济发展必须遵循的原则是（ ）。

A. 确保经济高速发展 B. 坚持新发展理念
C. 逐步扩大市场规模 D. 坚持抓大放小

考点：以中国式现代化全面推进中华民族伟大复兴

12. [多选] 党的二十大报告进一步明确了我国全面建成社会主义现代化强国"分两步走"的总的战略安排有（ ）。

A. 从2020年到2035年基本实现社会主义现代化
B. 从2020年到2035年全面实现社会主义现代化
C. 从2025年到本世纪中叶把我国建成富强、民主、文明、和谐、美丽的社会主义现代化国家
D. 从2035年到本世纪中叶把我国建成富强、民主、文明、和谐、美丽的社会主义现代化强国
E. 从2035年到本世纪中叶把我国建成富强、民主、文明、和谐、洁净的社会主义现代化国家

考点：高质量发展是全面建设社会主义现代化国家的首要任务

13. [单选] 全面建设社会主义现代化国家的首要任务是（ ）。

A. 以人为本 B. 高质量发展
C. 全面、协调和可持续发展 D. 求真务实

学习笔记

本章学习检查表

知识点名称	初次学习 做对题目数/总题目数	初次学习 学习日期	第一次复习 做对题目数/总题目数	第一次复习 复习日期	第二次复习 做对题目数/总题目数	第二次复习 复习日期
社会主义再生产的实质						
社会主义再生产的特点						
产业结构的内涵及其划分						
影响产业结构的因素						
产业结构的优化						
国民生产总值和国内生产总值的核算						
社会主义积累基金和消费基金						
社会保障制度的健全与完善						
经济增长与经济发展						
社会主义经济发展战略						
认识新发展阶段，贯彻新发展理念，构建新发展格局						
以中国式现代化全面推进中华民族伟大复兴						
高质量发展是全面建设社会主义现代化国家的首要任务						

填写建议：

"做对题目数/总题目数"记录自己各知识点做题的情况，比如，某知识点总题目数10题，自己做对了其中7题，记录为7/10。

"学习日期"和"复习日期"记录自己学习和复习各知识点的日期。

备忘录

参考答案及解析

Day 9

1. D [解析] 社会主义再生产的实质是同社会主义生产的实质紧密相连的。社会主义生产的实质是满足劳动者日益增长的物质和文化生活需要，与此相适应，社会主义再生产的实质是在经济发展的基础上不断提高社会全体人民的生活水平。

2. BC [解析] 从实现的方式来看，扩大再生产分为外延的扩大再生产和内涵的扩大再生产，B、C两项正确。社会主义的再生产的内容包括物质资料的再生产和社会主义生产关系的再生产，A、D、E三项不符合题意。

3. C [解析] 简单再生产是指生产规模不变的再生产。简单再生产是扩大再生产的基础和出发点，是扩大再生产的重要组成部分。A项错误。扩大再生产是指因生产要素数量的增加和生产场所的扩大，或者生产要素质量的改善和使用效率的提高，使生产在扩大的规模上进行的再生产。扩大再生产以简单再生产为基础和起点，是简单再生产的继续和发展。B项错误。内涵的扩大再生产是指依靠技术进步、改善生产要素的质量以及提高劳动效率和生产效率来扩大生产的规模，C项正确。外延的扩大再生产是指单纯依靠生产资料和劳动力的数量以及扩大生产场所来扩大生产规模，D项错误。

4. BDE [解析] 产业分类中，根据不同的产业在生产过程中对不同生产要素的依赖程度，可以将产业划分为资本密集型产业、劳动密集型产业、技术密集型产业。

5. B [解析] 三次产业分类法能够比较全面地反映包括非物质生产部门在内的整个国民经济各部门的发展状况和相互关系。

6. A [解析] 第一产业是指农业、林业、畜牧业和渔业。B、D两项为第二产业，C项为第三产业。

> **●考点再现**
>
> Q_{4-6} 产业结构的划分。
>
> （1）两大部类分类法，即把整个社会生产归纳为生产资料生产和消费资料生产两大部类。
>
> （2）三次产业分类法，能够比较全面地反映包括非物质生产部门在内的整个国民经济各部门的发展状况和相互关系。①第一产业：农业、林业、畜牧业和渔业。②第二产业：工业和建筑业，其中，工业包括采矿业、制造业、电力、热力、燃气及水生产和供应业。③第三产业：服务业，可分为流通部门（商业、交通运输业、邮电通信业等）和服务部门（金融保险业、房地产业、公用事业、旅游业、技术信息服务业等）两个部分。
>
> （3）生产要素密集程度分类法，即根据不同的产业在生产过程中对不同生产要素的依赖程度，划分为资本密集型产业、劳动密集型产业、技术密集型产业等。

7. A [解析] 第三产业包括服务部门和流通部门，金融保险业属于服务部门，交通运输业和邮电通信业属于流通部门。A项为第二产业。

8. ABCD [解析] 影响产业结构的因素包括：消费结构对产业结构的影响；资源结构对产

结构的影响；投资结构对产业结构的影响；科技进步对产业结构的影响；劳动力素质和数量对产业结构的影响；产业间关联方式对产业结构的影响。

9. A ［解析］根据各种产业地位和作用的不同，产业结构一般包括主导产业、战略产业、基础产业和一般产业（D项错误）。主导产业是指在国民经济中具有特殊重要地位，国民经济其他部门对它依赖程度大，它的发展与整个国民经济的发展关联度大，又具有较高社会综合效益的产业（C项错误）。战略产业是指反映世界新技术革命成果，能在将来带动整个产业结构向高度优化演进的产业（A项正确）。基础产业则是整个产业体系赖以发展的基础（B项错误）。

10. ADE ［解析］我国产业结构存在比例关系不合理和低级现象，主要表现在：农业基础薄弱，工业素质不高，第三产业发展滞后；第一、第二、第三产业的关系不协调；产业发展在低水平上重复等方面。

11. D ［解析］国内生产总值＝国民生产总值－国外净要素收入。

12. A ［解析］国内生产总值的计算方法包括生产法、收入法和支出法。收入法是劳动者报酬、生产税净额、固定资产折旧、营业盈余四项之和（A项正确）。支出法是最终消费、资本形成总额、货物和服务净出口三项之和（B项错误）。生产法是总产出减去中间投入（D项错误）。平衡法并非国内生产总值的计算方法，C项错误。

Day 10

1. ABC ［解析］在社会主义经济建设中，积累基金是由扩大生产基金、非生产性基本建设基金和社会后备基金三部分构成的。

2. CDE ［解析］消费基金由社会消费基金和个人消费基金两部分所构成。社会消费基金分为国家管理基金、文教卫生基金、社会保障基金三个部分。个人消费基金包括物质生产部门和非物质生产部门劳动者的劳动报酬基金。

3. A ［解析］消费基金是物质生产部门的劳动者所创造的国民收入中用来满足劳动者个人消费及社会消费的那部分资金，它的实物形式为一年内用于个人消费和社会消费的消费资料总和。

4. ABCD ［解析］社会保障制度应坚持全覆盖、保基本、多层次、可持续的方针。

5. ACDE ［解析］社会保障制度，是指社会为保障社会成员的基本生活和福利而提供物质帮助的各项措施的统称。社会保障制度的主要内容包括社会保险（包括养老、医疗、失业、工伤、生育等保险）、社会救助、社会福利、社会优抚等制度。

6. C ［解析］经济增长是指一个国家或地区在一定时期内由于生产要素投入的增加或效益的提高等而引起的商品和劳务总供给量的增加。经济增长方式是指资源的总体配置方式，分为粗放型和集约型。经济增长是实现经济发展的手段和基础，没有经济增长就不可能有经济的发展。因此A、B、D三项说法正确，C项说法错误。

7. AB ［解析］我国现阶段的经济发展战略主要是正确制定现阶段的战略目标、战略阶段、战略重点，A项正确。党的十六大提出国内生产总值到2020年比2000年翻两番，B项正确。党的十七大提出人均国内生产总值到2020年比2000年翻两番，C项错误。党的十八大提出实现国内生产总值和城乡居民人均收入比2010年翻一番（注意是"人均"收入），

D项错误。E项错误，同样应该是"居民人均收入"。

8. ABD [解析] 党的十八大报告根据近几年的发展实际，切实可行地提出到2020年"在发展平衡性、协调性、可持续性显著增强的基础上，实现国内生产总值和城乡居民人均收入比2010年翻一番"的经济持续健康发展的战略目标要求。

9. B [解析] 科学发展观，第一要义是发展，核心是以人为本，基本要求是全面协调和可持续发展，根本方法是统筹兼顾。本题问的是基本要求，故B项正确，A项是核心，C项是根本方法。

10. A [解析] 创新是引领发展的第一动力，协调是持续健康发展的内在要求，绿色是永续发展的必要条件和人民对美好生活向往的重要体现，开放是国家进一步繁荣发展的必由之路，共享是中国特色社会主义的本质要求。

11. B [解析]《十四五规划纲要》强调把"坚持新发展理念"列为"十四五"时期我国经济社会发展必须遵循的原则。

12. AD [解析] 党的二十大报告进一步明确了我国全面建成社会主义现代化强国"分两步走"的总的战略安排：从2020年到2035年基本实现社会主义现代化；从2035年到本世纪中叶把我国建成富强、民主、文明、和谐、美丽的社会主义现代化强国。

13. B [解析] 党的二十大报告指出：高质量发展是全面建设社会主义现代化国家的首要任务。

第七章 社会主义市场经济的宏观调控

> **学习指导**
>
> 本章主要内容是社会主义市场经济的宏观调控。本章常考的知识点有宏观经济调控的目标、方式和手段以及宏观经济调控的政策等,历年考查分数为2分左右。
>
> 本章尤其需要区分财政政策和货币政策的内容,此为常考点,也是易混淆点。

日期	考点
Day11	➢社会主义国家的经济职能 ➢社会主义市场经济宏观调控的必要性 ➢宏观经济调控的目标 ➢宏观经济调控的方式 ➢宏观经济调控的手段 ➢财政政策 ➢货币政策 ➢宏观调控的综合协调

Day 11

▼ **考点**:社会主义国家的经济职能

1. [多选] 社会主义国家的经济职能主要有（　　）。
   A. 国有资产管理和营运　　　　B. 积极参与市场竞争
   C. 国有企业生产经营　　　　　D. 国民经济宏观调控
   E. 社会基础设施建设

2. [单选] 社会主义宏观经济调控通过（　　）实现。
   A. 企业调控　　　　　　　　　B. 行政直接干预
   C. 对市场的调控　　　　　　　D. 对劳动力行为的调控

▼ **考点**:社会主义市场经济宏观调控的必要性

3. [多选] 社会主义宏观调控的必要性在于（　　）。
   A. 是社会化大生产的客观要求
   B. 是生产资料社会主义公有制的要求
   C. 是使社会主义市场经济合理有效运行的要求
   D. 是使微观经济活动符合宏观经济目标的需要
   E. 是推动社会发展中利益关系协调实现的需要

▽ **考点**：宏观经济调控的目标

4. [单选] 社会主义宏观经济调控的基本目标是（　　）。
　A. 保持财政收入适度增长
　B. 实现国民收入分配水平
　C. 保持经济总量平衡和经济结构优化
　D. 保持出口总额基本稳定

5. [单选] 社会主义市场经济实行的是（　　）的价格机制。
　A. 以政府为主制定和管理　　　　　　B. 全面市场调节
　C. 以市场形成价格为主、由政府宏观调控　　D. 与国际市场直接挂钩

▽ **考点**：宏观经济调控的方式

6. [单选] 国家用经济手段，通过市场机制来实现的宏观调控是（　　）。
　A. 直接调控　　　　　　　　　　　　B. 间接调控
　C. 计划调控　　　　　　　　　　　　D. 经济调控

▽ **考点**：宏观经济调控的手段

7. [多选] 社会主义宏观经济调控的手段主要包括（　　）。
　A. 计划调控手段　　　　　　　　　　B. 行政调控手段
　C. 意识形态调控手段　　　　　　　　D. 法律调控手段
　E. 经济调控手段

8. [单选] 下列不属于经济调控手段和经济杠杆内容的是（　　）。
　A. 价格　　　　　　　　　　　　　　B. 税收
　C. 指示　　　　　　　　　　　　　　D. 工资

▽ **考点**：财政政策

9. [多选] 下列各项政策措施中，属于财政政策手段的有（　　）。
　A. 税收　　　　　　　　　　　　　　B. 利率
　C. 财政补贴　　　　　　　　　　　　D. 汇率
　E. 公开市场业务

10. [单选] 当社会总供给小于社会总需求时，政府预算应该实行的政策是（　　）。
　A. 紧缩政策　　　　　　　　　　　　B. 扩张政策
　C. 平衡政策　　　　　　　　　　　　D. 赤字政策

▽ **考点**：货币政策

11. [单选] 货币政策的核心是通过变动货币供应量来调节（　　）。
　A. 居民收入水平　　　　　　　　　　B. 财政支出水平
　C. 社会总供给和总需求　　　　　　　D. 价格总水平

12. [多选] 货币政策的类型有（　　）。
　A. 稳健型货币政策　　　　　　　　　B. 均衡性货币政策
　C. 扩张性货币政策　　　　　　　　　D. 紧缩性货币政策

E. 积极性货币政策

13. [单选] 下列属于货币政策工具的是（　　）。
    A. 税收　　　　　　　　　B. 存款准备金率
    C. 国债　　　　　　　　　D. 国家预算

▼ 考点：宏观调控的综合协调

14. [多选] 建立宏观经济调控综合协调体制的基本要求有（　　）。
    A. 保障重点　　　　　　　B. 直接干预
    C. 目标统一　　　　　　　D. 功能互补
    E. 适时适度

✎ 学习笔记

第七章　社会主义市场经济的宏观调控

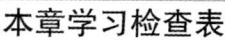
本章学习检查表

知识点名称	初次学习		第一次复习		第二次复习	
	做对题目数/总题目数	学习日期	做对题目数/总题目数	复习日期	做对题目数/总题目数	复习日期
社会主义国家的经济职能						
社会主义市场经济宏观调控的必要性						
宏观经济调控的目标						
宏观经济调控的方式						
宏观经济调控的手段						
财政政策						
货币政策						
宏观调控的综合协调						

填写建议：

"做对题目数/总题目数"记录自己各知识点做题的情况，比如，某知识点总题目数10题，自己做对了其中7题，记录为7/10。

"学习日期"和"复习日期"记录自己学习和复习各知识点的日期。

备忘录

参考答案及解析

Day 11

1. ADE [解析] 社会主义国家的三大经济职能是国民经济宏观调控、国有资产管理和营运、社会基础设施和社会公共事业建设。

2. C [解析] 社会主义宏观经济调控的主体是国家，对象是国民经济总体活动，并通过对市场的调控来实现。

3. ABCD [解析] 社会主义市场经济宏观调控的必要性：①是社会化大生产的客观要求；②是生产资料社会主义公有制的要求；③是使社会主义市场经济合理有效运行的需要；④是使微观经济活动符合宏观经济目标的需要。

4. C [解析] 保持经济总量平衡和经济结构优化是社会主义宏观经济调控的基本目标。

5. C [解析] 社会主义市场经济的价格机制是以市场形成价格为主、由政府宏观调控的价格机制。

6. B [解析] 宏观经济调控有直接调控和间接调控两种方式。直接调控，是国家利用行政手段和指令性计划，直接对每个微观经济单位而不通过市场机制来进行的宏观调控。A项错误。间接调控，是国家用经济手段通过市场机制来实现的宏观调控，B项正确。计划调控和经济调控是宏观经济调控的手段，故 C、D 两项与题意不符。

7. ABDE [解析] 社会主义宏观经济调控是借助于各种宏观调控手段来进行的。宏观调控手段主要包括计划调控手段、经济调控手段、法律调控手段和行政调控手段。

8. C [解析] 经济调控手段和经济杠杆的主要内容有价格、税收、信贷、利率、工资、奖金、汇率。A、B、D 三项属于经济调控手段和经济杠杆的内容。行政调控手段的内容主要包括强制性的命令、指示、指标、规定和下达指令性任务。C项不属于经济调控手段和经济杠杆的内容，符合题意。

9. AC [解析] 财政政策的手段主要有国家预算、税收、国债、财政补贴和转移支付。故 A、C 两项正确。

10. A [解析] 财政政策分为三类：平衡财政政策（中性财政政策）、盈余财政政策（紧缩性财政政策）和赤字财政政策（扩张性财政政策）。当社会总供给小于社会总需求时，政府预算应该实行的政策是紧缩政策。A项正确。当社会总供给大于社会总需求时，应实行赤字财政政策（扩张性财政政策）。当社会总供给等于社会总需求时，实行平衡财政政策。

11. C [解析] 货币政策的核心是通过变动货币供应量来调节社会总供给与总需求。

12. BCD [解析] 货币政策的类型包括均衡性货币政策、扩张性货币政策和紧缩性货币政策，B、C、D 三项正确。注意区分财政政策类型，财政政策分为平衡财政政策（中性财政政策）、盈余财政政策（紧缩性财政政策）和赤字财政政策（扩张性财政政策）。

13. B [解析] 货币政策工具包括存款准备金率、再贴现率和公开市场业务，B项正确。财政政策手段有国家预算、税收、国债、财政补贴和转移支付。A、C、D 三项属于财政政内容。
14. CDE［解析］综合协调体制要求：①目标统一；②政策协调；③功能互补；④适时适度。

第八章 经济全球化与我国经济的对外开放

> **学习指导**

　　本章主要内容是经济全球化与我国经济的对外开放。本章常考的知识点有经济全球化及其发展趋势、经济全球化对发展中国家的挑战与机遇、经济全球化与我国的开放型经济、我国涉外经济管理应遵循的基本原则等，历年考查分数为2分左右。

　　本章内容较为简单，在学习中要注意细节性知识点。

日期	考点
Day12	➢ 经济全球化及其发展趋势 ➢ 经济全球化对发展中国家的挑战与机遇 ➢ 经济全球化与我国的开放型经济 ➢ 经济全球化背景下我国的涉外经济管理 ➢ 我国涉外经济管理应遵循的基本原则

▶▶ Day 12

▼ **考点**：经济全球化及其发展趋势

1. ［单选］推动经济全球化的市场因素是（　　）。

　　A. 科学技术的进步

　　B. 市场经济体制的拓展和完善

　　C. 全球资源配置和各国经济发展的不平衡

　　D. 跨国公司

2. ［多选］下列关于经济全球化的说法中，正确的有（　　）。

　　A. 是社会生产力发展到一定程度的产物

　　B. 各国间经济交往更加紧密，相互依赖性也进一步加强

　　C. 在整个世界市场范围内实现资本和生产要素的流动，提高资源配置的效率

　　D. 商品、服务、生产要素与信息跨国界流动的交易成本和制度障碍不断增加

　　E. 各经济主体国际分工越来越少

3. ［多选］经济全球化可以具体划分为（　　）。

　　A. 金融全球化　　　　　　　　　　B. 生产全球化

　　C. 贸易全球化　　　　　　　　　　D. 文化全球化

　　E. 技术全球化

▽ **考点**：经济全球化对发展中国家的挑战与机遇

4. [单选] 生产全球化使发展中国家有可能通过跨国公司产生的"（　　）"促进本国生产力水平的提升。
   A. 收入效应　　　　　　　　　　　B. 替代效应
   C. 扩充效应　　　　　　　　　　　D. 溢出效应

5. [单选] 经济全球化的实质是（　　）。
   A. 社会经济制度的趋同或认同过程
   B. 产品国际分工的协商过程
   C. 经济规则制度的趋同或认同过程
   D. 政治制度的趋同或认同过程

▽ **考点**：经济全球化与我国的开放型经济

6. [单选] 与外向型经济不同，我国实行的是（　　）。
   A. 差别性开放　　　　　　　　　　B. 政策性开放
   C. 临时性开放　　　　　　　　　　D. 制度性开放

7. [多选] 党的十九大报告提出推动形成全面开放新格局的政策方针，这个新格局除了突出以"一带一路"为重点之外，还包括的内容有（　　）。
   A. 创新对外投资方式
   B. 坚持引进来和走出去并重
   C. 进一步拓展外向型经济
   D. 在拓展对外贸易过程中强调培育贸易新业态、新模式
   E. 优化区域开放布局

8. [多选] 下列各项中，可以用来衡量一国经济的开放程度的有（　　）。
   A. 出口占 GDP 比重　　　　　　　　B. 资本流出入量
   C. 企业跨国经营情况　　　　　　　D. 对外贸易额占 GDP 比重
   E. 民族工业的发展程度

▽ **考点**：经济全球化背景下我国的涉外经济管理

9. [多选] 我国提出的"一带一路"倡议所秉承的基本原则有（　　）。
   A. 协商　　　　　　　　　　　　　B. 合作
   C. 和平　　　　　　　　　　　　　D. 共赢
   E. 发展

▽ **考点**：我国涉外经济管理应遵循的基本原则

10. [多选] 我国涉外经济管理应遵循的基本原则包括（　　）。
    A. 有利于拉动国民经济持续稳定增长
    B. 有利于促进国际收支实现顺差
    C. 有利于带动国内经济结构的合理调整和升级
    D. 有利于提高国民经济的抗风险能力
    E. 有利于实现国民经济的可持续发展目标

11. [单选] 各国开展涉外经济活动的政策出发点是（　　）。
    A. 解决就业　　　　　　　　　　B. 谋求本国利益的最大化
    C. 解决资金困难　　　　　　　　D. 引进先进技术
12. [单选] 涉外经济的开展有时会给该国经济带来一定程度的风险，这种风险归根到底源于（　　）。
    A. 国际市场的不稳定性
    B. 国内风险管理不完善
    C. 国内与国际行事作风的差异性
    D. 国内市场对国际市场的依赖性

✎ 学习笔记

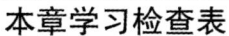

本章学习检查表

知识点名称	初次学习		第一次复习		第二次复习	
	做对题目数/总题目数	学习日期	做对题目数/总题目数	复习日期	做对题目数/总题目数	复习日期
经济全球化及其发展趋势						
经济全球化对发展中国家的挑战与机遇						
经济全球化与我国的开放型经济						
经济全球化背景下我国的涉外经济管理						
我国涉外经济管理应遵循的基本原则						

填写建议:

"做对题目数/总题目数"记录自己各知识点做题的情况,比如,某知识点总题目数10题,自己做对了其中7题,记录为7/10。

"学习日期"和"复习日期"记录自己学习和复习各知识点的日期。

备忘录

参考答案及解析

Day 12

1. C [解析] 科学技术的进步是推动经济全球化的生产力因素。市场经济体制的拓展和完善是推动经济全球化的生产关系因素。全球资源配置和各国经济发展的不平衡是推动经济全球化的市场因素。跨国公司是推动经济全球化的主导力量。

2. ABC [解析] 经济全球化是指社会生产力发展到一定程度,商品、服务、生产要素与信息跨国界流动的交易成本和制度障碍不断减少,交易规模不断扩大,形式不断创新,各经济主体基于利益最大化的要求,按照一定的规则,通过更广泛的国际分工,在整个世界市场范围内实现资本和生产要素的流动,提高资源配置的效率,从而使各国间经济交往更加紧密,相互依赖性也进一步加强的客观历史过程。A、B、C三项正确。D项错误,应是"交易成本和制度障碍不断减少"。E项错误,应是"国际分工更广泛"。

3. ABC [解析] 经济全球化包括贸易全球化、生产全球化和金融全球化。

4. D [解析] 生产全球化使发展中国家有可能通过跨国公司产生的"溢出效应"促进本国生产力水平的提升,D项正确。

5. C [解析] 经济全球化实质上是经济规则制度的趋同、认同过程。

6. D [解析] 开放型经济与外向型经济有所不同。外向型经济以出口导向为主,总体上是一种政策性开放;而开放型经济则以降低关税壁垒和提高资本自由流动程度为主,总体上实行中性化政策,是一种制度性开放。

7. ABDE [解析] 2017年10月通过的党的十九大报告,进一步指明了中国特色社会主义新时代我国对外开放的政策方向,即"推动形成全面开放新格局"。这个新格局主要体现在五个方面:①突出以"一带一路"为重点;②坚持引进来和走出去并重;③在拓展对外贸易过程中强调培育贸易新业态、新模式;④创新对外投资方式;⑤优化区域开放布局。

8. ABCD [解析] 衡量一国经济的开放程度的指标主要有出口占GDP比重、资本流出入量、企业跨国经营情况、对外贸易额占GDP比重等。A、B、C、D四项说法均符合题意,E项不是衡量一国经济开放程度的主要指标。

9. BCDE [解析] 为了顺应经济全球化这一历史潮流,秉承和平、发展、合作、共赢的基本原则,进一步推动我国经济和跨区域乃至世界经济的健康发展,2015年我国政府提出了"一带一路"倡议。

10. ACDE [解析] 我国涉外经济管理应遵循的基本原则有:①有利于拉动国民经济持续稳定增长;②有利于促进国际收支总体平衡;③有利于带动国内经济结构的合理调整和升级;④有利于提高国民经济的抗风险能力;⑤有利于实现国民经济的可持续发展目标;⑥有利于扩大就业和缓解国内结构性矛盾。因此A、C、D、E四项正确。B项错误,应是"有利于促进国际收支总体平衡",而不是"促进收支顺差"。

11. B [解析] 各国开展涉外经济活动的政策出发点就是谋求本国利益的最大化。其中,实现经济利益的最大化必然要以经济的繁荣与增长和综合国力的增强表现出来。

12．D [解析] 涉外经济的开展在促进一国经济走向世界市场的同时，也会给该国经济带来一定程度的风险，这种风险归根到底源于国内市场对国际市场的依赖性。

第二部分 财政税收

第九章 公共物品与财政职能

> **学习指导**

本章是财政部分的开篇章节,主要内容为财政的基础知识——公共物品职能与财政。本章常考的知识点有公共物品的定义、市场效率与市场失灵、财政的基本职能等,历年考查分数为 4 分左右。

本章考查重点突出,学习时注意对关键知识点的熟练掌握,财政的三大职能为财政部分的重点基础知识。

日期	考点
Day13	➢公共物品及其特征 ➢公共物品的需求显示 ➢公共物品的融资与生产 ➢公共物品供给的制度结构 ➢市场和市场效率 ➢市场失灵
Day14	➢财政的基本含义 ➢财政的基本特征 ➢资源配置职能 ➢收入分配职能 ➢经济稳定和发展职能 ➢中央与地方财政事权和支出责任划分原则 ➢中央与地方财政事权和支出责任划分改革的主要内容 ➢"十四五"规划对加快建立现代财政制度的要求

▶▶▶ Day 13

▼ **考点**:公共物品及其特征

1. [单选] 首次提出公共物品概念的经济学家是（　　）。
   A. 亚当·斯密　　　　　　　　　　B. 大卫·李嘉图
   C. 保罗·萨缪尔森　　　　　　　　D. 理查德·马斯格雷夫

2. [单选] 纯公共物品的两大特征是（　　）。
   A. 非竞争性和排他性
   B. 竞争性和非排他性
   C. 非竞争性和非排他性
   D. 竞争性和排他性

3. [单选] 下列选项中，说法正确的是（　　）。
   A. 非排他性成为对自愿融资起阻碍作用的关键因素
   B. 非排他性是公共物品的主要特征，非竞争性是派生特征
   C. 政府融资的缺点是可能导致公共物品供给数量不足和结构不平衡
   D. "增加一个人消费的边际供给成本为零"体现了公共物品的非排他性

▼ 考点：公共物品的需求显示

4. [单选] 下列关于公共物品需求显示的说法，正确的是（　　）。
   A. 公共物品是人们用出价多少表示对公共物品的需求强度
   B. 公共物品是具有经济效率的
   C. 公共物品的排他性消费不符合效率原则
   D. 公共物品是人们用出价多少表示对公共物品的需求数量

▼ 考点：公共物品的融资与生产

5. [多选] 关于公共物品的融资方式，下列说法正确的有（　　）。
   A. 政府融资的缺点是难以满足社会成员对公共物品的多样化需求
   B. 非竞争性成为对自愿融资起阻碍作用的关键因素
   C. 联合融资的常见手段是政府以财政补贴和税收优惠等方式，鼓励私人机构提供公共物品
   D. 私人融资的缺点是可能导致公共物品供给的数量不足和结构不平衡
   E. 政府应作为公共物品供给的资金提供者，以强制税收的形式为公共物品融资

6. [多选] 下列选项中，属于私人融资的缺点的有（　　）。
   A. 可能导致公共物品质量下降
   B. 可能导致公共物品供给的数量不足
   C. 可能导致公共物品的生产成本高
   D. 可能导致公共物品的供给过度
   E. 可能导致公共物品供给结构不平衡

7. [多选] 公共物品生产的主要方式有（　　）。
   A. 政府生产
   B. 自主生产
   C. 联合生产
   D. 合同外包
   E. 特定的机构和组织生产

8. [多选] 下列关于公共物品生产方式的说法，正确的有（　　）。
   A. 政府生产和合同外包是两种典型的生产方式
   B. 在合同外包中，私人签约者可能是营利性机构
   C. 在合同外包中，私人签约者可能是非营利性机构
   D. 政府生产是公共物品提供私有化的表现

E. 合同外包是公共服务提供私有化的表现

▽ 考点：公共物品供给的制度结构

9. [单选] 公共物品的（　　）是公共物品供给制度的核心。
   A. 融资制度　　　　　　　　　　B. 生产制度
   C. 决策问题　　　　　　　　　　D. 受益分配制度

10. [多选] 第十四个五年规划提出"健全国家公共服务制度体系"，主要包括（　　）。
    A. 提高基本公共服务均等化水平　　B. 均等化水平稳步提升
    C. 标准体系全面建立　　　　　　　D. 创新公共服务提供方式
    E. 完善公共服务政策保障体系

▽ 考点：市场和市场效率

11. [单选] 根据亚当·斯密的供求规律，当供给大于需求时，价格（　　）。
    A. 上涨　　　　　　　　　　　　B. 下降
    C. 不变　　　　　　　　　　　　D. 无法确定

▽ 考点：市场失灵

12. [多选] 下列情形中，属于市场失灵的主要表现的有（　　）。
    A. 价格波动　　　　　　　　　　B. 收入分配不公
    C. 自然垄断　　　　　　　　　　D. 外部效应
    E. 信息不对称

✎ 学习笔记

Day 14

▽ **考点**：财政的基本含义

1. [单选] 作为政府收支分配活动的财政主要是"聚众人之财""办众人之事"，即为市场提供公共物品和服务以满足（　　）。
   A. 社会个人需要　　　　　　　　　　B. 社会公共需要
   C. 家庭需要　　　　　　　　　　　　D. 国有企业需要

▽ **考点**：财政的基本特征

2. [单选] 下列关于财政基本特征的说法中，正确的是（　　）。
   A. 财政消除通货膨胀
   B. 财政追求市场营利
   C. 财政弥补市场失效
   D. 财政提供差异化服务

3. [单选] 经济能力或支付能力相同的人应当缴纳数额相同的税收，以同等的方式对待条件相同的人，这是（　　）。
   A. 横向公平　　　　　　　　　　　　B. 纵向公平
   C. 起点公平　　　　　　　　　　　　D. 结果公平

▽ **考点**：资源配置职能

4. [多选] 财政配置资源的范围包括（　　）。
   A. 对社会资源配置的引导性支出
   B. 满足政府履行职能的需要
   C. 介入竞争性产业
   D. 政府机关的正常运转和执行社会公共职能的基本需要
   E. 市场不能有效提供而社会又需要的准公共物品和服务的支出

5. [单选] 下列支出中，属于市场不能有效提供而社会又需要的准公共物品和服务的支出是（　　）。
   A. 国防支出　　　　　　　　　　　　B. 外交支出
   C. 国家安全支出　　　　　　　　　　D. 公共卫生支出

▽ **考点**：收入分配职能

6. [多选] 财政实现收入分配职能的机制和手段包括（　　）。
   A. 优化财政支出结构
   B. 明确市场与政府对社会收入分配的范围和界线
   C. 加强税收调节
   D. 发挥公共支出的作用
   E. 发挥财政转移支付作用

7. [单选] 财政履行收入分配职能的目标是（　　）。
   A. 实现平均分配　　　　　　　　　　B. 实现公平收入分配

C. 实现效益分配　　　　　　　　D. 实现效率分配

> **考点**：经济稳定和发展职能

8. [多选] 财政履行经济稳定和发展职能的目标包括（　　）。
   A. 充分就业　　　　　　　　　B. 物价稳定
   C. 经济增长　　　　　　　　　D. 国际收支平衡
   E. 增加国际储备

9. [单选] 财政行使经济稳定职能的重点是（　　）。
   A. 使社会资源在政府和私人部门之间合理配置
   B. 维持社会资源在高水平利用状况下的稳定
   C. 促进经济发展
   D. 缩小收入差距

> **考点**：中央与地方财政事权和支出责任划分原则

10. [多选] 中央与地方财政事权和支出责任划分的原则包括（　　）。
    A. 实现权、责、利相统一
    B. 兼顾政府职能和行政效率
    C. 体现基本公共服务受益范围
    D. 加快省以下财政事权和支出责任划分
    E. 激励地方政府主动作为

> **考点**：中央与地方财政事权和支出责任划分改革的主要内容

11. [单选] 关于中央与地方财政事权和支出责任划分改革的主要内容，说法不正确的是（　　）。
    A. 推进中央与地方财政事权划分
    B. 激励地方政府主动作为
    C. 完善中央与地方支出责任划分
    D. 加快省以下财政事权和支出责任划分

> **考点**："十四五"规划对加快建立现代财政制度的要求

12. [多选] 关于"十四五"规划对加快建立现代财政制度要求的说法，正确的有（　　）。
    A. 强化对预算编制的宏观指导和审查监督
    B. 强化预算约束和绩效管理
    C. 加强中期财政规划管理
    D. 健全省以下财政体制，增强中央公共服务保障能力
    E. 完善财政转移支付制度

✎ 学习笔记

本章学习检查表

知识点名称	初次学习		第一次复习		第二次复习	
	做对题目数/总题目数	学习日期	做对题目数/总题目数	复习日期	做对题目数/总题目数	复习日期
公共物品及其特征						
公共物品的需求显示						
公共物品的融资与生产						
公共物品供给的制度结构						
市场和市场效率						
市场失灵						
财政的基本含义						
财政的基本特征						
资源配置职能						
收入分配职能						
经济稳定和发展职能						
中央与地方财政事权和支出责任划分原则						
中央与地方财政事权和支出责任划分改革的主要内容						
"十四五"规划对加快建立现代财政制度的要求						

填写建议：

"做对题目数/总题目数"记录自己各知识点做题的情况，比如，某知识点总题目数10题，自己做对了其中7题，记录为7/10。

"学习日期"和"复习日期"记录自己学习和复习各知识点的日期。

备忘录

参考答案及解析

Day 13

1. C [解析] 公共物品的这一概念是由美国经济学家保罗·萨缪尔森首次提出的。

2. C [解析] "纯公共物品"具有两大特征,即消费上的非竞争性和非排他性。其中,非竞争性是主要特征,非排他性是派生特征。

3. A [解析] 非竞争性是公共物品的主要特征,非排他性是派生特征,B项错误。私人融资的缺点是可能导致公共物品供给数量不足和结构不平衡,C项错误。"增加一个人消费的边际供给成本为零"体现了公共物品的非竞争性,D项错误。非排他性是指一种公共物品一旦被提供出来,要排除一个额外的消费者在技术上不可行,或者尽管技术上的排他是可行的,然而这样做的成本过高。这一特征指出了通过市场机制提供公共物品的潜在困难。因此 A 项正确。

4. C [解析] 私人物品的需求显示通过自愿的市场交易实现,人们用出价多少表示对私人物品的需求强度和需求数量,A、D 两项错误。公共物品是缺乏经济效率的,B 项错误。公共物品的排他性消费不符合效率原则,C 项正确。

5. ACDE [解析] 政府融资的缺点是难以满足社会成员对公共物品的多样化需求,A 项正确。私人融资(或自愿融资)非排他性成为对自愿融资起阻碍作用的关键因素,B 项错误。联合融资的常见手段是政府以财政补贴和税收优惠等方式,鼓励私人机构提供公共物品,C 项正确。私人融资的缺点是可能导致公共物品供给的数量不足和结构不平衡,D 项正确。政府应作为公共物品供给的资金提供者,以强制税收的形式为公共物品融资。E 项正确。

6. BE [解析] 私人融资(或自愿融资)作为公共物品的融资方式之一,其主要缺点是可能导致公共物品供给数量不足和结构不平衡。

7. AD [解析] 完成公共物品的生产通常有政府生产和合同外包两种方式。

8. ABCE [解析] 政府生产和合同外包是两种典型的生产方式,A 项正确。在合同外包中,私人签约者可能是营利性机构,也可能是非营利机构,B、C 两项正确。合同外包是公共服务提供私有化的表现,D 项错误,E 项正确。

> **·考点再现·**
>
> Q_{5-8} 公共物品的融资与生产。
> (1) 公共物品的融资。公共物品的融资包括:
> ①政府融资(或强制融资),政府应作为公共物品供给的资金提供者,以强制税收的形式为公共物品融资。政府融资的缺点是难以满足社会成员对公共物品的多样化需求。
> ②私人融资(或自愿融资),非排他性成为对自愿融资起阻碍作用的关键因素,私人融资的缺点是可能导致公共物品供给的数量不足和结构不平衡。
> ③联合融资,联合融资的常见手段是政府以财政补贴和税收优惠等方式,鼓励私人机构提供公共物品。

第九章　公共物品与财政职能

（2）公共物品的生产。完成公共物品的生产通常有政府生产和合同外包两种方式。

①政府生产是指代表公众利益的政治家雇用公共雇员，与他们签订就业合同，合同中对所需提供的物品或服务作出具体规定。

②合同外包是指政治家首先与私人厂商签约，再由这个私人厂商与其员工签订劳务合同，私人厂商按政府要求完成公共物品或服务的生产任务。在合同外包中，私人签约者可能是营利机构，也可能是非营利机构，不论其性质如何，合同外包都是公共服务提供私有化的表现。

9. C［解析］公共物品供给的制度结构包括：①公共物品供给的决策制度；②公共物品供给的融资制度；③公共物品供给的生产制度；④公共物品的受益分配制度。其中，公共物品供给的决策制度，即何种物品应当被公共地而不是私人地提供？提供多少？决策问题是公共物品供给制度结构的核心。

10. ADE［解析］"十四五"规划提出"健全国家公共服务制度体系"，主要包括：①提高基本公共服务均等化水平。②创新公共服务提供方式。区分基本与非基本，突出政府在基本公共服务供给保障中的主体地位，推动非基本公共服务提供主体多元化、提供方式多样化。③完善公共服务政策保障体系。

11. B［解析］市场机制的基本规律就是供求规律：①供给大于需求，价格下降，库存增加，生产低迷；②供给小于需求，价格上涨，库存减少，生产增长。

12. BCDE［解析］市场失灵主要表现在以下几个方面：①自然垄断；②信息不充分和不对称；③外部效应和公共物品；④收入分配不公和经济波动。

Day 14

1. B［解析］作为政府收支分配活动的财政主要是"聚众人之财""办众人之事"，即为市场提供公共物品和服务以满足社会公共需要。

2. C［解析］一般来讲，财政具有四个基本特征，即弥补市场失效、提供公平服务、非市场营利性和法治性。

3. A［解析］横向公平是指经济能力或支付能力相同的人应当缴纳数额相同的税收，以同等的方式对待条件相同的人。

4. ABDE［解析］财政资源配置范围应当是市场失灵而社会又需要的公共物品和服务的领域，主要有：①满足政府行使职能的需要，包括政府机关的正常运转和行使社会公共职能的基本需要；②市场不能有效提供而社会又需要的准公共物品和服务的支出；③对社会资源配置的引导性支出。

5. D［解析］市场不能有效提供而社会又需要的准公共物品和服务的支出，如公共卫生、科技、公共工程等。

6. BCDE［解析］财政实现收入分配职能的机制和手段：①根据市场和政府的职责分工，明确市场和政府对社会收入分配的范围和界限；②加强税收调节；③发挥财政转移支付作用；④发挥公共支出的作用。

7. B［解析］收入分配职能的目标是实现公平收入分配。因此B项正确。

8. ABCD［解析］财政履行经济稳定和发展职能的目标包括充分就业、物价稳定、经济增长和国际收支平衡。

9. B［解析］财政经济稳定和发展职能的四大目标为充分就业、物价稳定、经济增长和国际收支平衡。财政行使经济稳定职能的重点是维持社会资源在高水平利用状况下的稳定。B项正确。

10. ABCE［解析］中央与地方财政事权和支出责任划分原则：①体现基本公共服务受益范围；②兼顾政府职能和行政效率；③实现权、责、利相统一；④激励地方政府主动作为；⑤做到支出责任与财政事权相适应。因此A、B、C、E四项正确，D项错误，其属于中央与地方财政事权和支出责任划分改革的主要内容。

11. B［解析］中央与地方财政事权和支出责任划分改革的主要内容包括：①推进中央与地方财政事权划分；②完善中央与地方支出责任划分；③加快省以下财政事权和支出责任划分。"激励地方政府主动作为"属于中央与地方财政事权和支出责任划分原则的内容，因此B项符合题意。

12. ABCE［解析］"十四五"规划对加快建立现代财政制度的要求包括：①深化预算管理制度改革，强化对预算编制的宏观指导和审查监督；②加强财政资源统筹，推进财政支出标准化，强化预算约束和绩效管理；③完善跨年度预算平衡机制，加强中期财政规划管理，增强国家重大战略任务财力保障；④建立权责清晰、财力协调、区域均衡的中央和地方财政关系，适当加强中央在知识产权保护、养老保险、跨区域生态环境保护等方面事权，减少并规范中央和地方共同事权；⑤健全省以下财政体制，增强基层公共服务保障能力；⑥完善财政转移支付制度，优化转移支付结构，规范转移支付项目；⑦完善权责发生制政府综合财务报告制度；⑧建立健全规范的政府举债融资机制。

第十章 财政支出

学习指导

本章主要内容为财政支出的相关知识。本章常考的知识点有财政支出分类方法、衡量财政支出规模的指标、影响财政支出规模的主要因素、购买性支出和转移性支出等,历年考查分数为3分左右。

在学习本章时,注意对比记忆,尤其是财政支出分类方法、财政支出增长的三个衡量指标以及购买性支出与转移性支出的功能比较。

日期	考点
Day15	➤如何理解财政支出数据 ➤财政支出分类方法 ➤我国的政府支出分类改革 ➤财政支出规模的定义 ➤衡量财政支出规模的指标
Day16	➤衡量财政支出规模变化的指标 ➤影响财政支出规模的主要因素 ➤政府消费性支出 ➤政府投资性支出 ➤社会保障支出 ➤财政补贴 ➤购买性支出与转移性支出的功能比较

▶▶▶ Day 15

▽ 考点: 如何理解财政支出数据

1. [单选](　　)能够反映政府如何参与社会经济生活以及参与的广度和重点,有助于人们了解政府运用公共资金、参与社会经济生活的具体细节。
   A. 财政支出规模　　　　　　　　　B. 财政支出结构
   C. 财政支出的经济性质　　　　　　D. 财政购买性支出

2. [单选]反映政府实际上参与社会经济生活的程度的指标是(　　)。
   A. 财政支出的经济性质　　　　　　B. 财政支出结构
   C. 财政支出范围　　　　　　　　　D. 财政支出规模

▽ 考点: 财政支出分类方法

3. [单选]根据政府提供公共物品与服务的产出性质进行分类的财政支出分类方法

是（ ）。
   A. 功能分类法 B. 经济分类法
   C. 交易性质分类法 D. 成本分类法

4. [单选] 可以使政府每一项支出的具体用途得到全面、具体、清晰反映的支出分类方法是按支出（ ）进行的分类。
   A. 功能 B. 最终结果
   C. 经济 D. 发生时间

5. [多选] 根据交易的经济性质，政府支出可分为（ ）。
   A. 财政支出功能分类 B. 购买性支出
   C. 转移性支出 D. 财政支出经济分类
   E. 其他支出

✓ 考点：我国的政府支出分类改革

6. [单选] 下列支出科目中，属于按支出功能分类的类级科目的是（ ）。
   A. 卫生健康支出 B. 基本建设支出
   C. 债务利息支出 D. 工资福利支出

7. [单选] 我国财政支出分为一般公共服务支出，外交、公共安全等支出，这是按（ ）进行的分类。
   A. 支出性质 B. 支出用途
   C. 支出功能 D. 支出类别

✓ 考点：财政支出规模的定义

8. [单选] 一个财政年度内政府通过预算安排的财政支出总额应称为（ ）。
   A. 财政支出限额 B. 财政支付幅度
   C. 财政支出规模 D. 财政支出范围

✓ 考点：衡量财政支出规模的指标

9. [单选] 反映社会资源在市场和政府之间配置的比例，体现社会财力的集中程度的指标是（ ）。
   A. 财政支出规模的相对指标 B. 财政支出规模的绝对指标
   C. 财政支出规模的平均指标 D. 财政支出规模的综合指标

10. [单选] 以一国货币单位表示的、预算年度内政府实际安排和使用的财政资金的数量总额，称为（ ）。
    A. 财政支出规模的绝对指标 B. 财政支出规模的相对指标
    C. 财政支出幅度 D. 财政支出范围

✎ 学习笔记

Day 16

考点：衡量财政支出规模变化的指标

1. [单选] 下列不属于财政支出增长的衡量指标的是（　　）。
   A. 财政支出增长率
   B. 财政支出增长的弹性系数
   C. 财政支出结构
   D. 财政支出增长的边际倾向

2. [单选] 2016年我国财政支出187 841亿元，比2015年增长6.4%；2016年我国GDP为744 127亿元，比2015年增长6.7%，那么2016年我国财政支出增长弹性系数是（　　）。
   A. 0.96
   B. 1.03
   C. 0.25
   D. 3.96

3. [单选] 我国2020年国内生产总值为101.60万亿元，财政支出为24.56万亿元，2019年国内生产总值为98.65万亿元，财政支出为23.89万亿元。则2020年我国财政支出增长的边际倾向是（　　）。
   A. 0.227
   B. 0.028
   C. 0.938
   D. 0.030

4. [单选] （　　）可以说明财政支出的增长趋势。
   A. 财政支出增长率
   B. 财政支出增长的弹性系数
   C. 财政支出的边际倾向
   D. 财政支出总额占国内生产总值的比重

考点：影响财政支出规模的主要因素

5. [多选] 下列选项中，可能成为导致我国财政支出规模扩大的因素有（　　）。
   A. 我国是人口大国，政府用于发展义务教育的支出需求非常大
   B. 收入水平的提高，居民在住房、汽车方面的需求持续旺盛
   C. 政府要偿还过去经济社会发展过程中应支付而未支付或支付不足的历史欠账
   D. 居民拥有财富的增多，使政府举借债务扩大财政支出规模成为可能
   E. 我国城乡之间发展差距大，政府承担缩小发展差距的任务重

6. [多选] 影响财政支出规模的主要因素有（　　）。
   A. 社会因素
   B. 政治因素
   C. 文化因素
   D. 经济发展因素
   E. 经济体制、经济制度因素

考点：政府消费性支出

7. [单选] 下列不属于政府消费性支出的是（　　）。
   A. 教育支出
   B. 国防支出
   C. 卫生健康支出
   D. 政策性投资

考点：政府投资性支出

8. [多选] 与非政府投资相比较，政府投资性支出具有的特点包括（　　）。
   A. 营利性
   B. 非营利性
   C. 外部性
   D. 长期性

E. 流动性

> **考点**：社会保障支出

9. ［单选］下列不属于社会保障支出的是（　　）。
   A. 社会保险
   B. 社会救助
   C. 生活补贴
   D. 社会福利

> **考点**：财政补贴

10. ［多选］按照财政补贴的经济性质分类，财政补贴可以分为（　　）。
    A. 价格补贴
    B. 生产补贴
    C. 禁止性补贴
    D. 生活补贴
    E. 现金补贴

> **考点**：购买性支出与转移性支出的功能比较

11. ［多选］财政购买性支出和转移性支出功能作用的差别包括（　　）。
    A. 体现财政的不同职能
    B. 经济政策的侧重点不同
    C. 对缩小收入差距的效果不同
    D. 对生产与就业影响的方式不同
    E. 对政府支出效益约束的强度不同

12. ［单选］关于政府财政支出的说法，正确的是（　　）。
    A. 转移性支出会扩大社会需求，对社会就业有直接影响
    B. 转移性支出直接改变社会财富的分配结构和国民收入分配比例
    C. 购买性支出遵循等价交换原则，对政府的约束较弱
    D. 购买性支出只是资金使用权的转移，不表明政府拥有的资源所有权的扩大

✐ 学习笔记

本章学习检查表

知识点名称	初次学习		第一次复习		第二次复习	
	做对题目数/总题目数	学习日期	做对题目数/总题目数	复习日期	做对题目数/总题目数	复习日期
如何理解财政支出数据						
财政支出分类方法						
我国的政府支出分类改革						
财政支出规模的定义						
衡量财政支出规模的指标						
衡量财政支出规模变化的指标						
影响财政支出规模的主要因素						
政府消费性支出						
政府投资性支出						
社会保障支出						
财政补贴						
购买性支出与转移性支出的功能比较						

填写建议：

"做对题目数/总题目数"记录自己各知识点做题的情况，比如，某知识点总题目数10题，自己做对了其中7题，记录为7/10。

"学习日期"和"复习日期"记录自己学习和复习各知识点的日期。

备忘录

参考答案及解析

Day 15

1. B [解析] 传统上一般通过三个方面来理解财政支出的有关数据：①财政支出规模：财政支出规模是指财政支出总额占国内生产总值（GDP）的比重。该指标反映政府实际上参与社会经济生活的程度，有助于了解政府支配了多少社会资源。A项错误。②财政支出结构：财政支出结构指财政支出总额中各类支出所占的比重，它能够反映政府如何参与社会经济生活以及参与的广度和重点，有助于人们了解政府运用公共资金参与社会经济生活的具体细节。B项正确。③财政支出的经济性质：它反映政府在社会经济生活中实际履行着何种职能，有助于人们了解政府干预是更侧重资源配置，还是更侧重收入分配；是更关注长期结构调整，还是更关注短期宏观调控等。C项错误。购买性支出是政府为了履行其职能，从私人部门取得物品与劳务并支付相应资金而发生的费用，D项错误。

2. D [解析] 财政支出规模是指财政支出总额占国内生产总值的比重，反映政府实际上参与社会经济生活的程度，D项正确。

3. A [解析] 财政支出功能分类是按照政府提供公共物品与服务的产出性质进行的分类，反映政府的职能活动，即政府的钱到底被拿来做了什么事。

4. C [解析] 财政支出经济分类是按照政府生产公共物品的成本投入进行分类，反映政府支出的经济性质和具体用途，说明政府的钱是怎么花出去的。该种分类能从微观层面追踪政府财政支出的去向和用途。

5. BC [解析] 根据交易的经济性质进行分类，财政支出可分为购买性支出和转移性支出。

> **●考点再现**
>
> Q_{3-5} 财政支出的分类方法。
>
> （1）按适于编制政府预算的统计分类。
>
> ①财政支出功能分类，指按照政府提供公共物品与服务的产出性质进行的分类，反映政府的职能活动，即政府的钱到底被拿来做了什么事（用于办了教育，还是加强了国防）。
>
> ②财政支出经济分类，指按照政府生产公共物品的成本投入进行分类，反映政府支出的经济性质和具体用途。说明政府的钱是怎样花出去的（办教育的钱是发了工资，还是买了设备、盖了校舍），是对政府支出活动更为明细的反映，能从微观层面清晰追踪政府财政支出的去向和具体用途。
>
> （2）按交易的经济性质分类，具体如表10-1所示。
>
> 表10-1 财政支出按交易的经济性质分类
>
> | 具体分类 | 含义 | 体现职能 |
> | --- | --- | --- |
> | 购买性支出
（消耗性支出） | 政府为了履行其职能，从私人部门取得物品与劳务并支付相应资金而发生的费用，包括政府消费性和政府投资性支出 | 体现资源配置职能 |
> | 转移性支出 | 政府扮演中介者角色，依法向受益对象拨付财政资金但不要求获得相应的物品与劳务 | 体现收入分配职能 |

6. A [解析] 支出功能类别科目分别为一般公共服务支出、外交支出、国防支出、公共安全支出、教育支出、科学技术支出、文化旅游体育与传媒支出、社会保障和就业支出、社会保险基金支出、卫生健康支出、节能环保支出、城乡社区支出、农林水支出、交通运输支出、资源勘探信息等支出、商业服务业等支出、金融支出、援助其他地区支出、自然资源海洋气象等支出、住房保障支出、粮油物资储备支出、国有资本经营预算支出、灾害防治及应急管理支出、预备费、其他支出、转移性支出、债务还本支出、债务付息支出、债务发行费用支出。综上，A项正确，B、C、D三项错误。

7. C [解析] 支出功能分类设类、款、项三级，类级科目包括一般公共服务支出、外交、国防、公共安全等。

8. C [解析] 财政支出规模是指一个财政年度内政府通过预算安排的财政支出总额。

9. A [解析] 财政支出规模的相对指标反映了一定时期内全社会创造的财富中由政府直接支配和使用的数额，反映了社会资源在市场和政府之间配置的比例，体现了社会财力的集中程度，也反映了财政支出与宏观经济运行以及国民收入分配的相互关联和相互制约的关系。

10. A [解析] 衡量财政支出规模大小一般有绝对指标和相对指标两大指标。财政支出规模的绝对指标，又称财政支出的绝对规模，是指以一国货币单位表示的、预算年度内政府实际安排和使用的财政资金的数量总额。财政支出规模的相对指标，是在预算年度内政府实际安排和使用的财政资金的数量占相关经济总量指标（通常是GDP）的比率。因此，A项正确，B、C、D三项错误。

Day 16

1. C [解析] 财政支出增长的衡量指标有三个：财政支出增长率，财政支出增长的弹性系数，财政支出增长的边际倾向。故A、B、D三项属于财政支出增长的衡量指标，C项符合题意。

2. A [解析] 财政支出增长的弹性系数＝财政支出增长率÷国内生产总值增长率，弹性系数大于1，表明财政支出增长速度快于国内生产总值增长速度。根据题干信息，财政支出增长的弹性系数＝6.4%÷6.7%≈0.96，故A项正确。

3. A [解析] 财政支出增长的边际倾向表明财政支出增长额与国内生产总值增长额之间的关系，即国内生产总值每增加一个单位时财政支出增加多少，或财政支出增长额占国内生产总值增长额的比例，以MGP表示。故MGP＝(24.56－23.89)÷(101.60－98.65)≈0.227。

4. A [解析] 财政支出增长率可以说明财政支出的增长趋势，A项正确。财政支出增长的弹性系数指的是财政支出变化率对国内生产总值变化率反应的敏感程度，B项错误。财政支出增长的边际倾向表明财政支出增长额与国内生产总值增长额之间的关系，C项错误。财政支出总额占国内生产总值的比重描述的是财政支出规模，D项错误。

5. ACDE [解析] 影响财政支出规模的主要因素有经济发展因素、政治因素、经济体制制度因素和社会因素。A、C、E三项属于社会因素，D项是经济发展因素。住房、汽车不是公共产品，不是财政支出的范围，所以B项错误。

6. ABDE [解析] 影响财政支出规模的主要因素有经济发展因素，政治因素，经济体制、经济制度因素和社会因素。

7. D [解析] 在国家财政支出项目中，属于政府消费性支出的有行政管理支出、国防支出、教育支出、科学技术支出、卫生健康支出等。

8. BCD [解析] 与非政府投资相比较，政府投资性支出的特点包括非营利性、长期性、外部性。

9. C [解析] 社会保障支出主要包括社会保险、社会救助、社会福利、社会优抚。

10. BD [解析] 按财政补贴的经济性质分类，财政补贴可以分为生产补贴和生活补贴。

11. ADE [解析] 购买性支出与转移性支出的功能比较，具体如表10-2所示。

表10-2 购买性支出与转移性支出的功能比较

项目	购买性支出	转移性支出
对生产与就业影响的方式不同	直接刺激社会生产规模扩大	只发生间接的影响作用
对政府支出效益约束的强度不同	对政府具有较强的效益约束	对政府的效益约束较弱
体现财政的不同职能	在财政支出总额中，所占比重大，表明财政具有较强的资源配置职能	在财政支出总额中，所占比重大，表明财政具有较强的收入分配职能

12. B [解析] 市场经济条件下，政府购买性支出在市场上与微观经济主体提供的商品和劳务相交换，这种支出会扩大和增加社会需求，直接刺激社会生产规模扩大，引起生产结构的变动和调整，成为拉动社会总需求的重要因素，对社会生产与就业有着直接而重要的影响。A项错误。购买性支出遵循市场的等价交换原则，对政府具有较强的效益约束；转移性支出对政府的效益约束则相对较弱。C项错误。政府转移性支出只是资金使用权的转移，这种支出增加不表明政府拥有的资源所有权的扩大，也不意味着政府和公共部门占有和运用的资源增加。因此，转移性支出尽管也会增加社会需求，但它对社会生产与就业只能产生间接的影响。D项错误。

第十一章 财政收入

> **学习指导**

本章主要内容为财政收入的相关知识。本章常考的知识点有财政收入的形式与分类、影响财政收入规模的主要因素、政府债务收入等，历年考查分数为 3 分左右。

在学习本章时，可以结合第 10 章财政支出的内容进行对比学习，综合练习第 10 章及第 11 章的题目会加强记忆。

日期	考点
Day17	➢财政收入的含义 ➢财政收入的形式 ➢财政收入的分类 ➢衡量财政收入规模的指标 ➢影响财政收入规模的主要因素
Day18	➢财政收入规模的确定 ➢政府债务收入的含义和特征 ➢政府债务的经济影响 ➢衡量政府债务收入规模的指标 ➢中央政府债务管理制度 ➢地方政府债务管理制度

▶▶▶ Day 17

▼ **考点**：财政收入的含义

1. ［单选］（　　）是衡量一国政府财力的重要指标，影响政府在社会经济活动中提供公共物品和服务的范围和数量。
   A. 财政收入　　　　　　　　　　B. 财政支出
   C. 税收　　　　　　　　　　　　D. 专用基金收入

▼ **考点**：财政收入的形式

2. ［单选］目前，我国最主要的财政收入形式是（　　）。
   A. 国有资产收益　　　　　　　　B. 税收
   C. 专用基金收入　　　　　　　　D. 政府债务收入

3. ［单选］下列收入中，不属于一般性财政收入的是（　　）。
   A. 政府债务收入　　　　　　　　B. 国有资产收益
   C. 政府收费　　　　　　　　　　D. 专项收入

4. [单选] 国家凭借国有资产所有权获得的利润、租金、股息、红利、资金使用费等收入属于（   ）。
   A. 税收　　　　　　　　　　　　B. 国有资产收益
   C. 政府收费　　　　　　　　　　D. 专项收入

5. [单选] 专用基金收入是经国家批准设立的，列入预算但由（   ）的收入。
   A. 财政部代管
   B. 财政部、国家发展和改革委员会共同管理
   C. 各省政府自行管理
   D. 各部门自行管理

▼ 考点：财政收入的分类

6. [多选] 财政收入按来源和性质分类，可以分为（   ）。
   A. 财政补贴　　　　　　　　　　B. 返还性收入
   C. 专项转移支付收入　　　　　　D. 财力性转移支付收入
   E. 社会保险基金收入

7. [单选] 非税收入下设8个"款"级科目，包括政府性基金收入、专项收入、彩票资金收入、行政事业性收费收入、罚没收入、（   ）和国家资源有偿使用收入等。
   A. 社会保险收入　　　　　　　　B. 债务收入
   C. 财力性转移支付收入　　　　　D. 国有资本经营收入

8. [单选] 国家凭借国有资产所有权获得的利润、租金、股息、红利、资金使用费等收入，称为（   ）。
   A. 国有资产收入　　　　　　　　B. 政府财政收入
   C. 税收　　　　　　　　　　　　D. 行政性收费收入

9. [单选] 来自（   ）的各项税收和国有资产收益是财政收入的主要来源。
   A. 交通运输业　　　　　　　　　B. 商业服务业
   C. 工业部门　　　　　　　　　　D. 农业部门

10. [多选] 财政收入中的临时性收入包括（   ）。
    A. 罚款收入　　　　　　　　　　B. 出卖公产收入
    C. 租金　　　　　　　　　　　　D. 资金使用费
    E. 债务收入

▼ 考点：衡量财政收入规模的指标

11. [单选] 综合反映政府占有和支配社会资源的程度，反映政府调控经济的能力和对社会资源配置的影响程度的指标是（   ）。
    A. 财政收入占国民生产总值的比重　　B. 财政收入占国内生产总值的比重
    C. 税收收入占国内生产总值的比重　　D. 中央财政收入占全国财政收入的比重

▼ 考点：影响财政收入规模的主要因素

12. [多选] 影响财政收入规模的因素包括（   ）。
    A. 经济发展水平　　　　　　　　B. 生产技术水平

C. 经济结构
D. 分配政策和分配制度
E. 财政赤字的大小

13. [单选] 当价格总水平上涨幅度高于财政收入增长幅度时，表明财政收入的增长状况是（   ）。
A. 名义增长而实际负增长
B. 实际增长而名义负增长
C. 名义增长低于其实际增长
D. 名义增长等于其实际增长

Day 18

▽ 考点：财政收入规模的确定

1. [多选] 评价一个国家财政收入规模是否适度，是否兼顾了效率和公平两个标准，主要考核的指标有（　　）。
   A. 全国财政收入与全国财政支出的比重
   B. 中央政府收入与中央政府支出的比重
   C. 中央财政收入占全国财政收入的比重
   D. 全国财政收入占国内生产总值的比重
   E. 地方财政收入占地方财政支出的比重

▽ 考点：政府债务收入的含义和特征

2. [单选] 政府根据财政资金状况和经济社会发展需要决定发行公债的时间、规模、种类和期限，这体现了政府债务收入的（　　）特征。
   A. 选择性   B. 有偿性
   C. 固定性   D. 灵活性

▽ 考点：政府债务的经济影响

3. [多选] 发行公债、取得政府债务收入的经济影响，从积极的角度，可归纳为（　　）。
   A. 弥补财政赤字
   B. 筹集政府投资资金
   C. 平衡国际收支
   D. 调节经济
   E. 提高经济效益

4. [多选] 关于政府发行公债影响经济社会发展的说法，正确的有（　　）。
   A. 公债能弥补财政赤字，促进经济社会发展
   B. 政府发行公债不会增加政府的支出
   C. 政府发行公债一定不会增加纳税人负担
   D. 政府取得公债收入可能会产生财政"挤出"效应
   E. 政府发行公债一定会增加流通中的货币量

5. [多选] 如果政府发行公债的规模过大，超过一定限度，将可能出现的情况有（　　）。
   A. 产生财政"挤出"效应   B. 减轻财政负担
   C. 增加纳税人负担   D. 减轻纳税人负担
   E. 引发通货膨胀

6. [单选] 弥补财政赤字的各种途径中，相较而言副作用较小，不会招致无度通货膨胀的是（　　）。
   A. 发行国债   B. 增加政府收费
   C. 增加税收   D. 向银行透支

▼ **考点**：衡量政府债务收入规模的指标

7. [单选] 下列国债指标中，反映当年到期还本付息的国债总额占当年财政收入比例的是（　　）。
  A. 国债负担率   B. 国债偿债率
  C. 国债依存度   D. 国债规模度

8. [单选] 国债依存度是（　　）。
  A. 当年国债发行规模与当年财政支出的比例
  B. 当年国债发行规模与当年财政收入的比例
  C. 当年到期还本付息的国债总额与当年财政收入的比例
  D. 当年到期还本付息的国债总额与当年国内生产总值的比例

9. [单选] 某年我国全国财政收入为 68 518 亿元，当年发行国债规模为 12 038 亿元，到期还本付息的国债总额为 9 872 亿元。则当年的国债偿债率是（　　）。
  A. 13.4%   B. 14.4%
  C. 15.4%   D. 16.4%

▼ **考点**：中央政府债务管理制度

10. [单选] 根据我国政府债务管理制度，中央政府债务采取（　　）。
  A. 余额管理   B. 规模控制和分类管理
  C. 债务风险预警及化解机制 D. 考核问责机制

▼ **考点**：地方政府债务管理制度

11. [单选] 地方政府举债规模报（　　）审批。
  A. 政府财政部门   B. 中央政府
  C. 中国人民银行   D. 全国人大或其常委会

✎ **学习笔记**

本章学习检查表

知识点名称	初次学习		第一次复习		第二次复习	
	做对题目数/总题目数	学习日期	做对题目数/总题目数	复习日期	做对题目数/总题目数	复习日期
财政收入的含义						
财政收入的形式						
财政收入的分类						
衡量财政收入规模的指标						
影响财政收入规模的主要因素						
财政收入规模的确定						
政府债务收入的含义和特征						
政府债务的经济影响						
衡量政府债务收入规模的指标						
中央政府债务管理制度						
地方政府债务管理制度						

填写建议：

"做对题目数/总题目数"记录自己各知识点做题的情况，比如，某知识点总题目数10题，自己做对了其中7题，记录为7/10。

"学习日期"和"复习日期"记录自己学习和复习各知识点的日期。

备忘录

第十一章 财政收入

参考答案及解析

Day 17

1. A [解析] 财政收入是衡量一国政府财力的重要指标，政府在社会经济活动中提供公共物品和服务的范围和数量，很大程度上取决于财政收入的充裕状况。A项正确。财政支出是指政府为履行职能、取得所需商品和劳务而进行的资金支付，是政府行为活动的成本。B项错误。税收是国家凭借政治权力向纳税人强制征收的收入，它是最古老、也是最主要的一种财政收入形式。C项错误。专用基金收入是指经国家批准设立的，列入预算但由各部门执行管理的各种基金收入，通过专门的政府性基金预算来反映。D项错误。

2. B [解析] 目前，我国最主要的财政收入形式是税收，B项正确。国有资产收益属于一般性财政收入形式，但不是最主要的形式。专用基金收入、政府债务收入属于特殊财政收入。因此A、C、D三项错误。

3. A [解析] 我国的一般性财政收入形式主要有税收、国有资产收益、政府收费、专项收入；其他收入主要包括罚没收入、利息收入、捐赠收入、外事服务收入等。

4. B [解析] 税收是政府从社会公众那里取得的收入，用来提供公共服务，A项错误。国有资产收益是国家凭借国有资产所有权获得的利润、租金、股息、红利、资金使用费等收入的总称，B项正确。政府收费是政府直接为私人或法人提供服务进而直接向提供服务对象收取的费用，C项错误。专项收入是根据特定需要由国务院或者经国务院授权由财政部批准设置、征集并纳入预算管理的有专项用途的收入，如教育费附加、矿产资源补偿费收入、排污费收入等。D项错误。

5. D [解析] 专用基金收入是指经国家批准，列入预算而由各部门自行管理的各种基金收入。

6. BCDE [解析] 财政收入按照来源和性质分类，可以分为税收收入、社会保险基金收入、非税收入、债务收入、贷款转贷回收本金收入、转移性收入（下设返还性收入、财力性转移支付收入、专项转移支付收入等）。

7. D [解析] 非税收入下设8个"款"级科目，包括政府性基金收入、专项收入、彩票资金收入、行政事业性收费收入、罚没收入、国有资本经营收入、国家资源（资产）有偿使用收入和其他收入。

8. A [解析] 国家凭借国有资产所有权获得的利润、租金、股息、红利、资金使用费等收入，称为国有资产收入，A项正确。政府财政收入是指政府为履行其职能、实施公共政策和提供公共物品与服务的需要而筹集的一切资金的总和，B项错误。税收是指国家为实现其职能，凭借其政治权力，依法向纳税人强制征收的收入，C项错误。行政性收费收入包括规费和使用费。规费是政府为公民个人或单位提供某些特定服务或实施特定行政管理所收取的费用。D项错误。

9. C [解析] 财政收入按经济部门可分为农业、工业、交通运输业和商业服务业收入四类。其中，农业是财政收入的基础。工业是国民经济的主导，来自工业部门的各项税收和国有资产收益是财政收入的主要来源。

10. ABE [解析] 临时性收入是指在财政年度内不是经常地或不是很有规律地取得的财政收入，如债务收入、出卖公产收入、罚款收入等。

11. B [解析] 财政收入占国内生产总值比重指标，综合反映政府占有和支配社会资源的程度，反映政府调控经济的能力和对社会资源配置的影响程度。

12. ABCD [解析] 影响财政收入规模的因素有五个：①经济发展水平因素（基础性的制约）；②生产技术水平因素，促进技术进步、提高经济效益，是增加财政收入的有效途径；③经济结构因素；④分配制度和分配政策因素；⑤价格因素，表现在价格总水平对财政收入的影响和现行财政收入制度上。

13. A [解析] 当价格总水平上涨高于财政收入增长水平时，将会导致财政收入名义增长而实际负增长的情况。

Day 18

1. CD [解析] 我国常用"两个比重"来间接地反映效率与公平的兼顾程度。"两个比重"是指全国财政收入占国内生产总值的比重和中央财政收入占全国财政收入的比重。

2. D [解析] 政府债务收入具有有偿性、自愿性和灵活性。灵活性是指政府根据财政资金状况和经济社会发展需要决定发行公债的时间、规模、种类和期限。

3. ABD [解析] 发行公债、取得政府债务收入的经济影响，从积极的角度，可归纳为三点：弥补财政赤字、筹集政府投资资金和调节经济。

4. AD [解析] 政府发行公债，对经济的影响是双重的。公债在起到弥补财政赤字、促进经济社会发展作用的同时，如果发行公债超过一定限度，会对经济社会发展带来消极的影响。政府取得公债收入，可能会产生财政"排挤"效应。

5. ACE [解析] 如果发行公债超过一定限度，会产生以下消极影响：①不考虑政府偿还能力，长期实行赤字财政政策，通过发行公债取得收入弥补财政赤字，会成为财政的沉重负担（偿还国债的最终收入来源是税收）；②会增加纳税人的负担；③可能会产生财政"挤出"效应；④有可能引发通货膨胀。

6. A [解析] 政府发债收入是将不属于政府支配的民间资金在一定时期内有偿地让渡给政府使用，是民间资金使用权的单方面转移，在正常情况下，不会招致无度的通货膨胀，还可迅速、灵活、有效地弥补财政赤字，故通过举借国债以弥补财政赤字是当今世界各国的普遍做法。

7. B [解析] 政府债务收入规模的衡量指标：①国债依存度＝国债发行规模÷当年财政支出；②国债偿债率＝当年到期还本付息的国债总额÷当年财政收入；③国债负担率＝政府历年发行公债尚未偿还的累计余额÷当年GDP。

8. A [解析] 国债依存度是指国债发行规模与当年财政支出的比率关系，即当年财政支出中有多大份额是依靠发行国债来满足的。

9. B [解析] 国债偿债率是指当年到期还本付息的国债总额占当年财政收入的比例，即 9 872÷68 518≈14.4%。

10. A ［解析］我国政府债务管理制度规定，中央政府实行余额管理。
11. D ［解析］地方政府举债规模报全国人大或其常委会批准。

第十二章 税收基本制度

> **学习指导**

本章主要内容为税收的基本制度,主要讲的是一些基本的税收理论,具体涵盖了货物和劳务税、所得税、财产税三种税制。本章常考的知识点有税制要素、税收分类、增值税、个人所得税等,历年考查分数在8分左右。

在学习本章时,注意抓住考查重点。本章都是税收制度的一些基本知识,考查并不难,因此掌握教材重点论述的几个税种非常关键。

日期	考点
Day19	➢税收的基本含义 ➢税收的基本特征 ➢税收的职能 ➢税制要素 ➢税收分类 ➢我国现行税收法律制度
Day20	➢增值税 ➢消费税 ➢关税 ➢所得税的主要特点 ➢企业所得税 ➢个人所得税 ➢财产税的特点 ➢房产税 ➢契税 ➢车船税 ➢深化税收征管改革的主要目标 ➢深化税收征管改革的主要内容

▶▶▶ Day 19

▼ **考点**:税收的基本含义

1. [多选] 关于税收的说法,正确的有(   )。

    A. 纳税主体是政府
    B. 征税的目的是满足社会公共需要
    C. 税收征收凭借的是国家的政治权力
    D. 征税的过程是物质财富在征纳双方之间有偿转移的过程
    E. 强制性、无偿性、固定性是税收的基本特征

第十二章 税收基本制度

▽ **考点**：税收的基本特征

2. [单选] 关于税收的无偿性的说法，正确的是（   ）。
   A. 税收的无偿性是指国家在征税时并不向纳税人支付任何报酬
   B. 税收无偿性是绝对的，因为对具体纳税人而言，纳税后并未获得任何报酬
   C. 税收同国家债务、收费和信贷分配一样具有无偿性特征
   D. 税收无偿性是指所征税款归国家所有，有时也直接返还给原纳税人

3. [单选] 税收作为一个财政范畴的前提条件是（   ）。
   A. 税收的强制性　　　　　　　　　　B. 税收的无偿性
   C. 税收的固定性　　　　　　　　　　D. 税收的自愿性

4. [多选] 税收的基本特征有（   ）。
   A. 灵活性　　　　　　　　　　　　　B. 强制性
   C. 无偿性　　　　　　　　　　　　　D. 自愿性
   E. 固定性

5. [单选] 税收的强制性指国家征税凭借的是国家的（   ）。
   A. 公民权力　　　B. 监督权力　　　C. 政治权力　　　D. 财产权力

▽ **考点**：税收的职能

6. [多选] 税收的基本职能包括（   ）。
   A. 补贴职能　　　　　　　　　　　　B. 转移职能
   C. 经济职能　　　　　　　　　　　　D. 财政职能
   E. 监督职能

▽ **考点**：税制要素

7. [单选] 关于税率的说法，不正确的是（   ）。
   A. 比例税率是对同一课税对象按一个百分比的税率课税
   B. 边际税率是全部税额与收入之间的比率
   C. 实际税率是税收的实际负担率
   D. 零税率是以零表示的税率，是免税的一种形式

8. [单选] 通常情况下，比例税率的优点是（   ）。
   A. 税负公平　　　　　　　　　　　　B. 计算简便
   C. 具有自动调节功能　　　　　　　　D. 边际税率高于平均税率

9. [单选] 比例税率的缺点是（   ）。
   A. 计算复杂　　　　　　　　　　　　B. 征收效率低
   C. 有悖于量能纳税原则　　　　　　　D. 税负不公

10. [单选] 区别不同税种的主要标志是（   ）。
   A. 课税对象　　　　　　　　　　　　B. 纳税人
   C. 纳税环节　　　　　　　　　　　　D. 税率

11. [多选] 合理确定纳税环节对（   ）等具有十分重要的意义。
   A. 完善税率体系　　　　　　　　　　B. 均衡税负

C. 减轻税负 D. 便利征税

E. 调整税制结构

12. [多选] 关于边际税率与平均税率的说法，正确的有（　　）。

    A. 在比例税率制度下，边际税率与平均税率是相同的
    B. 平均税率是指全部税额与收入之间的比率
    C. 边际税率是累进税率中纳税人可能适用的最高一级税率
    D. 在超额累进税率制度下，平均税率高于边际税率
    E. 在影响人们经济行为方面，平均税率比边际税率更为重要

▼ **考点**：税收分类

13. [多选] 按计税依据的不同，税收分为（　　）。

    A. 从价税 B. 从量税
    C. 货物和劳务税 D. 所得税
    E. 财产税

14. [多选] 下列税收中，属于从量税的有（　　）。

    A. 车船税 B. 房产税
    C. 增值税 D. 城镇土地使用税
    E. 企业所得税

▼ **考点**：我国现行税收法律制度

15. [单选] 下列属于资源税类的是（　　）。

    A. 增值税 B. 企业所得税
    C. 土地增值税 D. 印花税

✎ 学习笔记

第十二章 税收基本制度

Day 20

考点：增值税

1. [单选] 自 2009 年 1 月 1 日起，允许增值税一般纳税人抵扣固定资产的进项税额。这种类型的增值税被称为（　　）。
   A. 生产型增值税
   B. 收入型增值税
   C. 消费型增值税
   D. 积累型增值税

2. [单选] 某商场为增值税一般纳税人，购销货物的增值税税率为 13%。5 月购进货物取得的增值税专用发票上注明的货物金额为 500 万元，增值税为 85 万元；当期销售货物取得不含增值税价款为 800 万元，假设不考虑其他因素，则该企业 5 月份应纳增值税（　　）万元。
   A. 0
   B. 85
   C. 136
   D. 19

3. [单选] 增值税全部税额的最终承担者是（　　）。
   A. 生产者
   B. 零售商
   C. 批发商
   D. 消费者

考点：消费税

4. [单选] 下列消费品中，实行复合计税办法的是（　　）。
   A. 摩托车
   B. 高档化妆品
   C. 卷烟
   D. 成品油

5. [单选] 下列选项中，征收消费税的是（　　）。
   A. 口罩
   B. 自行车
   C. 馒头
   D. 小汽车

考点：关税

6. [单选] 关税的纳税义务人不包括（　　）。
   A. 进口货物的收货人
   B. 出口货物的发货人
   C. 进出境物品的携带人或收件人
   D. 境外生产企业

考点：所得税的主要特点

7. [多选] 所得税的特点有（　　）。
   A. 属于间接税
   B. 存在重复征税问题
   C. 税负相对比较公平
   D. 收入具有弹性
   E. 单环节征收

考点：企业所得税

8. [多选] 适用企业所得税法的企业有（　　）。
   A. 个人独资企业
   B. 股份有限公司
   C. 合伙企业
   D. 有限责任公司
   E. 个体工商户

▽ **考点**：个人所得税

9. [多选] 关于个人所得税纳税人的说法，正确的有（　　）。
   A. 在中国境内无住所的个人一定是非居民纳税人
   B. 个人所得税纳税人分为居民纳税人和非居民纳税人
   C. 在中国境内有住所，或者无住所而一个纳税年度内在中国境内居住累计满183天的个人
   D. 居民纳税人取得的境内外所得都要向中国缴纳个人所得税
   E. 非居民纳税人仅就来源于中国境内的所得向我国缴纳个人所得税

▽ **考点**：财产税的特点

10. [单选] 下列关于财产税优点的说法，不正确的是（　　）。
    A. 符合税收的纳税能力原则
    B. 税源比较充分，且相对稳定
    C. 有财产者征税，无财产者不纳税
    D. 收入弹性较小

11. [单选] 下列属于财产税的是（　　）。
    A. 印花税
    B. 企业所得税
    C. 城镇土地使用税
    D. 车船税

▽ **考点**：房产税

12. [单选] 下列企业或个人中，不属于房产税纳税人的是（　　）。
    A. 房产出典人
    B. 房产使用人
    C. 房产代管人
    D. 房屋产权所有人

13. [单选] 下列关于房产税的纳税义务发生时间，说法正确的是（　　）。
    A. 纳税人将原有的房产用于生产经营，从生产经营之次月起，缴纳房产税
    B. 纳税人自行新建房屋用于生产经营，从建成之当月起，缴纳房产税
    C. 纳税人购置新建商品房，自房屋交付使用之当月起，缴纳房产税
    D. 纳税人出租、出借房产，自交付出租、出借房产之次月起，缴纳房产税

▽ **考点**：契税

14. [单选] 关于契税计税依据的说法，错误的是（　　）。
    A. 土地使用权出售、房屋买卖的计税依据为转移合同确定的价格
    B. 国有土地使用权出让以该土地使用权而支付的全部经济利益为计税依据
    C. 土地使用权互换、房屋互换以所换取的土地使用权、房屋的价格差额为计税依据
    D. 土地使用权赠与、房屋赠与以约定价格为计税依据

▽ **考点**：车船税

15. [单选] 我国现行税收体系中，与之相应的税收法规第一个由国务院制定的条例上升为法律的税种是（　　）。
    A. 车船税
    B. 增值税
    C. 消费税
    D. 房产税

▼ 考点：深化税收征管改革的主要目标

16. [多选] 我国深化税收征管改革的主要目标有（　　）。

    A. "线下服务无死角、线上服务不打烊、定制服务广覆盖"的税费服务新体系

    B. 实现从无差别服务向精细化、智能化、个性化服务转变

    C. "双随机、一公开"监管

    D. "以数治税"分类精准监管

    E. 稳定宏观税负

▼ 考点：深化税收征管改革的主要内容

17. [多选] 深化税收征管改革的主要内容包括（　　）。

    A. 全面推进税收征管数字化升级和智能化改造

    B. 不断完善税务执法制度和机制

    C. 大力推行优质高效智能税费服务

    D. 精准实施税务监管

    E. 加强和改进税收优惠政策设定

✎ 学习笔记

本章学习检查表

知识点名称	初次学习 做对题目数/总题目数	初次学习 学习日期	第一次复习 做对题目数/总题目数	第一次复习 复习日期	第二次复习 做对题目数/总题目数	第二次复习 复习日期
税收的基本含义						
税收的基本特征						
税收的职能						
税制要素						
税收分类						
我国现行税收法律制度						
增值税						
消费税						
关税						
所得税的主要特点						
企业所得税						
个人所得税						
财产税的特点						
房产税						
契税						
车船税						
深化税收征管改革的主要目标						
深化税收征管改革的主要内容						

填写建议：

"做对题目数/总题目数"记录自己各知识点做题的情况，比如，某知识点总题目数10题，自己做对了其中7题，记录为7/10。

"学习日期"和"复习日期"记录自己学习和复习各知识点的日期。

备忘录

… 第十二章 税收基本制度

参考答案及解析

Day 19

1. BCE [解析] 税收的征收主体是国家，征收客体是单位和个人。A项错误。税收征收目的是满足国家实现其职能的需要，或者说是满足社会公共需要，B项正确。税收征收的依据是法律，凭借的是政治权力，而不是财产权力，C项正确。税收征税的过程是物质财富从私人部门单向地、无偿地转移给国家的过程，D项错误。税收的基本特征有强制性、无偿性、固定性，E项正确。

2. A [解析] 税收的无偿性是指国家在征税时并不向纳税人支付任何报酬，A项正确。税收无偿性是相对的，B项错误。税收的无偿性特征，同国家债务、收费和信贷分配所具有的偿还性特征是有区别的，C项错误。税收无偿性是指所征税款归国家所有，不再直接返还给原纳税人，D项错误。

3. A [解析] 税收的强制性特征，是税收作为一个财政范畴的前提条件。

4. BCE [解析] 税收具有强制性、无偿性和固定性等基本特征。

5. C [解析] 税收的强制性凭借国家的政治权力，而非其他权力。

● 考点再现

$Q_{2\text{-}5}$ 税收的基本特征，具体如表12-1所示。

表12-1 税收的基本特征

特征	具体内容
强制性	指征税凭借的是国家的政治权力，国家颁布的法令，任何单位和个人都不得违抗。强制性可能转化为自觉性
无偿性	国家在征税时并不向纳税人支付任何报酬，税款直接归国家所有，不再直接返还给原纳税人。但无偿性又是相对的。从财政活动的整体看，税收是对政府提供公共物品和服务成本的补偿，这表明税收又具有有偿性的一面
固定性	征收比例或征收数额是相对固定的。征收机关只能按预定标准征收而不能随意征收；纳税人取得了应税收入或发生了应税行为后，必须按预定标准如数缴纳，不能拖延时间或改变缴税标准。税收的固定性特征是指税收的确定性和征收标准具有相对的稳定性

6. CDE [解析] 税收的基本职能包括财政职能、经济职能和监督职能。

7. B [解析] 比例税率是对同一课税对象按一个百分比的税率课税，A项正确。平均税率是全部税额与收入之间的比率，B项错误。实际税率是税收的实际负担率，名义税率是税法规定的税率，C项正确。零税率是以零表示的税率，是免税的一种形式，D项正确。

8. B [解析] 比例税率的优点是计算简便、征收效率高，缺点是有悖于量能纳税原则。比例税率是我国运用最广泛的一种税率形式，B项正确。累进税率的优点是税负公平、具有自动调节功能，A、C两项错误。在比例税率制度下，边际税率与平均税率是相同的，D项错误。

9. C [解析] 比例税率的优点是计算简便、征收效率高，缺点是有悖于量能纳税原则。

10. A [解析] 区别不同税种的主要标志是课税对象，课税对象体现着不同税种课税的基本界限。A 项正确。纳税人是指税法规定享有法定权利、负有纳税义务的单位和个人，可以是自然人，也可以是法人。B 项错误。纳税环节是指税法规定的一种商品或劳务应当缴纳税款的环节，C 项错误。税率是指税法规定的每一单位课税对象所应纳税额的比例或标准，它是计算应纳税额的尺度。D 项错误。

11. BDE [解析] 合理确定纳税环节对于调整税制结构和完善税收体系，对于控制税源、均衡税负、便利征收和纳税等，都具有十分重要的意义。

12. ABC [解析] 平均税率是指全部税额与收入之间的比率，也称平均负担率。B 项正确。有时把累进税率中纳税人可能适用的最高一级税率称为边际税率。C 项正确。在比例税率制度下，边际税率与平均税率是相同的；在超额累进税率制度下，平均税率随边际税率的提高而上升，但平均税率低于边际税率。A 项正确，D 项错误。在影响人们经济行为方面，边际税率比平均税率更为重要，E 项错误。

13. AB [解析] 按计税依据分类，税收分为从价税和从量税。

14. AD [解析] 从量税是以课税对象的数量、重量、面积、容积、体积或件数为计税依据的税类，如车船税、城镇土地使用税等。从价税是以价格或价值为计税依据的税类，如增值税、企业所得税、个人所得税、房产税等。故 A、D 两项正确。

> **考点再现**
>
> Q_{13-14} 税收分类。税收按不同的分类标准有不同的分类，具体如表 12-2 所示。
>
> **表 12-2 税收的分类**
>
> | 分类标准 | 具体内容 |
> | --- | --- |
> | 按课税对象的不同划分 | (1) 货物和劳务税：我国税收收入的主体税类，占税收收入比重 60% 左右，包括增值税、消费税和关税等
(2) 所得税：个人所得税和企业所得税
(3) 财产税：土地增值税、房产税、契税、车船税
(4) 资源税：城镇土地使用税、土地增值税
(5) 行为目的税：印花税 |
> | 按计税依据划分 | (1) 从价税：以征税对象的价格或价值为计税依据的税类，如增值税、所得税、房产税
(2) 从量税：以征税对象的数量、重量、容量和体积或件数为计税依据的税类，如车船税、城镇土地使用税 |
> | 按税负能否转嫁划分 | (1) 直接税：指由纳税人直接负担税负，不发生税负转嫁关系的税，即纳税人就是负税人，如个人所得税、企业所得税、财产税
(2) 间接税：指纳税人能将税负转嫁给他人负担的税，即纳税人与负税人不一致，如货物和劳务税（增值税、消费税、关税等） |
> | 按税收与价格的关系划分 | (1) 价内税：指税款构成商品或劳务价格组成部分的税收，如我国现行税制中的消费税和资源税等
(2) 价外税：指税款作为商品或劳务价格以外附加的税收，如我国现行税制中的增值税 |

15. C [解析] 资源税类包括资源税、城镇土地使用税、耕地占用税和土地增值税。

第十二章 税收基本制度

Day 20

1. C [解析] 按照允许扣税的范围，一般准增值税分为三种类型（D项排除）：①消费型增值税允许扣除购入固定资产中所含税款，从全社会看，全部生产资料都不课税，课税对象只限于消费资料。消费型增值税是一种鼓励投资政策的增值税。我国从2009年1月1日起，在全国全面实施消费型增值税（C项正确）。②收入型增值税允许扣除固定资产折旧中的所含税款，从全社会看，课税对象相当于国民收入。收入型增值税不含有重复课税，是完全的增值税（B项错误）。③生产型增值税不允许扣除固定资产中所含的税款，从全社会看，课税对象相当于国内生产总值。生产型增值税具有一定程度的重复征税（A项错误）。

2. D [解析] 当期应纳增值税额＝销项税额－进项税额。①销项税额＝销售额×适用税率。②进项税额为购进货物或接受劳务所支付或负担的增值税额，一般以当期购货发票中注明的允许扣除的增值税款为准。根据题意，销项税额＝800×13%＝104（万元）；进项税额＝85（万元）；当期应纳增值税额＝104－85＝19（万元）。

3. D [解析] 增值税的特点有：①不重复征税，具有中性税收的特征；②逐环节征税，逐环节扣税，最终消费者是全部税款的承担者；③税基广阔，具有征收的普遍性和连续性。

4. C [解析] 消费税实行从价定率、从量定额，或从价定率和从量定额复合计税的办法计算应纳税额。其中，对卷烟和白酒实行复合计税办法。

5. D [解析] 消费税征收包括（15类）：①烟；②酒；③高档化妆品；④贵重首饰和珠宝玉石；⑤鞭炮焰火；⑥成品油；⑦摩托车；⑧小汽车；⑨高尔夫球及球具；⑩高档手表；⑪游艇；⑫木制一次性筷子；⑬实木地板；⑭电池；⑮涂料。

6. D [解析] 关税的纳税义务人包括进口货物的收货人、出口货物的发货人、进出境物品的携带人或收件人。

7. CDE [解析] 所得税是对所有以所得为课税对象的税种的总称。所得课税具有如下特点：①税负相对比较公平。②所得税类以纳税人的应税所得额为计税依据，属于单环节征收，不存在重复征收问题；应税所得额不构成商品价格的追加，不易转嫁，不会影响商品的相对价格。③税源可靠，收入有弹性。

8. BD [解析] 企业所得税的纳税人为在我国境内的一切企业和其他取得收入的组织。为避免重复征税，个人独资企业、合伙企业不适用企业所得税法，而是应当缴纳个人所得税。B、D两项符合题意。

9. BCDE [解析] 个人所得税的纳税人分为居民纳税人和非居民纳税人。非居民纳税人是指在中国境内没有住所又不居住，或无住所且一个纳税年度居住不满183天的个人，仅就来源于中国境内的所得，向我国政府缴纳个人所得税。A项错误。居民纳税人是在中国境内有住所，或者无住所而一个纳税年度在中国境内居住满183天的个人，其取得的境内境外所得，都要向我国政府缴纳个人所得税。

10. D [解析] 财产税的优点包括：①符合税收的纳税能力原则；②课税对象是财产价值，税源充分，相对稳定，不易受经济变动因素的影响；③征税原则是有财产者征税，无财产者不纳税；④财产税属于直接税，不易转嫁。财产税的缺点包括：①税收负担存在一定的不公平性；②收入弹性较小；③一定程度上对资本的形成可能带来障碍。A、B、C 三项均属于优点，D 项属于缺点。

11. D [解析] 财产税是对所有以财产为课税对象的税种的总称，我国现行税制中财产税类的税种主要有房产税、车船税。

12. A [解析] 房产税的征税对象具体包括产权所有人、承典人、房产代管人或者使用人。

13. D [解析] 房产税纳税义务发生时间：①纳税人将原有房产用于生产经营，从生产经营之月起，缴纳房产税（A 项错误）；②纳税人自行新建房屋用于生产经营，从建成之次月起，缴纳房产税（B 项错误）；③纳税人委托施工企业建设的房屋，从办理验收手续之次月起，缴纳房产税；④纳税人购置新建商品房，自房屋交付使用之次月起，缴纳房产税（C 项错误）；⑤纳税人购置存量房，自办理房屋权属转移、变更登记手续，房地产权属登记机关签发房屋权属证书之次月起，缴纳房产税；⑥纳税人出租、出借房产，自交付出租、出借房产之次月起，缴纳房产税；⑦房地产开发企业自用、出租、出借本企业建造的商品房，自房屋使用或交付之次月起，缴纳房产税；⑧纳税人因房产的实物或权利状态发生变化而依法终止房产税纳税义务的，其应纳税款的计算截止到房产的实物或权利状态发生变化的当月末。

14. D [解析] D 项，土地使用权赠与、房屋赠与，以及其他没有价格的转移土地、房屋权属行为，计税依据为税务机关参照土地使用权出售、房屋买卖的市场价格依法核定的价格。

15. A [解析] 按照全国人大授权决定和其他有关规定，国务院制定的税收单行条例在条件成熟时应当上升为法律。制定车船税法的意义包括：①体现税收法定原则；②促进税收法律体系建设；③通过立法完善税制，体现税负公平；④作为第一部由条例上升为法律和第一部地方税收的法律具有标志性作用。

16. ABCD [解析] 深化税收征管改革的主要目标包括"线下服务无死角、线上服务不打烊、定制服务广覆盖"的税费服务新体系，实现从无差别服务向精细化、智能化、个性化服务转变；基本建成以"双随机、一公开"监管和"互联网＋监管"为基本手段、以重点监管为补充、以"信用＋风险"监管为基础的税务监管新体系，实现从"以票管税"向"以数治税"分类精准监管转变。

17. ABCD [解析] 税收制度改革的内容包括：①全面推进税收征管数字化升级和智能化改造；②不断完善税务执法制度和机制；③大力推行优质高效智能税费服务；④精准实施税务监管；⑤持续深化拓展税收共治格局；⑥强化税务组织保障。

第十三章 政府预算制度

> **学习指导**
>
> 本章主要内容为政府预算制度。本章常考的知识点有政府预算的原则、政府预算的分类、政府预算编制等,历年考查分数为 2 分左右。
>
> 本章内容较为零散,因此需要总结归纳并结合做题进行学习,且须定时复习,回顾教材内容。

日期	考点
Day21	➤政府预算的含义 ➤政府预算的职能 ➤政府预算的原则 ➤政府预算的分类 ➤政府预算编制 ➤政府预算的审查和批准 ➤政府预算执行 ➤政府预算调整 ➤政府决算 ➤部门预算的主要内容 ➤深化预算管理制度改革

Day 21

▼ **考点**:政府预算的含义

1. [多选] 下列关于政府预算的说法,正确的有(   )。
   A. 政府预算是指具有法律规定和制度保证的经法定程序审核批准的政府年度财政收入计划
   B. 从形式上看,政府预算是财政年度预算收入和支出的一览表,反映政府在财政年度内预计财政收支总额及其结构间的平衡关系
   C. 从内容上看,政府预算是政府对财政收支的计划安排,反映了可供政府集中支配财政资金数量的多少
   D. 从本质上看,政府预算是国家和政府意志的体现
   E. 我国的政府预算由中央预算和政府决算组成

▼ **考点**:政府预算的职能

2. [多选](   )属于政府预算的职能。
   A. 反映政府部门活动或工作状况　　　　　B. 体现国家和政府意志

C. 监督政府部门收支运作情况　　D. 控制政府部门支出

E. 反映可供政府集中支配财政资金数量

▽ **考点**：政府预算的原则

3. [单选] 政府预算必须包括政府所有的财政收入和支出内容，以便全面反映政府的财政活动，这体现了政府预算的（　　）。

   A. 完整性原则　　　　　　　　B. 精确性原则

   C. 公开性原则　　　　　　　　D. 统一性原则

4. [单选] 预算年度有历年制和跨年制两种，下列国家中采用历年制的是（　　）。

   A. 中国　　　B. 日本　　　C. 英国　　　D. 加拿大

▽ **考点**：政府预算的分类

5. [单选] 关于中期预算的说法，正确的是（　　）。

   A. 中期预算具有法律效力

   B. 中期预算不需要经过国家权力机关批准

   C. 中期预算不能修订

   D. 中期预算有效期为5～10年

6. [单选] 政府预算分为单式预算和复式预算是按照（　　）分类的。

   A. 预算编制依据的内容和方法　　B. 预算编制形式

   C. 预算作用时间长短　　　　　　D. 预算收支平衡状况

7. [单选] 资本预算的主要收入来源是（　　）。

   A. 税收　　　　　　　　　　　B. 国债

   C. 收费　　　　　　　　　　　D. 专项收费

▽ **考点**：政府预算编制

8. [多选] 下列收入中，属于中央国有资本经营预算收入的有（　　）。

   A. 国有独资企业上缴国家的利润

   B. 企业国有产权转让收入

   C. 国有控股企业的利息收入

   D. 国有参股企业国有股权获得的股息、股利

   E. 国有独资企业清算收入

9. [多选] 提交全国人大审议的中央预算包括（　　）。

   A. 国库管理　　　　　　　　　B. 中央一般公共预算

   C. 中央政府性基金预算　　　　D. 中央国有资本经营预算

   E. 中央部门预算

▽ **考点**：政府预算的审查和批准

10. [单选] 政府预算草案只有经过（　　）审查和批准后，才能成为具有法律效力的政府预算。

    A. 同级人民政府　　　　　　　B. 同级财政部门

C. 上级人民代表大会 D. 同级人民代表大会

▽ **考点**：政府预算执行

11. ［单选］目前，我国实行的国库制度是（　　）。
　　A. 分设国库制 B. 委托国库制
　　C. 独立国库制 D. 银行存款制

▽ **考点**：政府预算调整

12. ［单选］我国预算法规定，中央预算调整方案必须提请（　　）审查和批准。
　　A. 财政部 B. 国务院
　　C. 全国人民代表大会常务委员会 D. 全国人民代表大会

▽ **考点**：政府决算

13. ［单选］财政部编制中央决算草案，报（　　）审定后，提请（　　）审查和批准。
　　A. 国务院，全国人民代表大会
　　B. 国务院，全国人民代表大会常务委员会
　　C. 中央政治局，全国人民代表大会
　　D. 国务院，国务院

▽ **考点**：部门预算的主要内容

14. ［多选］部门预算中，一般收入预算包括（　　）。
　　A. 财政拨款收入 B. 行政事业性收费
　　C. 事业收入 D. 专用基金收入
　　E. 政府债务收入

▽ **考点**：深化预算管理制度改革

15. ［多选］现阶段，深化预算管理制度改革的主要内容有（　　）。
　　A. 加大预算收入统筹力度，增强财政保障能力
　　B. 规范预算支出管理，推进财政支出标准化
　　C. 建立收付实现制的政府综合财务报告制度
　　D. 增强财政透明度，提高预算管理信息化水平
　　E. 优化财政转移支付结构

✎ **学习笔记**

本章学习检查表

知识点名称	初次学习		第一次复习		第二次复习	
	做对题目数/总题目数	学习日期	做对题目数/总题目数	复习日期	做对题目数/总题目数	复习日期
政府预算的含义						
政府预算的职能						
政府预算的原则						
政府预算的分类						
政府预算编制						
政府预算的审查和批准						
政府预算执行						
政府预算调整						
政府决算						
部门预算的主要内容						
深化预算管理制度改革						

填写建议：

"做对题目数/总题目数"记录自己各知识点做题的情况，比如，某知识点总题目数10题，自己做对了其中7题，记录为7/10。

"学习日期"和"复习日期"记录自己学习和复习各知识点的日期。

备忘录

第十三章 政府预算制度

参考答案及解析

Day 21

1. BCD ［解析］政府预算是指具有法律规定和制度保证的、经法定程序审核批准的政府年度财政收支计划，A项错误。从形式上看，政府预算是财政年度预算收入和支出的一览表，反映政府在财政年度内预计财政收支总额及其结构间的平衡关系，B项正确。从内容上看，政府预算是政府对财政收支的计划安排，反映了可供政府集中支配财政资金数量的多少，C项正确。从本质上看，政府预算是国家和政府意志的体现，D项正确。政府预算由中央预算和地方预算组成，E项错误。

2. ACD ［解析］政府预算的职能包括：①反映政府部门活动或工作状况的职能；②监督政府部门收支运作情况的职能；③控制政府部门支出的职能。因此A、C、D三项正确。

3. A ［解析］政府预算原则包括完整性原则、统一性原则、可靠性原则、合法性原则、公开性原则、年度性原则。①完整性原则：政府预算必须包括政府所有的财政收支内容，以便全面反映政府的财政活动。②统一性原则：分级财政体制中，各级政府的收入预算和支出预算，要按统一科目、统一口径和统一程序计算和全额编列。③可靠性原则：也称为谨慎性原则，预算数应尽量准确地反映可能出现的结果。④合法性原则：政府预算的成立、预算执行中的调整和预算执行结果都必须经过立法机关审查批准。⑤公开性原则：预算内容和执行情况必须明确采取一定的形式公布。⑥年度性原则：预算年度有公历制和跨年制两种。我国预算年度为公历制，从每年的1月1日起至同年的12月31日止。

4. A ［解析］预算年度有历年制和跨年制两种。历年制：从每年1月1日起至同年12月31日止为一个预算年度。我国预算年度为历年制。跨年制：从每年某月某日起至次年相应日期的前一日止，跨两个年份。例如，英国、日本、加拿大等国家的预算年度是从每年的4月1日始至次年3月31日止。

5. B ［解析］中期预算是指预算有效期为几年（多为3~5年）的政府预算。中期预算一般不具有法律效力，也不需经国家权力机关批准。中期预算应该根据社会经济和财政变化情况予以修订。

6. B ［解析］按预算编制形式分类，政府预算分为单式预算和复式预算。

● 考点再现

Q_{5-6} 政府预算的分类。

(1) 按预算编制形式分类，分为单式预算和复式预算。

①单式预算：是将政府财政收支汇集编入一个总预算之内，形成一个收支项目安排对照表。

②复式预算：是将预算年度内的全部财政收支按收入来源和支出性质，分别编制两个或两个以上的预算，形成两个或者两个以上的收支对照表。一般由经常预算和资本预算组成。

(2) 按预算编制依据的内容和方法分类，分为增量预算与零基预算。

①增量预算：指新预算年度的财政收支计划指标在以前预算年度的基础上，按新预算年度经济发展情况加以调整后确定。

②零基预算：是指新预算年度财政收支计划指标的确定，不考虑以前年度的财政收支执行情况，只以新预算年度经济社会发展情况和财力可能为依据，重新评估各项收支的必要性及其所需金额的一种预算形式。

(3) 按预算作用时间长短，分为年度预算和多年预算。

①年度预算：预算有效期为一年的政府预算。

②多年预算：也称中期预算，是指预算有效期为几年（多为3~5年）的政府预算。

(4) 按预算收支平衡状况分类，可分为平衡预算和差额预算。

①平衡预算：收入预算基本等于支出预算。

②差额预算：包括盈余预算、赤字预算。

(5) 按预算管理层级分类，可分为中央预算和地方预算。

①中央预算：指中央政府预算，由中央各部门预算、中央对地方税收返还和转移支付、地方向中央上解收入、预备费等组成。

②地方预算：指省以下各级政府预算，包括本级各部门的预算、上级对下级政府税收返还和转移支付、向上级政府上解收入。

7. B [解析] 复式预算包括资本预算和经常预算。资本预算主要以国债为收入来源，以经济建设项目为支出对象；经常预算主要以税收为主要来源，以行政事业项目为支出对象。

8. ABDE [解析] 中央国有资本经营预算收入主要有五个方面：①国有独资企业按规定上缴国家的利润；②国有控股、参股企业国有股权（股份）获得的股息、股利；③企业国有产权（含国有股份）转让收入；④国有独资企业清算收入（扣除清算费用）；⑤其他收入。

9. BCDE [解析] 提交全国人大审议的中央预算主要包括中央一般公共预算、中央政府性基金预算、中央国有资本经营预算和中央部门预算。

10. D [解析] 政府预算草案只有经过同级人民代表大会审查和批准后，才能成为政府预算，成为具有法律效力的预算。

11. B [解析] 国家金库制度是政府预算收支执行的载体。国家金库简称国库，是管理预算收入的收纳、划分留解和库款支拨以及报告财政预算执行情况的专门机构。我国实行委托国库制度，由中国人民银行经理国库。

12. C [解析] 我国预算法规定，中央预算调整方案必须提请全国人民代表大会常务委员会审查和批准。C项正确。财政部编制中央决算草案，国务院审定后，由国务院提请全国人民代表大会常务委员会批准。A、B两项错误。全国人民代表大会表决批准中央预算，D项错误。

13. B [解析] 财政部编制中央决算草案，报国务院审定后，由国务院提请全国人民代表大会常务委员会审查和批准，B项正确。

14. AC [解析] 部门预算中，一般收入预算包括财政拨款收入、事业收入、事业单位经营收入、其他收入等，A、C两项正确。专用基金收入、政府债务收入属于特殊财政收入，行政事业性收费属于非税收入。B、D、E三项错误。

15. ABD [解析] 深化预算管理制度改革的主要内容包括：①加大预算收入统筹力度，增强财政保障能力；②规范预算支出管理，推进财政支出标准化；③严格预算编制管理，增强财政预算完整性；④强化预算执行和绩效管理，增强预算约束力；⑤加强风险防控，增强财政可持续性；⑥增强财政透明度，提高预算管理信息化水平。

本部分强化测试

第三部分 货币与金融

第十四章 货币制度与货币发行

> **学习指导**

本章为货币与金融部分的开篇章节，主要内容为货币制度与货币发行，是货币与金融的基本知识。本章常考的知识点有货币形态的演变、货币制度的演变、货币层次等，历年考查分数为 5 分左右。

在学习本章时，注意抓住考查重点进行学习，本章都是货币与金融的一些基本知识，考查难度并不大，因此掌握本章考查重点非常关键。

日期	考点
Day22	➢货币的本质 ➢货币形态的演变 ➢货币制度的构成要素 ➢货币制度的演变 ➢我国的货币制度 ➢货币层次 ➢货币供给机制

▶▶▶ Day 22

✓ **考点**：货币的本质

1. [多选] 关于货币的本质的说法，正确的有（   ）。
   A. 货币是固定充当一般等价物的特殊商品
   B. 货币作为一般等价物，具有两个基本特征
   C. 货币不是表现一切商品价值的材料
   D. 货币具有直接同所有商品相交换的能力
   E. 货币代表着一种社会生产关系

✓ **考点**：货币形态的演变

2. [单选] 关于货币形态的说法，错误的是（   ）。
   A. 代用货币是实物货币的价值符号，可按实物货币的额定价值流通
   B. 实用货币本身具有相应的价值和特定的使用价值

C. 金属货币属于实物货币的初级阶段
D. 银行券是典型的代用货币

3. [单选] 最早出现的货币形态是（　　）。
   A. 贝壳　　　　　　　　　　　　　B. 金
   C. 银　　　　　　　　　　　　　　D. 纸币

4. [单选] 关于信用货币的说法，正确的是（　　）。
   A. 信用货币是一种尝试脱离中央银行货币发行机制的新货币
   B. 信用货币实际上是一种债权债务凭证
   C. 信用货币是直接从普通商品中分离出来的
   D. 银行券是典型的信用货币

▼ 考点：货币制度的构成要素

5. [多选] 下列关于货币制度构成要素的说法，正确的有（　　）。
   A. 无论是金属本位币还是纸币本位币，都具有"无限法偿"的规定
   B. 在金属货币流通条件下，铸币是足值货币
   C. 在金属货币流通条件下，价格标准就是铸造单位货币的法定含金量
   D. 在金属货币流通条件下，辅币以贱金属铸造，为不足值货币
   E. 在当代纸币本位制下，大多数国家都规定发行保证制度

6. [多选] 货币制度的内容包括（　　）。
   A. 货币材料
   B. 价格标准
   C. 货币单位
   D. 发行保证制度
   E. 金融工具

7. [单选] 关于辅币的说法，正确的是（　　）。
   A. 在金属货币流通条件下，辅币为足值货币
   B. 在纸币流通条件下，辅币必须是无限法偿的
   C. 在金属货币流通条件下，辅币只能由国家铸造，不准公民铸造
   D. 在金属货币流通条件下，辅币以贵金属铸造

8. [单选] 关于本位币的表述，正确的是（　　）。
   A. 本位币是一个国家的基本通货和法定的计价结算货币
   B. 本位币是本国货币当局发行的货币
   C. 本位币是以黄金为基础的货币
   D. 本位币是可以与黄金兑换的货币

▼ 考点：货币制度的演变

9. [多选] 下列关于不兑现的纸币本位制的特点的说法，正确的有（　　）。
   A. 黄金非货币化
   B. 货币供给的信用化

C. 货币形式的多样化

D. 黄金可以自由输出/入

E. 实际流通的是银行券

10. [单选] "劣币驱逐良币"现象存在于（　　）。

　　A. 银币本位制　　　　　　　　B. 银两本位制

　　C. 平行本位制　　　　　　　　D. 双本位制

11. [多选] 金本位制是指以黄金作为本位货币的货币制度，其主要类型有（　　）。

　　A. 金币本位制　　　　　　　　B. 金银复本位制

　　C. 金块本位制　　　　　　　　D. 金元本位制

　　E. 金汇兑本位制

12. [多选] 货币制度发展历史上曾经出现的货币制度有（　　）。

　　A. 金银复本位制　　　　　　　B. 金币本位制

　　C. 银本位制　　　　　　　　　D. 数字货币本位制

　　E. 金块本位制

▽ 考点：我国的货币制度

13. [单选] 关于我国货币制度的说法，错误的是（　　）。

　　A. 人民币采取不兑现纸币的形式

　　B. 人民币是我国的法定货币

　　C. 人民币没有含金量的规定

　　D. 人民币出入境不受任何限制

▽ 考点：货币层次

14. [单选] 在我国货币供应指标统计中，不计入广义货币供应量的是（　　）。

　　A. 财政存款　　　　　　　　　B. 单位活期存款

　　C. 流通中货币　　　　　　　　D. 个人定期存款

15. [多选] 我国 $M1$ 是由（　　）构成的。

　　A. $M0$　　　　　　　　　　　B. 单位定期存款

　　C. 单位活期存款　　　　　　　D. 个人活期存款

　　E. 其他存款

16. [单选] 中国人民银行按（　　）向社会公布货币供应量统计监测指标。

　　A. 年　　　　　　　　　　　　B. 季度

　　C. 月　　　　　　　　　　　　D. 次

▽ 考点：货币供给机制

17. [多选] 以下属于基础货币的有（　　）。

　　A. 中央银行发行的货币

　　B. 居民在商业银行的活期存款

　　C. 居民在商业银行的定期存款

　　D. 商业银行在中央银行的法定准备金

E. 商业银行在中央银行的超额准备金

18. [多选] 制约商业银行创造派生存款能力的主要因素有（　　）。

    A. 提取现金数量

    B. 企事业单位及社会公众缴付的税款额

    C. 黄金储备量

    D. 缴存中央银行的存款储备金量

    E. 外汇储备金

19. [多选] 关于货币供给机制的说法，正确的有（　　）。

    A. 商业银行扩张信用受到存款准备金的限制

    B. 中央银行参与货币创造过程

    C. 商业银行可以无限制地创造派生存款

    D. 商业银行不参与货币创造过程

    E. 货币供应量包括现金和存款两部分

学习笔记

本章学习检查表

知识点名称	初次学习		第一次复习		第二次复习	
	做对题目数/总题目数	学习日期	做对题目数/总题目数	复习日期	做对题目数/总题目数	复习日期
货币的本质						
货币形态的演变						
货币制度的构成要素						
货币制度的演变						
我国的货币制度						
货币层次						
货币供给机制						

填写建议：

"做对题目数/总题目数"记录自己各知识点做题的情况，比如，某知识点总题目数10题，自己做对了其中7题，记录为7/10。

"学习日期"和"复习日期"记录自己学习和复习各知识点的日期。

备忘录

参考答案及解析

Day 22

1. ABDE ［解析］货币的本质：①货币是在商品交换中自发产生的，是价值形式发展和商品生产、交换发展的必然产物。②货币是固定充当一般等价物的特殊商品。货币具有价值和使用价值。作为一般等价物，货币具有两个基本特征：一是货币是表现一切商品价值的材料；二是货币具有直接同所有商品相交换的能力。③货币体现一定的生产关系。因此 A、B、D、E 四项正确，C 项错误。

2. C ［解析］代用货币是实物货币的价值符号，可按实物货币的额定价值流通，A 项正确。实用货币本身具有相应的价值和特定的使用价值，B 项正确。金属的实物货币流通阶段为高级阶段，C 项错误。银行券是典型的代用货币，D 项正确。因此，C 项符合题意。

3. A ［解析］货币的形态经历了由最初的实物货币向代用货币、信用货币演变的过程，而且随着人类社会的发展，货币的形态仍在不断的变化。实物货币是直接从普通商品中分离出来的，本身具有相应的价值和特定的使用价值。实物货币的初级阶段曾用过牲畜、皮毛、布帛、贝壳、粮食和烟叶等充当。

4. B ［解析］数字货币是一种尝试脱离中央银行货币发行机制的新货币，A 项错误。实物货币是直接从普通商品中分离出来的，本身具有相应的价值和特定的使用价值，C 项错误。银行券是典型的代用货币，D 项错误。

5. ABCD ［解析］无论是金属本位币还是纸币本位币，都具有"无限法偿"的规定。在金属货币流通条件下，铸币是足值货币，辅币以贱金属铸造，为不足值货币，价格标准就是铸造单位货币的法定含金量。在当代纸币本位制下，大多数国家不再规定发行保证制度。因此 A、B、C、D 四项正确，E 项错误。

6. ABCD ［解析］货币制度的构成要素：货币材料；货币名称、货币单位和价格标准；本位币、辅币及其偿付能力；发行保证制度。

7. C ［解析］在金属货币流通条件下，辅币以贱金属铸造，为不足值货币。A 项错误。在纸币本位制下，有的国家规定为有限法偿，如美国；有的国家没有明确的规定，如中国。B 项错误。各国货币制度一般都规定限制铸造辅币，即只能由国家铸造，不准公民铸造。同时规定辅币为有限法偿货币，即每次支付的数量不能超过规定的数额，否则对方有权拒收。C 项正确。在金属货币流通条件下，辅币以贱金属铸造。D 项错误。

8. A ［解析］本位币又称主币，是一个国家的基本通货和法定的计价结算货币，因此 A 项正确，B 项错误。在当代纸币本位制度下，大多数国家不再规定发行保证制度。尽管中央银行持有大量黄金、外汇储备，但既不规定货币的含金量，也没有建立黄金、外汇储备与货币发行之间的比例关系，因此并不属于货币发行的信用保证制度。故 C、D 两项错误。

9. ABC ［解析］不兑现的纸币本位制的特点包括：①黄金非货币化；②货币供给的信用化；③货币形式的多样化。A、B、C 三项正确。金币本位制特点：金币可以自由铸造，银行券和辅币等价值符号可以自由兑换成金币，黄金可以自由输出/入。D 项错误，其属于金币本位的特点。金块本位制特点：不铸造金币，没有金币流通，实际流通的是纸币——银行券；银行券规定含金量，但不能自由兑换黄金；黄金集中由政府保管。E 项错误，其属于金块本位制的特点。

10. D［解析］在双本位制下，存在"劣币驱逐良币"现象。这一现象是指在两种面值相同而实际价值不同的货币同时流通时，实际价值较高的"良币"必然被收藏、熔化或输出而退出流通，实际价值较低的"劣币"则会充斥市场。

11. ACE［解析］金本位制的主要类型有金币本位制、金块本位制和金汇兑本位制。

12. ABCE［解析］从历史发展来看，世界各国先后采用过以下几种货币制度：银本位制、金银复本位制、金本位制、不兑现的纸币本位制。金本位制包括金币本位制、金块本位制和金汇兑本位制。

13. D［解析］人民币出入境受到不同程度的限制，D项错误。

14. A［解析］流通中货币和单位活期存款、个人活期存款、非银行支付机构客户备付金构成 $M1$，即通常所说的狭义货币供应量，因其流动性较强，是中央银行重点调控对象。单位定期存款、个人定期存款、其他存款的流动性较弱，属于准货币，它与 $M1$ 一起构成广义货币量 $M2$。因此，财政存款不计入货币供应量。

15. ACD［解析］流通中货币和单位活期存款、个人活期存款、非银行支付机构客户备付金构成 $M1$，即通常所说的狭义货币供应量，因其流动性较强，是中央银行重点调控对象。单位定期存款、个人定期存款、其他存款的流动性较弱，属于准货币，它与 $M1$ 一起构成广义货币量 $M2$。

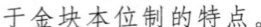

Q_{14-15} 货币层次。
(1) 我国货币层次的划分（依据货币资产的流动性）。
(2) $M0$＝流通中货币。
(3) 狭义的货币量：$M1＝M0＋$单位活期存款＋个人活期存款＋非银行支付机构客户备付金。
(4) 广义的货币量：$M2＝M1＋$单位定期存款＋个人定期存款＋其他存款（财政存款除外）。

16. B［解析］我国由中国人民银行按季度向社会公布货币供应量统计监测指标。

17. ADE［解析］中央银行每放出一笔信用，不仅直接向流通领域注入了一笔存款货币或现金，还通过商业银行的信贷业务，能够扩张出若干倍的信用，派生出大量的新增存款。中央银行放出的信用是银行体系扩张信用、创造派生存款的基础，故被称为基础货币，包括中央银行发行的货币和商业银行在中央银行的存款。

18. ABD［解析］商业银行不能无限制地创造派生存款。银行体系扩张信用、创造派生存款的能力要受到三类因素的限制：①受到缴存中央银行存款准备金的限制；②受到提取现金数量的限制；③受到企事业单位及社会公众缴付税款的限制。

19. ABE［解析］货币供应量包括现金和存款两个部分（E项正确），其中现金是中央银行的负债，存款是商业银行的负债，因此研究货币供给机制，就要分别研究中央银行和商业银行的货币创造行为和过程（B项正确，D项错误）。但是，商业银行不能无限制地创造派生存款（C项错误）。一般来说，银行体系扩张信用创造派生存款的能力要受到三类因素的制约：①受到缴存中央银行存款准备金的限制（A项正确）；②受到提取现金数量的限制；③受到企事业单位及社会公众缴付税款等的限制。

第十五章　信用与金融中介

> **学习指导**

　　本章主要内容为信用与金融中介。本章常考的知识点有信用的形式、征信、金融中介的类型、影子银行等，历年考查分数为 7 分左右。

　　本章信用的形式以及金融中介的类型为历年考试重点，建议归纳总结此知识点，在理解的基础上进行记忆。

日期	考点
Day23	➢信用的定义、存在前提及本质特征 ➢信用的作用 ➢信用的形式 ➢征信
Day24	➢金融中介的定义 ➢金融中介的类型 ➢影子银行 ➢我国金融中介体系的建立、巩固和发展 ➢我国当前金融中介体系的结构

▶▶▶ Day 23

▽ **考点**：信用的定义、存在前提及本质特征

1. ［单选］货币与信用存在的共同基础是（　　）。
   A. 公有制　　　　　　B. 私有制　　　　　　C. 社会分工　　　　　　D. 剩余产品

2. ［多选］信用作为一个经济范畴，对于其本质的认识正确的有（　　）。
   A. 它是以偿还和支付利息为条件的　　　　　B. 反映了经济主体的支付愿望和支付能力
   C. 公有制是货币与信用存在的前提　　　　　D. 它是一种债权债务关系
   E. 一般产生于货币借贷和商品交易的赊销预付中

▽ **考点**：信用的作用

3. ［多选］信用的作用表现在（　　）。
   A. 信用的存在降低了交易成本，方便了交易行为
   B. 信用是宏观经济调控政策得以有效贯彻实施的桥梁
   C. 信用促进社会总需求的扩张与收缩
   D. 良好的社会信用关系可以保证信用主体的行为具有长期性和可预测性

E. 信用的存在有利于国家计划经济运行

▽ **考点**：信用的形式

4. [多选] 商业银行向消费者提供消费贷款，这种信用形式属于（　　）。
   A. 国家信用　　　　　　　　　　B. 银行信用
   C. 消费信用　　　　　　　　　　D. 商业信用
   E. 直接信用

5. [单选] 下列金融业务中，不属于商业信用的是（　　）。
   A. 赊销　　　　　　　　　　　　B. 银行贷款
   C. 预付　　　　　　　　　　　　D. 分期付款

6. [单选] 在直接信用方式下，公司、企业在金融市场上通过（　　）方式直接融通货币资金。
   A. 发行股票或债券　　　　　　　B. 银行贷款
   C. 财政拨款　　　　　　　　　　D. 销售商品

7. [多选] 银行信用是典型的间接信用形式，具有（　　）的优越性。
   A. 资金实力雄厚　　　　　　　　B. 资信度高
   C. 灵活多样　　　　　　　　　　D. 提供信用的时间
   E. 信用方向

8. [单选] 当代信用关系中的主体和基本形式是（　　）。
   A. 商业信用　　　　　　　　　　B. 银行信用
   C. 国家信用　　　　　　　　　　D. 消费信用

▽ **考点**：征信

9. [单选] 征信最基本的功能是（　　）。
   A. 向消费者提供信用　　　　　　B. 建立借贷双方诚信档案
   C. 了解、调查、验证他人的信用　D. 资金需求者提供资金

10. [单选] 关于征信的说法，正确的是（　　）。
    A. 征信是社会信用体系的重要组成部分
    B. 征信活动不能收集个人信息
    C. 征信活动只收集信息，不得提供信用报告
    D. 征信活动不能收集企业信息

✏️ 学习笔记

Day 24

考点：金融中介的定义

1. [单选]关于金融中介的说法，错误的是（　　）。
   A. 中央银行处于金融中介体系的中心
   B. 通常所说的金融机构属于金融中介
   C. 金融中介主要包括银行类金融机构和非银行类金融机构
   D. 金融中介不是金融活动的当事人

考点：金融中介的类型

2. [多选]下列银行职能中，属于商业银行的职能的有（　　）。
   A. 支付中介　　　　　　　　B. 信用中介
   C. 金融稳定　　　　　　　　D. 金融调控
   E. 信用创造

3. [单选]下列金融机构中，不属于银行类金融机构的是（　　）。
   A. 商业银行　　　　　　　　B. 投资银行
   C. 政策性银行　　　　　　　D. 民营银行

4. [多选]下列金融业务中，属于投资银行业务的有（　　）。
   A. 为工商企业代理证券买卖
   B. 向工商企业提供中长期贷款
   C. 投资工商企业股票
   D. 参与工商企业并购重组
   E. 向消费者提供消费贷款

5. [单选]关于基金和基金管理公司的说法，错误的是（　　）。
   A. 基金是一种间接的投资方式
   B. 基金管理公司一般不投资股票或债券
   C. 基金包括封闭基金和开放式基金
   D. 基金管理公司通过发行基金单位，集中投资者的资金

6. [单选]下列关于中央银行的说法，错误的是（　　）。
   A. 中央银行是银行的银行
   B. 中央银行只负责宏观调控，不提供金融服务
   C. 制定和执行货币政策是中央银行的主要职能
   D. 中央银行具有国家行政管理机关和银行的双重性质

考点：影子银行

7. [单选]下列选项不属于"影子银行"基本特征的是（　　）。
   A. 资金来源受市场流动性影响较大
   B. 不受针对存款货币机构的严格监管
   C. 杠杆率较高

D. 接受货币当局的传统货币政策监管

8. [单选] 影子银行引发系统性风险的因素不包括（　　）。

   A. 期限错配　　　　　　　　　　　B. 流动性转换

   C. 信用转换　　　　　　　　　　　D. 低杠杆

▽ **考点**：我国金融中介体系的建立、巩固和发展

9. [多选] 关于我国金融体系发展历程的说法，正确的有（　　）。

   A. 自1949年起，中国人民银行开始专门行使中央银行职能

   B. 1978年起，我国实行的是由中国人民银行包揽所有银行业务的高度集中统一的、单一型的国家银行体系

   C. 我国金融中介体系的建立是通过组建中国人民银行、合并解放区银行、没收官僚资本银行、改造私人银行与钱庄，以及建设农村信用合作社等资本活动建立的

   D. 目前我国已经形成了多种金融机构并存、分工协作的金融中介体系

   E. 中国人民银行成立标志着我国统一的社会主义国家银行制度开始形成

▽ **考点**：我国当前金融中介体系的结构

10. [多选] 下列银行中，不属于政策性银行的是（　　）。

    A. 中国人民银行　　　　　　　　　B. 中国进出口银行

    C. 中国民生银行　　　　　　　　　D. 国家开发银行

    E. 中国工商银行

✎ 学习笔记

本章学习检查表

知识点名称	初次学习		第一次复习		第二次复习	
	做对题目数/总题目数	学习日期	做对题目数/总题目数	复习日期	做对题目数/总题目数	复习日期
信用的定义、存在前提及本质特征						
信用的作用						
信用的形式						
征信						
金融中介的定义						
金融中介的类型						
影子银行						
我国金融中介体系的建立、巩固和发展						
我国当前金融中介体系的结构						

填写建议：

"做对题目数/总题目数"记录自己各知识点做题的情况，比如，某知识点总题目数10题，自己做对了其中7题，记录为7/10。

"学习日期"和"复习日期"记录自己学习和复习各知识点的日期。

备忘录

参考答案及解析

Day 23

1. B [解析] 私有制是货币与信用存在的共同基础。

2. ABDE [解析] 信用是以偿还和付息为条件的借贷行为。信用作为一个经济范畴，对它的本质特征可以从以下三个方面来认识：①信用不是一般的借贷行为，是以偿还为条件的。②信用是一种债权债务关系。一般产生于货币借贷和商品交易的赊销预付之中，强调经济主体之间的债权债务关系。③信用反映了经济主体的支付愿望和支付能力。故 A、B、D、E 四项正确，C 项错误。

3. ABCD [解析] 信用的作用有四点：①信用促进社会总需求的扩张与紧缩；②信用的存在降低了交易成本，方便了交易行为；③信用是宏观经济调控政策得以有效贯彻实施的桥梁——信用中介机构和信用工具；④良好的社会信用关系可以保证信用主体的行为具有长期性和可预测性。故 A、B、C、D 四项正确，E 项错误。

4. BC [解析] 银行信用，指银行通过存、放款形式的业务活动所提供的信用。消费信用，指工商企业或银行以商品或货币的形式向个人消费者提供的信用。商业银行向消费者提供消费贷款，这种信用形式属于银行信用和消费信用，因此 B、C 两项正确。国家信用的主体是国家，商业信用的主体是企业，A、D 两项错误。直接信用是公司、企业在金融市场上从资金所有者那里直接融通货币资金，E 项错误。

5. B [解析] 商业信用有两种表现形式：一是企业之间相互提供的、与商品的生产和流通有关的信用，包括赊销、预付和分期付款等形式；二是指企业直接向社会集资，以解决自身扩大再生产的资金需要，主要采取发行公司（企业）债券的形式。A、C、D 三项均属于商业信用，B 项不属于商业信用。故 B 项符合题意。

6. A [解析] 直接信用又称"直接金融"或"直接融资"，在这种方式下，公司、企业在金融市场上从资金所有者那里直接融通货币资金，其方式是发行股票或债券。

7. ABC [解析] 银行信用是典型的间接信用形式，具有资金实力雄厚、资信度高和灵活多样等方面的优越性。

8. B [解析] 银行信用已成为当代信用关系中的主体和基本形式。

● 考点再现

$Q_{4\text{-}8}$ 信用的形式。

（1）按债权人与债务人结合的特点来分类，可分为直接信用和间接信用，具体如表 15-1 所示。

表 15-1 信用的形式按债权人与债务人结合的特点的分类

类型	具体内容
直接信用	①资金供求双方直接建立金融联系，而不需要中介。例如，发行股票或债券 ②直接信用方式包括预付或赊销商品形式的商业信用、发行及买卖有价证券形式的公司信用、国家信用等
间接信用	是通过各种金融中介进行借贷活动的信用方式，又称"间接金融"或"间接融资"。例如，银行贷款

(2) 按不同主体分类的信用形式，可分为以下四种：

①商业信用：形式一，企业之间相互提供的、与商品的生产和流通有关的信用，包括赊销、预付和分期付款。形式二，企业直接向社会集资，以解决自身扩大再生产的资金需要，主要采取发行公司（企业）债券的形式。

②银行信用：银行通过存、放款形式的业务活动提供的信用。具有资金实力雄厚、资信度高和灵活多样等方面的优越性，因而在当代已成为信用关系中的主体和基本形式。

③国家信用：一国政府向本国居民举借债务，以解决国库收支临时性、季节性的不一致或者弥补国库赤字的信用形式。其形式主要是发行国库券或公债。

④消费信用：是工商企业或者银行以商品或者货币的形式向个人消费者提供的信用。主要形式：一是工商企业为信用主体，向消费者提供赊销、分期付款等形式的商品信用；二是银行及其他金融机构为信用主体，向消费者提供消费性质的信用。

9. C ［解析］征信最基本的功能是了解、调查、验证他人的信用，使赊销、信贷活动中的授信方能够比较充分地了解信用申请人的真实资信状况和如期还款能力；通过信用信息的传输来缓解信用信息不对称的困境，起到约束市场交易各方的行为，使授信方的风险降到最低的作用。

10. A ［解析］征信是社会信用体系的重要组成部分，A项正确。征信是指依法收集、整理、保存、加工自然人、法人及其他组织的信用信息，并对外提供信用报告、信用评估、信用信息咨询等服务，帮助客户判断、控制信用风险，进行信用管理的活动，B、C、D三项错误。

Day 24

1. D ［解析］金融中介既从贷者手里借钱，又贷放给借者，既拥有对借者的债权，也向贷者发行债权，从而成为金融活动的一方当事人。因此D项错误。

2. ABE ［解析］商业银行的主要职能是信用中介、支付中介和信用创造。

3. B ［解析］银行类金融机构通常包括中央银行、商业银行、政策性银行等。非银行类金融机构是指并不经营完全的信用业务或者是不以银行信用方式组织其业务经营活动，但也通过一定方式，或在一定的范围之内，参与社会资金融通和提供金融服务的金融机构。这类金融机构数量甚多、种类繁杂、分布广泛，主要包括证券公司和投资银行、商业保险公司、财务公司、共同基金、投资基金和其他金融中介等。

4. ABCD ［解析］投资银行主要业务：①代理证券买卖；②向工商企业发放中、长期贷款；③投资工商企业股票或债券；④为工商企业代理发行或包销股票和债券；⑤参与工商企业创建、重组及并购；⑥代理发行或包销本国及外国政府的国债等。

5. B ［解析］基金管理公司通过发行基金单位，集中投资者的资金，由基金托管人（即具有资格的银行）托管，由基金管理人管理和运用资金，从事股票、债券等金融工具投资，然后共担投资风险、分享收益。

6. B ［解析］中央银行的主要职能包括：①制定和执行货币政策；②维护金融稳定；③提供金融服务。B项错误，C项正确。中央银行是银行的银行，中央银行具有国家行政管理机关和银行的双重性质。A、D两项正确。

7. D［解析］"影子银行"的基本特征包括：①资金来源受市场流动性影响较大；②由于其负债不是存款，不受针对存款货币机构的严格监管；③由于其受监管较少，杠杆率较高。因此，除了D项，A、B、C三项均属于"影子银行"的基本特征。

8. D［解析］影子银行引发系统性风险的因素包括期限错配、流动性转换、信用转换和高杠杆。

9. CDE［解析］从1984年1月1日起，中国人民银行专门行使中央银行职能，A项错误。1956年以后，我国借鉴苏联经验，在经济管理体制上实行高度集中统一的计划经济模式，在金融体制方面实行了由中国人民银行包揽所有银行业务的高度集中统一的、单一型的国家银行体系，B项错误。

10. ACE［解析］1994年，为适应经济发展需要以及使政策性金融与商业性金融相分离的原则，相继建立了国家开发银行、中国进出口银行和中国农业发展银行3家政策性银行。

第十六章 金融体系与金融市场

学习指导

本章主要内容为金融体系与金融市场。本章常考的知识点有金融市场的基本要素、金融市场的分类、金融工具的种类、利率与利息等,历年考查分数为6分左右。

在学习本章时,注意区分记忆一些容易混淆的知识点,如金融市场的分类、金融工具的种类等内容。

日期	考点
Day25	➤金融体系的定义 ➤构成现代金融体系的基本要素 ➤金融市场的定义和基本功能 ➤金融市场的基本要素 ➤金融市场的分类
Day26	➤金融工具的定义和特征 ➤金融工具的种类 ➤利率与利息

Day 25

▼ 考点:金融体系的定义

1. [多选]金融体系是有关资金的(   )系统。

   A. 循环　　　　　　B. 集中　　　　　　C. 流动　　　　　　D. 分配

   E. 再分配

▼ 考点:构成现代金融体系的基本要素

2. [多选]下列各项中,属于现代金融体系基本要素的有(   )。

   A. 由货币制度所规范的货币流通

   B. 由国库制度所规范的资金支付

   C. 金融中介

   D. 金融制度和调控机制

   E. 金融工具

3. [单选]在金融体系的构成要素中,(   )是金融活动的载体。

   A. 金融中介　　　　　　　　　　　　B. 金融市场

   C. 金融工具　　　　　　　　　　　　D. 金融制度

▽ 考点：金融市场的定义和基本功能

4. ［单选］中央银行通过实施货币政策进行宏观调控，体现了金融市场的（　　）。
　　A. 聚敛功能　　　　　B. 配置功能　　　　　C. 调节功能　　　　　D. 反映功能

5. ［单选］以下各项中，不属于金融市场配置功能体现的是（　　）。
　　A. 利润再分配　　　　B. 资源配置　　　　　C. 风险再分配　　　　D. 财富再分配

6. ［单选］在金融市场上，金融产品价格的波动使一部分人的收入增加，另一部分人的收入减少，这体现了金融市场的（　　）功能。
　　A. 反映　　　　　　　B. 配置　　　　　　　C. 补偿　　　　　　　D. 聚敛

▽ 考点：金融市场的基本要素

7. ［多选］关于金融市场基本要素的说法，正确的有（　　）。
　　A. 中央银行仅以管理者身份进入金融市场
　　B. 工商企业仅以筹资人身份进入金融市场
　　C. 金融市场的交易对象是货币资金
　　D. 货币资金的供求与金融工具的供求在方向上是相反的
　　E. 政府债券往往被当作最佳的金融市场工具

8. ［单选］金融市场的交易对象是（　　）。
　　A. 利率　　　　　　　B. 货币资金　　　　　C. 债券　　　　　　　D. 期权

9. ［单选］（　　）是最重要的金融交易价格之一。
　　A. 汇率　　　　　　　B. 利率　　　　　　　C. 税率　　　　　　　D. 杠杆率

▽ 考点：金融市场的分类

10. ［单选］关于金融市场的说法，正确的是（　　）。
　　A. 票据市场属于资本市场
　　B. 长期债券市场属于货币市场
　　C. 二级市场上的交易只能采取交易所内交易
　　D. 某企业通过定向发行方式发行股票

11. ［多选］按照融资期限，可将金融市场分为（　　）。
　　A. 发行市场　　　　　　　　　　　　　　　B. 即期市场
　　C. 远期市场　　　　　　　　　　　　　　　D. 货币市场
　　E. 资本市场

12. ［单选］下列市场中，属于货币市场的是（　　）。
　　A. 长期债券市场　　　　　　　　　　　　　B. 沪深港通股市场
　　C. 票据市场　　　　　　　　　　　　　　　D. QDII 投资基金市场

✎ 学习笔记

Day 26

考点：金融工具的定义和特征

1. [单选] 金融工具的票面收益与本金的比率称为（　　）。
   A. 名义收益率
   B. 资产收益率
   C. 当期收益率
   D. 实际收益率

2. [单选] 关于金融工具期限性的说法，正确的是（　　）。
   A. 期限性与收益性呈负相关关系
   B. 期限性与风险性呈正相关关系
   C. 期限性与收益性无相关关系
   D. 期限性与风险性无相关关系

3. [单选] 金融工具极短时间内变卖为现金而不至于亏损的能力称为（　　）。
   A. 期限性
   B. 流动性
   C. 风险性
   D. 收益性

4. [单选] 关于金融工具流动性的说法，正确的是（　　）。
   A. 金融工具流动性不受债务人信誉程度的影响
   B. 金融工具流动性受偿还期限的影响
   C. 金融工具流动性越强，风险性越高
   D. 金融工具流动性越强，收益性越高

考点：金融工具的种类

5. [多选] 下列金融工具中，属于衍生金融工具的有（　　）。
   A. 期货
   B. 支票
   C. 互换
   D. 期权
   E. 汇票

6. [单选] 甲银行与乙银行签订合约规定：甲银行交付2万元给乙银行，6个月后可按约定价格卖出200万份指定的货币市场基金给乙银行，该交易为（　　）交易。
   A. 现货
   B. 资本
   C. 期货
   D. 期权

7. [单选] 下列金融工具中，属于长期金融工具的是（　　）。
   A. 商业汇票
   B. 一年内的国库券
   C. 股票
   D. 大额可转让定期存款

8. [多选] 关于货币互换的说法，正确的有（　　）。
   A. 货币互换属于衍生金融工具
   B. 固定利率的货币互换是货币互换的最常见形式
   C. 货币互换双方的利率计算方法不同
   D. 货币互换的筹资方需要用对方借进的币种来偿还本息
   E. 货币互换一般以即期汇价为兑换基础

▽ **考点**：利率与利息

9. ［多选］利率按信贷期限内能否变动，可以分为（　　）。
   A. 长期利率
   B. 短期利率
   C. 固定利率
   D. 浮动利率
   E. 存款利率

10. ［单选］在影响利率水平的因素中，决定利率水平的基本因素是（　　）。
    A. 平均利润率
    B. 货币资金供求关系
    C. 通货膨胀率
    D. 中央银行货币政策

11. ［单选］假定购买金融资产的名义利率为 5%，通货膨胀率为 2%，则实际利率为（　　）。
    A. 2.0%
    B. 2.5%
    C. 3.0%
    D. 7.0%

✎ **学习笔记**

本章学习检查表

知识点名称	初次学习		第一次复习		第二次复习	
	做对题目数/总题目数	学习日期	做对题目数/总题目数	复习日期	做对题目数/总题目数	复习日期
金融体系的定义						
构成现代金融体系的基本要素						
金融市场的定义和基本功能						
金融市场的基本要素						
金融市场的分类						
金融工具的定义和特征						
金融工具的种类						
利率与利息						

填写建议：

"做对题目数/总题目数"记录自己各知识点做题的情况，比如，某知识点总题目数10题，自己做对了其中7题，记录为7/10。

"学习日期"和"复习日期"记录自己学习和复习各知识点的日期。

备忘录

参考答案及解析

Day 25

1. BCDE [解析] 金融体系是有关资金的集中、流动、分配和再分配的一个系统。

2. ACDE [解析] 构成现代金融体系的基本要素包括：①由货币制度所规范的货币流通；②金融中介；③金融市场；④金融工具；⑤金融制度和调控机制。

3. C [解析] 金融工具即金融产品或金融商品，是金融活动的载体，可以在金融市场上交易。C项正确。金融中介包括银行类和非银行类金融机构在国民经济的各个环节扮演不同角色，它们所提供的金融服务产品的种类、质量直接关系到金融体系的发达程度，是金融体系中不可或缺的主角。A项不符合题意。金融市场是金融工具发行和交易的场所，是金融产品价格形成并波动的场所，也是金融中介参与金融活动的场所。B项不符合题意。国家运用金融制度对金融运行进行管理等，D项不符合题意。

4. C [解析] 调节功能是指金融市场对宏观经济的调节作用。

5. A [解析] 金融市场的配置功能体现在三个方面：①资源配置；②财富再分配；③风险再分配。B、C、D三项体现的是金融市场的配置功能，A项不属于金融市场配置功能的体现，符合题意。

6. B [解析] 配置功能包括资源配置、财富再分配、风险再分配。在金融市场，金融产品价格的波动使一部分人的收入增加，另一部分人的收入减少，这体现了金融市场的配置功能。

> ●考点再现
>
> Q_{4-6} 金融市场的基本功能。
> 金融市场的基本功能有聚敛功能、配置功能、调节功能和反映功能。
> （1）聚敛功能是指金融市场引导众多分散的小额资金汇聚成为可以投入社会再生产的资金集合，发挥蓄水池的作用。
> （2）金融市场的配置功能体现在三个方面：①资源配置；②财富再分配；③风险再分配。
> （3）调节功能是指金融市场对宏观经济的调节作用。
> （4）金融市场历来被认为是国民经济的晴雨表和气象台，是公认的国民经济的信号系统。这实际上就是金融市场反映功能的写照。

7. CDE [解析] 作为市场参与者，中央银行的身份和地位是双重的：一方面，它是公平交易的一方，根据平等自愿的原则与其他市场参与者进行交易；另一方面，它是金融市场的主要管理者，起着控制和调节整个金融市场上资金供求规模的作用。A项错误。工商企业在金融市场上首先是筹资人，为了弥补资金不足，它们可以选择向银行借款或在金融市场上发售不同性质的金融工具；同时，工商企业还可以是金融交易的买方，通过买进各种金融工具进行长期、中期和短期投资。B项错误。

8. B [解析] 金融市场上的交易对象是货币资金，市场上流通的各种金融工具则是金融交易

9. B [解析] 利率是最重要的金融交易价格之一。

10. D [解析] 票据市场属于货币市场，A 项错误。长期债券市场属于资本市场，B 项错误。二级市场的交易可采取交易场所内交易和场外交易，C 项错误。金融工具的发行方式有定向发行（私募发行）和公开发行（公募发行）两种，D 项正确。

11. DE [解析] 按交易的金融工具的期限长短可将金融市场分为货币市场和资本市场。

12. C [解析] 货币市场是指以期限在 1 年及 1 年以下的金融资产为交易标的物的短期金融市场，包括同业拆借市场、票据市场与短期债券市场。

●考点再现

Q10-12 金融市场的分类。

（1）按交易的金融工具的期限长短划分。

①货币市场：是指以期限在 1 年及 1 年以下的金融资产为交易标的物的短期金融市场，包括同业拆借市场、票据市场、短期债券市场。

②资本市场：是指期限在 1 年以上的金融资产交易市场，包括股票市场、长期债券市场、投资基金市场。

（2）按金融工具的发行和转让流通划分。

①一级市场：又称"初级市场"或"发行市场"，是通过金融工具的发行来融通资金的市场。

发行的两种方式：一是定向发行或私募发行；二是公开发行或公募发行。

②二级市场：又称"次级市场"或"流通市场"，是买卖、转让已发行金融工具的市场。

两种交易方式：一是交易所场内交易；二是场外交易。

（3）按金融交易的交割期限不同划分，具体如表 16-1 所示。

表 16-1 金融市场按金融交易的交割期限不同划分

类型	具体内容
现货市场	交易协议达成后立即办理交割的交易，一般在成交后 1~5 个交易日内付款交割
期货市场	①交易协议达成后，在未来某一特定时间，如几周、几个月之后才办理交割的交易 ②金融期货市场具有锁定和规避金融市场风险、实现价格发现的功能
期权市场	金融期权交易是指买卖双方按成交协议签订合同，允许买方在交付一定的期权费用后，取得在特定时间内、按协议价格买进或卖出一定数量的证券的权利

（4）按金融交易的地理区域不同划分。

①国内金融市场：交易范围仅限于一国之内，除了包括全国性的以本币计值的金融资产交易市场外，还包括一国范围内的地方性金融市场。

②国际金融市场：金融资产交易跨越国界进行的市场，是进行金融资产国际交易的场所。

Day 26

1. A [解析] 名义收益率指金融工具的票面收益与本金的比率。

2. B [解析] 期限性、流动性、风险性和收益性之间的关系表现为：期限越长，未来的不确定因素就越多，因而在一般情况，下风险性与期限性呈正相关关系；并且一旦发生意外情况，容易变现的金融工具随时可变卖成现金而避免风险，不易变现的金融工具则可能因承担风险而致使资产受损，因此风险性与流动性呈负相关关系；收益性与期限性、风险性呈正相关关系，与流动性呈负相关关系。

3. B [解析] 流动性是指金融工具在极短时间内变卖为现金而不至于亏损的能力。

4. B [解析] 流动性一般会受到两个方面的影响：一是受偿还期限的影响；二是受债务人信誉程度的影响。A项错误，B项正确。风险性与流动性成负相关关系；收益性与期限性、风险性成正相关关系，与流动性成负相关关系。因此C、D两项错误。

5. ACD [解析] 衍生金融工具的种类主要有：①期货和期权；②互换。

6. D [解析] 期权交易为一种协议，协议一方有在一定时期内以一定价格买进或卖出某种资产的权利，协议的另一方则承担在约定时期内卖出或买进该资产的义务。A项现货，是期货的对称，亦称实物，指可供出货、储存和制造业使用的实物商品，故不选；B项资本不属于金融工具，故不选；C项期货，期货交易指交易双方经过协商，同意在约定的时间按照协议约定的价格和数量交易，故不选；甲银行交付2万元给乙银行，6个月后可按约定价格卖出200万份指定的货币市场基金给乙银行，因此该交易属于期权交易，故D项正确。

7. C [解析] 长期金融工具主要是指各类证券。证券又称"有价证券"，是代表财产所有权或债权的证书，能够给持有人带来一定的股息或利息形式的收益。证券主要包括长期政府债券、公司债券、银行债券、股票。

8. ABDE [解析] 货币互换，是指利率计算方法相同的不同币种之间的互换，最常见的是固定利率的互换。两个独立的筹资者，根据各自筹集到的数额、期限及计息方法相同而币种不同的贷款进行调换，各自获取对方的贷款并用对方借进的币种偿还本息，一般按即期汇价作为兑换基础。B、D、E三项正确。衍生金融工具包括期货交易、期权交易、互换等，互换包括期限互换、利率互换、货币互换。A项正确。货币互换双方的利率计算方法相同，C项错误。

9. CD [解析] 利率的分类：按照信贷期限内能否变动，可以分为固定利率和浮动利率；按照利率的管理体制划分，可分为市场利率和计划（官方）利率；按照是否剔除通货膨胀因素来划分，可分为名义利率和实际利率。C、D两项正确，A、B、E三项不属于按照信贷期限内能否变动来划分的类型。

10. A [解析] 影响利率水平的因素包括：①货币资金供求状况；②通货膨胀率；③平均利润率；④中央银行货币政策；⑤历史的沿革；⑥国际金融市场利率。决定利率水平的基本因素是平均利润率，A项正确。B、C、D三项均为影响因素，但不是决定因素，故错误。

11. C [解析] 实际利率＝名义利率－通货膨胀率＝5%－2%＝3%。

第十七章 汇率与国际收支

> **学习指导**

本章主要内容为汇率与国际收支。本章常考的知识点有汇率、国际收支与国际收支平衡表等,历年考查分数为 5 分左右。

本章内容较为简单,重点比较突出,汇率的相关知识为本章的重点内容,需要进行重点学习及把握。

日期	考点
Day27	➢ 外汇 ➢ 汇率 ➢ 国际收支与国际收支平衡表 ➢ 国际收支差额分析

Day 27

考点:外汇

1. [单选] 一般所讲的外汇是指自由外汇,但不是所有的外国货币都是自由外汇。一种货币成为自由外汇,必须具备三个特征,即所谓的"外汇三性"。下列不属于外汇"三性"的是(   )。

   A. 外币性
   B. 价值稳定性
   C. 可兑换性
   D. 普遍接受性

2. [多选] 一国货币成为自由外汇必须具备的条件有(   )。

   A. 经常账户顺差
   B. 与黄金挂钩
   C. 能够自由兑换成用其他货币表示的资产或支付手段
   D. 被各国普遍接受和运用
   E. 资本账户顺差

3. [单选] 根据《中华人民共和国外汇管理条例》,下列属于外汇的是(   )。

   A. 黄金
   B. 在境外存放的人民币存款
   C. 外币现钞
   D. 在境外购买的人民币债券

4. [单选]（　　）是指在外汇成交后于当日或两个营业日内办理交割的外汇。
   A. 远期外汇
   B. 远期汇率
   C. 即期外汇
   D. 期汇

▼ 考点：汇率

5. [单选] 在直接标价法下，一定单位的外币折算的本国货币增多，说明本币币值（　　）。
   A. 上升
   B. 下降
   C. 不变
   D. 不确定

6. [单选] 通常情况下，一国的利率水平较高，则会导致（　　）。
   A. 本币升值，外币升值
   B. 本币升值，外币贬值
   C. 本币贬值，外币升值
   D. 本币贬值，外币贬值

7. [单选] 如果货币的远期汇率高于即期汇率，则称该货币远期（　　）。
   A. 贴水
   B. 升水
   C. 平价
   D. 议价

8. [单选] 在国际金融业务中，（　　）是买入汇率与卖出汇率的算术平均数。
   A. 中间汇率
   B. 即期汇率
   C. 基本汇率
   D. 远期汇率

9. [单选] 某银行外汇牌价是 GBP 1＝USD 1.240 4/10，其卖出汇率是（　　）。
   A. 1.239 4
   B. 1.240 4
   C. 1.241 0
   D. 1.241 4

▼ 考点：国际收支与国际收支平衡表

10. [单选] 下列经济项目中，列入国际收支平衡表经常账户的是（　　）。
    A. 债务减免
    B. 通过海关的进出口货物
    C. 证券投资
    D. 投资捐赠

11. [多选] 在国际收支平衡表中，金融账户记录的是一经济体对外资产负债变更的交易，主要包括（　　）。
    A. 直接投资
    B. 证券投资
    C. 移民转移
    D. 其他投资
    E. 储备资产

12. [单选] 在国际收支平衡中，用于抵消统计偏差的项目是（　　）。
    A. 净误差与遗漏
    B. 资本转移
    C. 经常转移
    D. 其他投资

13. [单选] 下列资源流动或交易中，由资本与金融账户记录的是（　　）。
    A. 贷款
    B. 侨汇
    C. 货款
    D. 服务

考点：国际收支差额分析

14. [单选] 在国际收支平衡表上，能够反映一国产业结构、产品国际竞争力和在国际分工中地位的国际收支差额是（　　）。
    A. 贸易差额　　　　　　　　　　　B. 经常差额
    C. 综合差额　　　　　　　　　　　D. 资本差额

15. [多选] 国际收支差额分析包括（　　）分析。
    A. 贸易差额　　　　　　　　　　　B. 资本差额
    C. 遗漏差额　　　　　　　　　　　D. 经常差额
    E. 综合差额

学习笔记

本章学习检查表

知识点名称	初次学习		第一次复习		第二次复习	
	做对题目数/总题目数	学习日期	做对题目数/总题目数	复习日期	做对题目数/总题目数	复习日期
外汇						
汇率						
国际收支与国际收支平衡表						
国际收支差额分析						

填写建议：

"做对题目数/总题目数"记录自己各知识点做题的情况，比如，某知识点总题目数10题，自己做对了其中7题，记录为7/10。

"学习日期"和"复习日期"记录自己学习和复习各知识点的日期。

备忘录

参考答案及解析

Day 27

1. B [解析] 一种货币成为自由外汇，必须具备三个特征，即所谓的"外汇三性"：①外币性；②可兑换性；③普遍接受性。A、C、D三项均属于"外汇三性"，B项不属于"外汇三性"。

2. CD [解析] 一种货币成为自由外汇，必须具备三个特征，即所谓的"外汇三性"：①外币性，即外汇首先必须以外国货币表示；②可兑换性，即一种货币要成为外汇，还必须能够自由兑换成其他货币表示的资产或支付手段；③普遍接受性，即一种货币要成为外汇，必须被各国普遍接受和运用。

3. C [解析] 外汇包括：①外币现钞，包括纸币、铸币；②外币支付凭证或者支付工具，包括票据、银行存款凭证、银行卡等；③外币有价证券，包括债券、股票等；④特别提款权；⑤其他外汇资产。

4. C [解析] 外汇按买卖的交割期限分为即期外汇和远期外汇。即期外汇（又称现汇）是指在外汇成交后于当日或两个营业日内办理交割的外汇。远期外汇（又称期汇）是指按协定的汇率签订买卖合同，在约定的未来某一时间进行交割的外汇。

5. B [解析] 在直接标价法下，如果一定单位的外币折算的本国货币增多，说明外汇升值，本币贬值。

6. B [解析] 高利率有助于吸引资本流入，减少资本流出，而且提高利率具有紧缩效应，有助于抑制进口，从而使本币升值，外汇贬值。

7. B [解析] 如果货币的远期汇率比即期汇率贵，则称该货币远期升水；如果远期汇率比即期汇率便宜，则称该货币远期贴水；如果两者相等，则为平价。

8. A [解析] 中间汇率是买入汇率与卖出汇率的算术平均数，A项正确。即期汇率又称现汇汇率，是指买卖现汇的即期外汇交易所使用的汇率，B项错误。基本汇率是指一国货币对某一关键货币的汇率，C项错误。远期汇率又称期汇汇率，是指买卖期汇的远期外汇交易所使用的汇率，D项错误。

9. C [解析] 银行的汇率报价通常采取双向报价制，在所报的两个汇率中，前一个汇率值较小，是买入汇率，后一个汇率值较大，是卖出汇率。

10. B [解析] 经常账户记录实际资源的流动，包括货物和服务、收益、经常转移三项。其中货物和服务里，货物就是指通过海关的进出口货物。

11. ABDE [解析] 金融账户记录的是一经济体对外资产负债变更的交易，包括直接投资、证券投资、其他投资和储备资产四类。

12. A [解析] 净误差与遗漏是基于会计上的需要，在国际收支平衡表中借贷双方出现不平衡时，设置的用以抵消统计偏差的项目。A项正确。资本转移、其他投资属于资本与金融账户，B、D两项错误。经常转移属于经常账户，C项错误。

13. A [解析] 贷款属于其他投资类别，归属于金融账户记录。

14. A [解析] 通常用于衡量国际收支状况的局部差额有贸易差额、经常差额和综合差额。

D项排除。贸易差额反映一国产业结构、产品国际竞争力和在国际分工中的地位,A项正确。经常差额代表经常账户的收支状况,反映了实际资源的跨国转移状况。B项错误。综合差额反映了一国国际收支的综合情况,可以衡量国际收支对一国储备的压力。C项错误。

15. ADE [解析] 通常用于衡量国际收支状况的局部差额有贸易差额、经常差额和综合差额。

本部分强化测试

第四部分 统 计

第十八章 统计与统计数据

> **学习指导**
>
> 本章是统计部分的开篇章节,主要是统计的基础知识。本章常考的知识点有统计的含义、统计数据的计量尺度、统计数据的类型等,历年考查分数为 6 分左右。
>
> 本章虽然内容较少,但是考查分数并不算低,因此需要深入学习,区分记忆统计不同的含义、类型等内容。

日期	考点
Day28	➢ 统计的含义 ➢ 统计数据的计量尺度 ➢ 统计数据的类型 ➢ 统计指标及其类型

Day 28

考点:统计的含义

1. [多选] 统计一词的主要含义有( )。
   - A. 统计工作
   - B. 统计数据
   - C. 统计机构
   - D. 统计学
   - E. 统计年鉴

2. [多选] 以下对"统计工作"一词的理解正确的有( )。
   - A. 是统计的实践活动
   - B. 是统计工作活动过程所取得的反映国民经济和社会现象的数字资料以及与之相联系的其他资料的总称
   - C. 是关于收集、整理、分析和解释统计数据的科学
   - D. 是指利用科学的方法,收集、整理、分析和提供有关社会现象数字资料的工作的总称
   - E. 其目的是探索数据内在的数量规律性,以达到对客观事物的科学认识

▼ 考点：统计数据的计量尺度

3. [单选] 定类尺度是按照客观现象的某种属性对其进行分类或分组，各类各组之间的关系是（　　）。
   A. 并列、平等或互相排斥　　　　　　B. 并列、平等而且互相排斥
   C. 并列、包含而且互相排斥　　　　　D. 并列、包含或互相排斥

4. [单选] 在某企业开展的员工满意度调查中，关于"员工对自己岗位的态度"问题的回答选项分为非常满意、满意、一般、不满意、非常不满意。其所采用的计量尺度为（　　）。
   A. 定序尺度　　　　　　　　　　　　B. 定类尺度
   C. 定距尺度　　　　　　　　　　　　D. 定比尺度

5. [单选] 反映客观现象规模水平的统计数据必须以（　　）为计量。
   A. 定类尺度　　　　　　　　　　　　B. 定序尺度
   C. 定距尺度　　　　　　　　　　　　D. 定比尺度

6. [单选] 确定相应的比较基数，然后将两种相关的数加以对比而形成的相对数（或平均数），用于反映客观现象的结构、比重、速度、密度等数量关系的是（　　）。
   A. 定比尺度　　　　　　　　　　　　B. 定距尺度
   C. 定序尺度　　　　　　　　　　　　D. 定类尺度

▼ 考点：统计数据的类型

7. [单选] 分类数据与顺序数据的主要区别在于是否（　　）。
   A. 用文字表述　　　　　　　　　　　B. 表现为类别
   C. 用数值表示　　　　　　　　　　　D. 区分顺序

8. [单选] 下列数据类型中，其结果表现为类别的是（　　）。
   A. 定距数据　　　　　　　　　　　　B. 定量数据
   C. 数量数据　　　　　　　　　　　　D. 品质数据

▼ 考点：统计指标及其类型

9. [单选] 统计指标按其所反映的内容或其数值表现形式，可以分为总量指标、相对指标和（　　）。
   A. 比率指标　　　　　　　　　　　　B. 比例指标
   C. 平均指标　　　　　　　　　　　　D. 变异指标

10. [多选] 下列统计指标中，属于相对指标的有（　　）。
    A. 老年人口抚养比　　　　　　　　　B. 人均利得
    C. 政府消费支出　　　　　　　　　　D. 森林面积
    E. 物价指数

本章学习检查表

知识点名称	初次学习		第一次复习		第二次复习	
	做对题目数/总题目数	学习日期	做对题目数/总题目数	复习日期	做对题目数/总题目数	复习日期
统计的含义						
统计数据的计量尺度						
统计数据的类型						
统计指标及其类型						

填写建议：

"做对题目数/总题目数"记录自己各知识点做题的情况，比如，某知识点总题目数10题，自己做对了其中7题，记录为7/10。

"学习日期"和"复习日期"记录自己学习和复习各知识点的日期。

备忘录

参考答案及解析

Day 28

1. ABD [解析] 统计一词主要有三种含义：①统计工作；②统计数据；③统计学。

2. AD [解析] 统计工作，即统计实践活动，A项正确。统计数据是统计工作活动过程所取得的反映国民经济和社会现象的数字资料以及与之相联系的其他资料的总称，B项错误。统计学是关于收集、整理、分析和解释统计数据的科学，C项错误。统计工作是指利用科学的方法，收集、整理、分析和提供有关社会现象数字资料的工作的总称，D项正确。统计学的目的是探索数据内在的数量规律性，以达到对客观事物的科学认识，E项错误。

3. B [解析] 定类尺度是按照客观现象的某种属性对其进行分类或分组，各类分组之间的关系是并列、平等而且互相排斥的。

4. A [解析] 定序尺度是对客观现象各类之间的等级差或顺序差的一种测度。利用定序尺度不仅可以将研究对象分为不同的类别，而且可以反映各类的优劣、量的大小或顺序。如学生成绩可以分为优、良、中、及格和不及格五类。对某一事物的态度可以分为非常满意、满意、无意见、不满意、非常不满意。

5. C [解析] 定距尺度是对现象类别或次序之间间距的测度。反映客观现象规模水平的数据必须以定距尺度计量。C项正确。定类尺度的计量结果可以计算每一类或组中各元素或个体出现的频数，A项错误。定序尺度是对客观现象各类之间的等级差或顺序差的一种测度。它的计量结果只能比较大小，不能进行加、减、乘、除等数学运算。B项错误。定比尺度计量的结果可以进行加、减、乘、除等数学运算，D项错误。

6. A [解析] 定比尺度是在定距尺度的基础上，确定相应的比较基数，然后将两种相关的数加以对比而形成的相对数（或平均数），用于反映客观现象的结构、比重、速度、密度等数量关系。

● 考点再现

Q3-6 统计数据的计量尺度。

（1）定类尺度：按照客观现象的某种属性对其进行分类或分组，各类各组之间的关系是并列、平等而且互相排斥的。例如：人口按性别分为男、女。

注意：①定类尺度是最粗略、计量层次最低的计量尺度；②作为代码的数值不反映各类的优劣、量的大小或顺序，不可以区分大小或进行任何数学运算。

（2）定序尺度：是对客观现象各类之间的等级差或顺序差的一种测度。利用定序尺度不仅可以将研究对象分为不同的类别，而且可以反映各类的优劣、量的大小或顺序。例如，对某一事物的态度可分为非常满意、满意、不满意、非常不满意。

注意：①定序尺度只是测度了类别之间的顺序，未测量出类别之间的精确差值；②该尺度的计量结果只能比较大小，不能进行加、减、乘、除等数学运算。

（3）定距尺度：是对现象类别或次序之间间距的测度。不但可以用数字表示现象各类别的不同和顺序大小的差异，而且可以用确切的数值反映现象之间在量方面的差异。例如，长度用"米"度量。反映现象规模水平的数据必须以定距尺度计量。定距尺度的计量结果表现为数值，可以计算差值，其结果可以进行加、减计算。

(4)定比尺度：是在定距尺度的基础上，确定相应的比较基数，然后将两种相关的数加以对比而形成的相对数（或平均数），用于反映现象的结构、比重、速度、密度等数量关系。例如，将一个企业创造的增加值与该企业的职工人数对比，计算全员劳动生产率，以此反映该企业的生产效率。定比尺度计量的结果可以进行加、减、乘、除等数学运算。

7. D［解析］分类数据是由定类尺度计量形成的，表现为类别，通常用文字表述，但不区分顺序。顺序数据是由定序尺度计量形成的，表现为类别，通常用文字表述，但有顺序。

8. D［解析］分类数据和顺序数据都说明的是事物的品质特征，是不能用数值表示的，通常用文字表述，其结果表现为类别，因而也可统称为定性数据或品质数据。

9. C［解析］统计指标按其所反映的内容或其数值表现形式，可分为总量指标、相对指标和平均指标三种。

10. AE［解析］相对指标是两个绝对数之比，如经济增长率、物价指数、全社会固定资产投资增长率等。相对数的表现形式通常有比例和比率两种。

第十九章　统计调查

> **学习指导**
>
> 本章主要内容为统计调查。本章常考的知识点有统计调查的种类、普查、抽样调查、统计数据的收集方法等，历年考查分数为 2 分左右。
>
> 本章经常结合实例来考查，因此需要在理解的基础上掌握知识点，学会灵活运用，举一反三。

日期	考点
Day29	➢统计调查的概念与作用 ➢统计调查的种类 ➢普查 ➢抽样调查
Day30	➢重点调查 ➢典型调查 ➢收集第一手统计数据的方法 ➢收集第二手统计数据的方法 ➢大数据与行政记录数据的应用 ➢统计数据的误差及误差的来源 ➢统计数据的质量要求及检查

▶▶ Day 29

✔ **考点**：统计调查的概念与作用

1. ［单选］从各个调查单位搜集的、尚待汇总整理的个体统计数据是指（　　）。
   A. 第一手统计数据　　　　　　　B. 第二手统计数据
   C. 普查数据　　　　　　　　　　D. 统计调查结构

✔ **考点**：统计调查的种类

2. ［多选］下列统计调查方式中，属于非全面调查的有（　　）。
   A. 非全面统计报表　　　　　　　B. 抽样调查
   C. 重点调查　　　　　　　　　　D. 普查
   E. 典型调查

3. ［单选］为了研究出生婴儿的性别比，可以抽选一定数量的医院、保健院，对其出生的婴儿进行调查，不必对全国每一个出生婴儿进行调查，这种调查方法属于（　　）。
   A. 重点调查　　　　　　　　　　B. 典型调查

C. 全面调查　　　　　　　　　　　D. 非全面调查

4. [多选] 下列调查内容中，通常采用不连续调查的有（　　）。
   A. 股票消耗　　　　　　　　　　B. 耕地面积
   C. 人口出生　　　　　　　　　　D. 工业产品生产
   E. 生产设备拥有量

考点：普查

5. [单选] 关于我国的经济普查，说法正确的是（　　）。
   A. 经济普查在每逢年份的末尾数字为"0"的年份进行
   B. 经济普查每10年进行两次
   C. 经济普查在每逢年份的末尾数字为"6"的年份进行
   D. 经济普查与农业普查同时进行

6. [多选] 目前，我国每10年进行一次的普查有（　　）。
   A. 基本单位普查　　　　　　　　B. 住户普查
   C. 农业普查　　　　　　　　　　D. 经济普查
   E. 人口普查

7. [单选] 关于普查，下列说法错误的是（　　）。
   A. 普查属于专门调查
   B. 普查是周期性或一次性的调查
   C. 普查不存在登记误差
   D. 普查一般需要规定统一的标准调查时间

8. [单选] 农业普查每10年一次，逢（　　）的年份进行。
   A. 0　　　　　　　　　　　　　　B. 10
   C. 6　　　　　　　　　　　　　　D. 8

考点：抽样调查

9. [单选] 能够根据样本调查结果推断总体数量特征的统计调查方式是（　　）。
   A. 典型调查　　　　　　　　　　B. 重点调查
   C. 概率抽样　　　　　　　　　　D. 非概率抽样

10. [多选] 相对于概率抽样，非概率抽样的优点有（　　）。
    A. 严格按照随机原则抽取样本
    B. 快速简便
    C. 不需要抽样框
    D. 费用相对较低
    E. 能够保证样本对总体的代表性

11. [多选] 下列抽样方法中，属于概率抽样的有（　　）。
    A. 简单随机抽样　　　　　　　　B. 分层抽样
    C. 整群抽样　　　　　　　　　　D. 配额抽样
    E. 等距抽样

12. [单选] 概率抽样样本框中每隔一定距离抽选一个被调查者,这种方法是（　　）。
    A. 判断抽样　　　　　　　　　　　B. 分层抽样
    C. 系统抽样　　　　　　　　　　　D. 整群抽样

✐ 学习笔记

Day 30

▽ 考点：重点调查

1. [单选] 在进行重点调查时，应选择的调查单位是（　　）。
   A. 有典型意义的单位
   B. 就调查标志值来说在总体中占绝大比重的单位
   C. 主动参与调查的单位
   D. 随机抽取的单位

2. [单选] 通过调查大庆、胜利等几大产油比重较大的油田来了解我国石油生产的基本情况，这种调查方式属于（　　）。
   A. 普查　　　　　　　　　　　　B. 典型调查
   C. 重点调查　　　　　　　　　　D. 抽样调查

▽ 考点：典型调查

3. [多选] 典型调查的作用包括（　　）。
   A. 弥补全面调查的不足
   B. 机动灵活
   C. 在一定条件下可以验证全面调查数据的真实性
   D. 适用于各个领域
   E. 准确性高

4. [单选] 为了解全国煤炭企业的生产安全状况，找出安全隐患，专家根据经验选择10个有代表性的企业进行深入细致的调查。这类调查方法属于（　　）。
   A. 专家调查　　　　　　　　　　B. 重点调查
   C. 系统调查　　　　　　　　　　D. 典型调查

▽ 考点：收集第一手统计数据的方法

5. [多选] 收集第一手统计数据的方法有（　　）。
   A. 报刊查询法　　　　　　　　　B. 报告法
   C. 电话访问法　　　　　　　　　D. 网络调查法
   E. 试验设计法

6. [单选] 我国现行的统计制度采用（　　）收集原始资料。
   A. 直接观察法　　　　　　　　　B. 报告法
   C. 采访法　　　　　　　　　　　D. 电话访问法

7. [单选] 我国的农产品抽样调查常使用的数据收集方法是（　　）。
   A. 登记法　　　　　　　　　　　B. 采访法
   C. 报告法　　　　　　　　　　　D. 直观观察法

▽ 考点：收集第二手统计数据的方法

8. [多选] 在使用第二手统计数据时，应注意的事项有（　　）。
   A. 引用统计数据时，一定要注明数据来源

B. 无须评估保存完好的历史资料的可用价值

C. 对不完整的历史数据,要根据需要和可能设法进行适当的补充

D. 在使用不同时期的统计数据时,要进行必要的调整,保证数据可比性

E. 只要统计指标名称未变,不同时期的历史数据具有可比性

9. [多选] 下列数据收集方法中,属于收集第二手统计数据的有(　　)。

A. 在控制条件下进行试验并在试验过程中收集数据

B. 通过电话询问被调查者

C. 购买公开出版的统计年鉴

D. 与原调查单位合作获取未公开的内部调查资料

E. 要求当事人到相关机构进行登记

10. [多选] 下列属于利用间接来源的统计数据必须注意的问题的有(　　)。

A. 指标口径的可比性　　　　　B. 指标计算方法的可比性

C. 指标含义的可比性　　　　　D. 是否使用直接观察法

E. 是否使用采访法

▼考点:大数据与行政记录数据的应用

11. [多选] 大数据的特征包括(　　)。

A. 容量大　　　　　　　　　　B. 类型多

C. 存取速度快　　　　　　　　D. 应用价值高

E. 获取难度大

▼考点:统计数据的误差及误差的来源

12. [单选] 下列统计数据的误差中,属于登记性误差的是(　　)。

A. 样本结构与总体结构不同造成的误差

B. 抄录错误造成的误差

C. 抽样未遵循随机原则造成的误差

D. 样本容量过小造成的误差

▼考点:统计数据的质量要求及检查

13. [单选] 统计数据的质量评价标准不包括(　　)方面。

A. 精度　　　　　　　　　　　B. 准确性

C. 相关性　　　　　　　　　　D. 一致性

✎ 学习笔记

本章学习检查表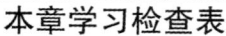

知识点名称	初次学习		第一次复习		第二次复习	
	做对题目数/总题目数	学习日期	做对题目数/总题目数	复习日期	做对题目数/总题目数	复习日期
统计调查的概念与作用						
统计调查的种类						
普查						
抽样调查						
重点调查						
典型调查						
收集第一手统计数据的方法						
收集第二手统计数据的方法						
大数据与行政记录数据的应用						
统计数据的误差及误差的来源						
统计数据的质量要求及检查						

填写建议：

"做对题目数/总题目数"记录自己各知识点做题的情况，比如，某知识点总题目数10题，自己做对了其中7题，记录为7/10。

"学习日期"和"复习日期"记录自己学习和复习各知识点的日期。

备忘录

参考答案及解析

Day 29

1. A [解析] 统计调查包括搜集第一手统计数据和搜集第二手统计数据两种。第一手统计数据，即原始统计数据，是指从各个调查单位搜集的、尚待汇总整理的个体统计数据，这些个体数据需要通过汇总、整理，形成反映总体特征的综合数据。第二手统计数据指已经经过加工整理的统计数据，能够在一定程度上说明总体现象。它包括始用于其他研究目的，但本次研究仍可利用的资料，为对比分析所利用的历史资料、外地区外部门的资料等。

2. ABCE [解析] 非全面调查是对调查对象中的一部分单位进行调查，包括非全面统计报表、抽样调查、重点调查和典型调查等。A、B、C、E 四项正确。全面调查包括普查、全面统计报表，因此 D 项错误。

3. D [解析] 重点调查是一种非全面调查，是在所要调查的总体中选择一部分重点单位进行的调查。典型调查是非全面调查，是根据调查的目的与要求，在对被调查对象进行全面分析的基础上，有意识地选择若干具有典型意义的或有代表性的单位进行的调查。全面调查由于调查的单位多、组织工作量大，需耗费大量的人力、财力，因此在不影响统计研究目的实现的条件下，常常采用非全面调查。非全面调查是对调查对象中的一部分单位进行调查，包括非全面统计报表、抽样调查、重点调查和典型调查等。根据本题题干，抽选一定数量的医院、保健院，即抽样调查，也就是非全面调查，故 D 项正确。

4. BE [解析] 不连续调查是间隔一个相当长的时间（通常是一年以上）所做的调查，一般是为了对总体现象在一定时点上的状态进行研究，如生产设备拥有量、耕地面积等。

5. B [解析] 经济普查每 10 年进行两次，分别在每逢年份的末尾数字为 3、8 的年份实施。A、C 两项错误，B 项正确。农业普查逢 "6" 的年份进行，人口普查逢 "0" 的年份进行，农业普查和人口普查均是每 10 年一次。D 项错误。

6. CE [解析] 经济普查为每 10 年两次，农业普查和人口普查每 10 年进行一次。

7. C [解析] 普查是为某一目的而专门组织的一次性全面调查，A 项正确。普查是适合特定目的、特定对象的一种调查方式，是一次性的或周期性的，一般需要规定统一的标准调查时间，普查的数据一般比较准确，但是也会存在一定程度的误差，普查的适用范围比较窄。B、D 两项正确，C 项错误。

8. C [解析] 普查通常是一次性的或周期性的。常见的普查包括：①经济普查每 10 年进行 2 次，分别在末尾数字为 "3" "8" 的年份实施；②人口普查逢 "0" 的年份进行，农业普查逢 "6" 的年份进行，均为 10 年一次。

9. C [解析] 抽样方法包括概率抽样和非概率抽样。概率抽样能够根据样本调查结果推断总体数量特征。

10. BCD [解析] 非概率抽样的优点有快速简便、费用较低、不需要任何抽样框。

11. ABCE [解析] 概率抽样主要包括简单随机抽样、分层抽样、整群抽样、等距抽样（又称系统抽样）。A、B、C、E 四项属于概率抽样。非概率抽样主要包括偶遇抽样、判断抽样、配额抽样、滚雪球抽样等。D 项属于非概率抽样。

12. C [解析] 判断抽样是指根据审计人员对被审计单位的了解、本人经验和直观感觉，通过主观判断来确定选取样本的审计方法，A项错误。分层抽样是指首先将总体分成不同的"层"，然后在每一"层"内进行抽样，B项错误。整群抽样是指将一组被调查者视作一个抽样单位而不是个体的抽样方法，D项错误。

Day 30

1. B [解析] 重点调查是一种非全面调查，它是在所要调查的总体中选取一部分重点单位进行的调查。所选择的重点单位虽然只是全部单位中的一部分，但就调查的标志值来说在总体中占绝大比重。

2. C [解析] 重点调查所选择的重点单位虽然只是全部单位中的一部分，但就调查的标志值来说在总体中占绝大比重，调查这一部分单位的情况，能够大致反映被调查对象的基本情况。当调查目的只要求了解基本状况和发展趋势，不要求掌握全面数据，而调查少数重点单位就能满足需要时，采用重点调查就比较适宜。因此，为了解我国石油生产的基本情况，选取几大具有影响力的油田进行重点调查比较适宜，C项符合题意。普查是为某一特定目的而专门组织的一次性全面调查。典型调查是根据调查的目的性与要求，在对被调查对象进行全面分析的基础上，有意识地选择若干具有典型意义的或有代表性的单位进行的调查。抽样调查是从调查对象的总体中抽取一部分单位作为样本进行调查，并根据样本调查结果来推断总体数量特征的一种非全面调查。A、B、D三项与题意不符。

3. AC [解析] 典型调查的主要作用：①弥补全面调查的不足；②在一定条件下可以验证全面调查数据的真实性。

4. D [解析] 典型调查是一种非全面调查，它是根据调查的目的与要求，在对被调查对象进行全面分析的基础上，有意识地选择若干具有典型意义的或有代表性的单位进行的调查。因此D项正确。

5. BCDE [解析] 收集第一手统计数据的方法（7种）：①直接观察法；②报告法；③采访法；④登记法；⑤电话访问法；⑥网络调查法；⑦试验设计法。B、C、D、E四项正确。报刊查询法属于第二手数据的收集方法，A项错误。

6. B [解析] 报告法是我国统计调查中常用的方法，一般由统计机构将调查表格分发或利用网络传送给被调查者，被调查者则根据填报的要求将填好的调查表发回。我国现行的统计制度采用的就是这种方法，因此B项正确。直接观察法、采访法、电话访问法均属于收集第一手统计数据的方法，但不是我国现行的统计制度采用的方法，因此A、C、D三项错误。

7. D [解析] 我国的农产品抽样调查常使用直观观察法。

8. ACD [解析] 使用第二手统计数据时的注意事项有：①要评估第二手数据的可用价值。②要注意指标的含义、口径、计算方法是否具有可比性，避免误用和滥用。在使用不同时期的统计数据时，要进行必要的调整，保证数据可比性（D项正确）。③注意弥补缺失数据和进行质量检查。对不完整的历史数据，要根据需要和可能设法进行适当的补充（C项正确）。④引用统计数据时，一定要注明数据来源（A项正确）。B、E两项表述都过于绝对。

9. CD [解析] 第二手统计数据的主要来源有公开的出版物、未公开的内部调查等。在我国，公开出版或报道的社会经济统计数据主要来自国家和地方的统计部门以及各种报刊媒介。此外，报纸、杂志、广播、电视、历史文献及著作，也是获得第二手统计数据的重要渠道。A项属于收集第一手统计数据的方法——试验设计法，利用试验设计收集数据，必须在控制的条件下进行试验并在试验过程中收集数据；B项属于收集第一手统计数据的方法——电话访问法；C项正确，购买公开出版的统计年鉴属于第二手统计数据；D项正确，内部调查资料属于第二手统计数据；E项属于收集第一手统计数据的方法——登记法，规定当事人在某事发生后到该机构进行登记，填写所需登记资料。

10. ABC [解析] 利用间接来源的统计数据，必须注意几个问题：①要评估第二手统计数据的可用价值；②要注意指标的含义、口径、计算方法是否具有可比性，避免误用和滥用；③注意弥补缺失数据和进行质量检查；④引用统计数据时，一定要注明数据来源。

11. ABCD [解析] 大数据是以容量大、类型多、存取速度快、应用价值高为主要特征的数据集合，正快速发展为对数量巨大、来源分散、格式多样的数据进行采集、存储和关联分析，从中发现新知识、创造新价值、提升新能力的新一代信息技术和服务业态。

12. B [解析] 登记性误差是指调查过程中由于调查者或被调查者的人为因素所造成的误差。调查者所造成的登记性误差主要有：调查方案中有关的规定或解释不明确导致的填报错误、抄录错误、汇总错误等。被调查者造成的登记性误差主要有：因人为因素干扰形成的有意虚报或瞒报调查数据，这种误差在统计调查中应予以特别重视。A、C、D三项为代表性误差。

13. C [解析] 数据的质量有多方面的含义，而不仅仅是指数据本身的准确性或误差的大小。就一般的统计数据而言，可将其质量评价标准概括为精度、准确性、关联性、及时性、一致性、最低成本六个方面。C项"相关性"表述错误，应该是关联性。

第二十章　统计数据的整理与显示

> **学习指导**

本章主要内容为统计数据的整理与显示。本章常考的知识点有分类数据的整理与显示、顺序数据的整理与显示、数值型数据的整理与显示以及统计表等，历年考查分数在 7 分左右。

本章内容较为简单，多是一些概念性的知识，需要理解记忆。另外，注意区分分类数据、顺序数据和数值型数据的不同显示方法。

日期	考点
Day31	➢ 分类数据的整理与显示 ➢ 顺序数据的整理与显示
Day32	➢ 数据的分组 ➢ 数值型数据的图示 ➢ 统计表的构成 ➢ 统计表的设计

▶▶ Day 31

▼ **考点**：分类数据的整理与显示

1. ［单选］计算我国国内生产总值中的第一、二、三产业产值之比，是采用了计算（　　）的数据整理方法。
   A. 比例　　　　　　　　　　　　B. 均值
   C. 比率　　　　　　　　　　　　D. 百分比

2. ［单选］用宽度相同的条形的高度或长短来表示数据变动的图形是（　　）。
   A. 折线图　　　　　　　　　　　B. 条形图
   C. 饼图　　　　　　　　　　　　D. 圆形图

3. ［多选］下列选项中，适用于分类数据的有（　　）。
   A. 组距分组　　　　　　　　　　B. 比例
   C. 饼图　　　　　　　　　　　　D. 条形图
   E. 比率

4. ［单选］下列数据整理和显示方法中，取值不可能大于1的是（　　）。
   A. 比率　　　　　　　　　　　　B. 频数
   C. 累积频数　　　　　　　　　　D. 比例

5. [单选] 某学校有6个年级的学生，共1 500人，一年级到五年级的学生所占比重分别为15.6%、17%、17.2%、16.4%、16.6%，则该校六年级的学生人数是（   ）人。

   A. 230
   B. 246
   C. 255
   D. 258

▼ 考点：顺序数据的整理与显示

6. [多选] 落在各类别中的数据个数称为（   ）。

   A. 频数
   B. 底数
   C. 指数
   D. 比例
   E. 次数

7. [单选] 某城市去年人均收入资料如表20-1所示：

表20-1　某城市去年人均收入资料

人均年收入水平	向上累计百分比
最低	11%
中下	40%
中等	85%
中高	96%
最高	100%

该城市的中等收入人口占总人口的（   ）。

   A. 40%
   B. 85%
   C. 45%
   D. 96%

8. [单选] 2013年某企业共有500人，这些工人的工资水平从低到高分为一级到五级。根据该企业工人工资状况整理的累积频数分布表如表20-2所示：

表20-2　该企业工人工资状况累积频数分布表

工资水平	向上累计百分比
一级	12%
二级	50%
三级	80%
四级	90%
五级	100%

则2013年该企业工资水平为三级的工人有（   ）人。

   A. 80
   B. 190
   C. 150
   D. 400

9. [多选] 对顺序数据的整理可以计算的指标有（   ）。

   A. 累积频数
   B. 累积频率
   C. 频数
   D. 比率
   E. 均值

10. ［单选］某单位共有职工 80 人，学历水平从低到高分为五级，根据该单位职工学历水平整理的累积频数分布表如表 20-3 所示：

表 20-3 该单位职工学历水平累积频数分布表

职工学历	向上累计百分比
高中	5％
大学	15％
大专	55％
硕士研究生	90％
博士研究生	100％

则该单位拥有硕士研究生学历的有（　　）人。

A. 4　　　　　　　　　　　　　　　B. 8

C. 28　　　　　　　　　　　　　　 D. 32

Day 32

▼ **考点**：数据的分组

1. ［单选］关于等距分组的说法，正确的是（　　）。
   A. 组距与组数成正比
   B. 组距是每组观察值的最大差
   C. 某一组下限的观察值不算在本组内
   D. 一项观察值可在不同组中重复出现

2. ［单选］一组数据为"100—600""600—1 100""1 100—1 600""1 600—2 100""2 100—2 600"五组，按统计分组时的习惯规定，1 600这一数值应计算在（　　）这一组中。
   A. "600—1 100"
   B. "1 600—2 100"
   C. "1 100—1 600"
   D. "2 100—2 600"

3. ［单选］关于数据分组的说法，正确的是（　　）。
   A. 组距分组首先要确定组限
   B. 单变量值分组不适合离散变量并且变量值较少的情况
   C. 组距分组不需考虑组间资料的差距性
   D. 数据分组适用于数据型数据

4. ［单选］单变量值分组是指以一个（　　）作为一个组。
   A. 数量变量
   B. 品质变量
   C. 品质与数量标志
   D. 变量值

5. ［单选］上限值与下限值的平均数称为（　　）。
   A. 组中值
   B. 平均数
   C. 组距
   D. 组数

▼ **考点**：数值型数据的图示

6. ［单选］在直方图中，对于不等距分组的数据，是用矩形的（　　）来表示各组频数的多少。
   A. 高度
   B. 面积
   C. 宽度
   D. 中心角度

7. ［单选］下列统计图中，作为绘制折线图基础的是（　　）。
   A. 圆形图
   B. 直方图
   C. 条形图
   D. 饼图

8. ［单选］用矩形的宽度和高度来表示频数分布的图形是（　　）。
   A. 直方图
   B. 折线图
   C. 条形图
   D. 圆形图

9. ［多选］直方图与条形图的区别在于（　　）。
   A. 直方图的各矩形通常是分开排列的
   B. 直方图的面积表示各组频数的多少
   C. 直方图的各矩形通常是连续排列的
   D. 直方图的矩形高度与宽度均有意义

E. 直方图的矩形高度有意义，而宽度无意义

▽ 考点：统计表的构成

10. ［多选］统计表一般由（　　）四个主要部分组成。
    A. 表头
    B. 行标题
    C. 列标题
    D. 数字资料
    E. 计量单位

▽ 考点：统计表的设计

11. ［多选］通常情况下，设计统计表要求（　　）。
    A. 没有数字的单元格应空白
    B. 左右两边不封口
    C. 表中数据一般是右对齐
    D. 列标题之间一般用竖线隔开
    E. 行标题之间不必用横线隔开

✎ 学习笔记

本章学习检查表

知识点名称	初次学习		第一次复习		第二次复习	
	做对题目数/总题目数	学习日期	做对题目数/总题目数	复习日期	做对题目数/总题目数	复习日期
分类数据的整理与显示						
顺序数据的整理与显示						
数据的分组						
数值型数据的图示						
统计表的构成						
统计表的设计						

填写建议：

"做对题目数/总题目数"记录自己各知识点做题的情况，比如，某知识点总题目数10题，自己做对了其中7题，记录为7/10。

"学习日期"和"复习日期"记录自己学习和复习各知识点的日期。

备忘录

参考答案及解析

Day 31

1. C [解析] 比率是指各不同类别的数量的比值，它可以是一个总体中各不同部分的数量对比，也可以是同一客观现象在不同时间或空间上的数量之比。我国国内生产总值中第一、二、三产业产值之比采用了计算比率的数据整理方法。C 项正确。比例是一个总体中各个部分的数量占总体数量的比重，通常用于反映总体的构成或结构。A 项错误。均值即算术平均数，是指资料中各观测值的总和除以观测值个数所得的商。B 项错误。将比例乘以 100 就是百分比或百分数，它是将对比的基数抽象化为 100 而计算出来的，用％表示，它表示每 100 个分母中拥有多少个分子。D 项错误。

2. B [解析] 条形图是用宽度相同的条形的高度或长短来表示数据变动的图形。在表示定类数据的分布时，用条形图的高度或长度来表示各类别数据的频数或频率。B 项正确。折线图也称频数多边形图，它是在直方图的基础上，把直方图顶部的中点（即组中值）用直线连接起来，再把原来的直方图抹掉就是折线图。A 项错误。圆形图也称饼图，是用圆形及圆内扇形的面积来表示数值大小的图形。主要用于表示总体中各组成部分所占的比例，对于研究结构性问题十分有用。C、D 两项错误。

3. BCDE [解析] 分类数据本身就是对事物的一种分类，因此在整理时除了要列出所分的类别外，还要计算出每一类别的频数、频率或比例、比率，同时选择适当的图形进行显示，以便对数据及其特征有一个初步的了解。反映分类数据的图示方法包括条形图和圆形图（也叫饼图）。

4. D [解析] 比例是一个总体中各个部分的数量占总体数量的比重，通常用于反映总体的构成或结构。各部分比例之和等于 1，因此不可能大于 1，D 项正确。比率是各不同类别的数量的比值，可以是一个总体中各不同部分的数量对比。如经济学中积累与消费之比，国内生产总值中第一、第二、第三产业产值之比。比率的值可能大于 1，A 项错误。频数（次数）是落在各类别中的数据个数，B 项错误。累计频数就是将各类别的频数逐级累加起来，C 项错误。

5. D [解析] 根据题干可知，六年级学生占比 $=1-15.6\%-17\%-17.2\%-16.4\%-16.6\%=17.2\%$，则六年级学生人数为 $1\,500\times17.2\%=258$（人）。

6. AE [解析] 频数（也称次数），是落在各类别中的数据个数。

7. C [解析] 因为达到"中等"的向上累积百分比是"最低""中下"和"中等"百分比之和，而达到"中下"的向上累积百分比是"最低"和"中下"百分比之和，所以"中等"百分比是达到"中等"的向上累积百分比减去达到"中下"的向上累积百分比，即 45%（$85\%-40\%$）。

8. C [解析] "三级"的向上累计百分比是"一级"百分比＋"二级"百分比＋"三级"百分比；"二级"的向上累计百分比是"一级"百分比＋"二级"百分比。所以"三级"工人数量占企业总人数的百分比为"三级"向上累计百分比－"二级"的向上累计百分比 $=80\%-50\%=30\%$。2013 年该企业工资水平为三级的工人有：$500\times30\%=$

150（人）。

9. ABCD [解析] 适用于顺序数据的整理与显示的有：①累积频数和累积频率；②累积频数分布图。A、B项正确。频数、比例、百分比、比率、条形图和圆形图既适用于分类数据，也适用于对顺序数据的整理与显示。C、D两项正确。均值是数值型数据，不是顺序数据，因此只有E项不符合题意。

10. C [解析] 本题考查顺序数据的整理与显示的向上累积，即从类别顺序的开始一方向类别顺序的最后一方累加频数（数值型数据则是从变量值小的一方向变量大的一方累加频数）。根据题干，已知职工80人，学历水平从低到高分为五级，所以，该单位拥有硕士研究生学历的人占全体人员的百分比为35%（90%－55%），人数＝80×35%＝28（人）。

Day 32

1. B [解析] 组距与组数成反比关系，组数越多，组距越小；组数越少，组距越大。A项说法错误。组距是每组观察值的最大差，即每组的上限值与下限值之间的差。B项说法正确。为解决"不重"的问题，统计分组时习惯上规定"上组限不在内"，即当相邻两组的上下限重叠时，恰好等于某一组上限的观察值不算在本组内，而计算在下一组内。C、D两项说法错误。

2. B [解析] 为解决"不重"的问题，统计分组时习惯上规定"上组限不在内"，即当相邻两组的上下限重叠时，恰好等于某一组上限的观察值不算在本组内，而计算在下一组内。

3. D [解析] 采用组距分组的第一步是确定分组组数，A项错误。单变量值分组是把每一个变量值作为一组，这种分组方法通常只适合于离散变量且变量值较少的情况，B项错误。组数的确定，要尽量保证组间资料的差异性与组内资料的同质性，C项错误。

4. D [解析] 单变量值分组：是把每一个变量值作为一组，这种分组方法通常只适合于离散变量且变量值较少的情况。

5. A [解析] 上限值与下限值的平均数称为组中值。组中值＝（上限值＋下限值）÷2。

6. B [解析] 直方图是用矩形的宽度和高度来表示频数分布的图形。在平面直角坐标中，我们用横轴表示数据分组，纵轴表示频数或频率，这样，各组与相应的频数就形成了一个矩形，即直方图。无论等距分组数据还是不等距分组数据，用矩形的面积或频数密度来表示各组的频数分布，使直方图下的总面积等于1。B项正确。矩形的高度表示每一组的频数或百分比，宽度则表示各组的组距。A、C两项错误。

7. B [解析] 折线图也称频数多边形图，它是在直方图的基础上，把直方图顶部的中点（即组中值）用直线连接起来，再把原来的直方图抹掉就是折线图。

8. A [解析] 直方图是用矩形的宽度和高度来表示频数分布的图形。用宽度相同的条形的高度或长短来表示数据变动的图形是条形图。A项正确，C项错误。折线图也称频数多边形图，它是在直方图的基础上，把直方图顶部的中点（即组中值）用直线连接起来，再把原来的直方图抹掉就是折线图。B项错误。圆形图也称饼图，是用圆形及圆内扇形的面积来表示数值大小的图形。D项错误。

9. BCD [解析] 直方图与条形图的不同：条形图是用条形的长度（横置时）表示各类别频数

的多少，其宽度（表示类别）则是固定的。直方图是用面积表示各组频数的多少，矩形的高度表示每一组的频数或百分比，宽度则表示各组的组距，因此其高度与宽度均有意义。此外，由于分组数据具有连续性，直方图的各矩形通常是连续排列，而条形图则是分开排列。因此 A、E 两项表述错误，B、C、D 三项表述正确。

10. ABCD ［解析］统计表组成或基本构成的四个主要部分：①表头；②行标题；③列标题；④数字资料。必要时可以在统计表的下方加上表外附加。

11. BCDE ［解析］设计统计表要求：总体设计应科学、实用、简练、美观。具体设计要求如下：①合理安排统计表结构，比如行标题、列标题、数字资料的位置应安排合理。行标题和列标题可以互换。②表头一般应包括表号、总标题和表中数据的单位等内容。③表中的上下两条横线一般用粗线，中间的其他线要用细线。统计表的左右两边不封口，列标题之间一般用竖线隔开，而行标题之间通常不必用横线隔开。表中尽量少用横竖线。表中的数据一般是右对齐，有小数点时应以小数点对齐，而且小数点的位数应统一。对于没有数字的表格单元，一般用"—"表示，不应出现空白单元格。④必要时可在表的下方加上注释，特别要注明资料来源。故 B、C、D、E 四项正确，A 项错误。

第二十一章 数据特征的测度

  学习指导

本章主要内容为数据特征的测度。本章常考的知识点有数据分布的集中趋势、分布的离散程度，历年考查分数为5分左右。

在学习本章时，要注意区分集中趋势的测度指标与离散程度的测度指标，同时要准确记忆众数、中位数、平均数、极差、标准差、方差、离散系数的含义，并且会计算。

日期	考点
Day33	➢ 众数 ➢ 中位数 ➢ 算数平均数
Day34	➢ 几何平均数 ➢ 极差 ➢ 标准差和方差 ➢ 离散系数

▶▶▶ Day 33

✓ 考点：众数

1. ［单选］一组数据中出现频数最多的数值是（　　）。
   A. 众数　　　　　　　　　　　　B. 标准差
   C. 均值　　　　　　　　　　　　D. 中位数

2. ［单选］下列几种趋势测度值中，适用于品质数据的是（　　）。
   A. 众数　　　　　　　　　　　　B. 简单平均数
   C. 标准差　　　　　　　　　　　D. 加权算术平均数

3. ［多选］关于众数的说法，正确的有（　　）。
   A. 是数值平均数
   B. 根据全部变量值加权平均计算
   C. 不受极端值的影响
   D. 易受极端值的影响
   E. 总体中出现次数最多的标志值

✓ 考点：中位数

4. ［单选］2020年，某快餐品牌旗下10个加盟店的年营业收入（单位：万元）分别为5 600、5 600、5 600、5 600、5 600、5 800、7 200、7 800、7 900、8 900，这组数据的中位数是（　　）万元。
   A. 6 000　　　　　　　　　　　　B. 5 700

C. 5 800　　　　　　　　　　　　　D. 5 600

5. [多选] 集中趋势的测度指标有（　　）。
   A. 标准差　　　B. 中位数　　　C. 算术平均数　　　D. 几何平均数
   E. 方差

6. [多选] 关于众数和中位数的应用范围，下列描述正确的有（　　）。
   A. 众数适用于品质数据，也适用于数值型数据
   B. 中位数适用于品质数据，也适用于数值型数据
   C. 众数适用于品质数据，不适用于数据型数据
   D. 中位数主要用于顺序数据，也适用于数值型数据
   E. 中位数适用于分类数据

▼ 考点：算数平均数

7. [多选] 影响加权算术平均数大小的因素包括（　　）。
   A. 众数大小　　　　　　　　　　　B. 中位数大小
   C. 各组变量值的大小　　　　　　　D. 各组频率的多少
   E. 极端值

8. [单选] 某连锁超市 6 个分店的职工人数由小到大排序后为 57 人、58 人、58 人、60 人、63 人、70 人，其算术平均数、众数分别为（　　）。
   A. 59、58　　　B. 61、58　　　C. 61、59　　　D. 61、70

9. [单选] 下列指标中，应采用算术平均方法计算平均数的是（　　）。
   A. 男女性别比　　　　　　　　　　B. 国内生产总值环比发展速度
   C. 人口增长率　　　　　　　　　　D. 企业年销售收入

10. [单选] 2012 年某地区外商投资工业企业利润情况如表 21-1 所示：

    表 21-1　某地区 2012 年外商投资工业企业利润情况

利润总额（万元）	外商投资工业企业数
2 000～3 000	2
3 000～4 000	8
4 000～5 000	2

    该地区外商投资工业企业平均利润总额为（　　）万元。
    A. 2 500　　　B. 3 000　　　C. 3 500　　　D. 4 000

11. [单选] 某生产小组有 35 名工人，每人生产的产品数量相同。其中，有 13 人每件产品耗时 8 分钟，16 人每件产品耗时 10 分钟，6 人每件产品耗时 5 分钟。该小组工人平均每件产品耗时（　　）分钟。
    A. 9　　　B. 8.4　　　C. 9.1　　　D. 8.6

✎ 学习笔记

Day 34

▼ 考点：几何平均数

1. [多选] 下列统计指标中，应采用几何平均数方法计算平均数的有（　　）。
   A. 发展速度 B. 营业收入
   C. 投资完成额 D. 销售收入
   E. 产品合格率

2. [多选] 在数据集中趋势的测量值中，不受极端值影响的有（　　）。
   A. 均值 B. 几何平均数
   C. 众数 D. 中位数
   E. 算术平均数

▼ 考点：极差

3. [多选] 下列关于极差的说法中，正确的有（　　）。
   A. 极差反映的是变量分布的变异范围或离散幅度
   B. 极差计算简单，含义直观，运用方便
   C. 极差仅仅取决于两个极端值的水平
   D. 极差易受极端值的影响
   E. 极差可以反映数据间的变量分布情况

4. [单选] 集中趋势的测度值对一组数据的代表程度取决于该组数据的离散水平。数据的离散程度越大，集中趋势的测度值对该组数据的代表性（　　）。
   A. 越差 B. 越好
   C. 始终不变 D. 在一定区域内反复变化

5. [单选] 某组数据如下：1、4、2、8、11，这组数据的极差为（　　）。
   A. 7 B. 6
   C. -10 D. 10

▼ 考点：标准差和方差

6. [单选] 用标准差比较分析两个同类总体平均指标的代表性的前提条件是（　　）。
   A. 两个总体的标准差应相等 B. 两个总体的平均数应相等
   C. 两个总体的单位数应相等 D. 两个总体的离差之和应相等

7. [单选] 一组数据的均值为20，离散系数为0.4，则该组数据的标准差为（　　）。
   A. 50 B. 8
   C. 0.02 D. 4

8. [多选] 比较两组工作成绩：算术平均数甲组小于乙组，标准差甲组大于乙组，则（　　）。
   A. 甲组算术平均数代表性高于乙组 B. 乙组算术平均数代表性高于甲组
   C. 甲组工作的均衡性好于乙组 D. 乙组工作的均衡性好于甲组
   E. 甲组离散程度大于乙组

▼ 考点：离散系数

9. ［单选］2018年年底，某中学学生年龄的算数平均数为15岁，标准差为3岁，则该校学生年龄的离散系数为（　　）。

    A. 20％　　　　　　　　　　　　B. 30％
    C. 10％　　　　　　　　　　　　D. 40％

10. ［单选］一组数据的标准差是50，算术平均数是200，则离散系数是（　　）。

    A. 0.25　　　　　　　　　　　　B. 0.20
    C. 0.50　　　　　　　　　　　　D. 0.75

11. ［单选］集中趋势测度值对一组数据的代表程度，取决于该组数据的（　　）。

    A. 数值水平　　　　　　　　　　B. 离散程度
    C. 计量单位　　　　　　　　　　D. 相关程度

12. ［单选］下列对数据离散程度的测度中，可以消除变量值水平高低和计量单位不同这两个因素对离散程度测度值影响的是（　　）。

    A. 离散系数　　　　　　　　　　B. 极差
    C. 标准差　　　　　　　　　　　D. 方差

✎ 学习笔记

本章学习检查表

知识点名称	初次学习		第一次复习		第二次复习	
	做对题目数/总题目数	学习日期	做对题目数/总题目数	复习日期	做对题目数/总题目数	复习日期
众数						
中位数						
算数平均数						
几何平均数						
极差						
标准差和方差						
离散系数						

填写建议：

"做对题目数/总题目数"记录自己各知识点做题的情况，比如，某知识点总题目数10题，自己做对了其中7题，记录为7/10。

"学习日期"和"复习日期"记录自己学习和复习各知识点的日期。

备忘录

参考答案及解析

Day 33

1. A [解析] 众数是一组数据中出现频数最多的那个数值，A项正确。标准差是总体所有单位标志值与其平均数离差之平方的平均数的平方根，B项错误。均值即算数平均数，是全部数据的算术平均，是集中趋势最主要的测度值。简单算数平均数主要用于处理未分组的原始数据。C项错误。把一组数据按从小到大的顺序进行排列，位置居中的数值叫作中位数。D项错误。

2. A [解析] 众数不仅适用于品质数据，也适用于数值型数据。算术平均数主要适用于数值型数据，但不适用于品质数据。故A项正确。

3. CE [解析] 众数是一组数据中出现频数最多的那个数值。它是一个位置代表值，不受极端值的影响，抗干扰性强。故C、E两项正确。

4. B [解析] 把一组数据按从小到大的顺序进行排列，位置居中的数值叫作中位数。当数据的个数 n 为奇数时，中位数的位置为 $(n+1)÷2$；当 n 为偶数时，中位数为中间两个数据的平均数。在本题中，将10个数据从小到大排列为 5 600、5 600、5 600、5 600、5 600、5 800、7 200、7 800、7 900、8 900，中位数 = $(5\ 600+5\ 800)÷2=5\ 700$（万元）。

5. BCD [解析] 集中趋势是指一组数据向某一中心值靠拢的倾向，测度集中趋势也就是寻找数据一般水平的代表值或中心值，主要包括位置平均数和数值平均数。位置平均数是指按照数据的大小顺序或出现频数的多少确定的集中趋势的代表值，主要有众数、中位数等。B项正确。数值型数据是指根据全部计算出来的平均数，主要有算数平均数、几何平均数等。C、D两项正确。极差、标准差和方差等都是反映数据离散程度的绝对值，其数值的大小一方面取决于原变量值本身水平的高低，也就是与变量的算术平均数大小有关，变量值绝对水平高的，离散程度的程度值自然就大，绝对水平小的，离散程度的程度值自然就小；另一方面，它们与原变量值的计量单位相同，采用不同计量单位计量的变量值，其离散程度的测度值也就不同。A、E两项都是用于测度离散程度的指标。

6. AD [解析] 众数适用于品质数据，也适用于数值型数据。中位数主要适用于顺序数据，也适用于数值型数据。算数平均数主要适用于数值型数据，不适用于品质数据。

7. CDE [解析] 计算和运用算术平均数（包括简单算术平均数和加权算术平均数）需要注意：①算术平均数同时受到两个因素的影响：一个是各组数值的大小；另一个是各组分布频数的多少。在数值不变的情况下，哪一组的频数多，该组的数值对平均数的作用就大；反之，哪一组的频数少，该组数值对平均数的影响就小。②算术平均数易受极端值的影响。故C、D、E三项正确。众数是指一组数据中频数最多的那个数值，不影响算术平均数，A项错误。中位数是指一组数据按从小到大的顺序排列，位置居中的数值，不影响算术平均数，B项错误。

8. B [解析] 出现频数最多的数值为众数，即58人；算术平均数 = $(57+58+58+60+63+70)÷6=61$（人）。

9. D [解析] 算术平均数被用来测算数据的集中趋势，因此统计数据必须是数值型数据，而

163

A项是分类型数据，不适用。B、C两项虽然是数值型数据，但是二者均是以百分数的形式出现，因此也不宜采用算数平均数。故 D 项正确。

10. C [解析] 加权算数平均数的计算公式 $\bar{X}=\dfrac{X_1f_1+X_2f_2+\cdots+X_kf_k}{f_1+f_2+\cdots+f_k}=\dfrac{\sum\limits_{i=1}^{k}X_if_i}{\sum\limits_{i=1}^{k}f_i}$，其中，

X_i 为组中值，f_i 为各组的频数。根据题意可知，$X_1=$（2 000＋3 000）÷2＝2 500；$X_2=$（3 000＋4 000）÷2＝3 500；$X_3=$（4 000＋5 000）÷2＝4 500。$f_1=2$；$f_2=8$；$f_3=2$。代入公式得：（2 500×2＋3 500×8＋4 500×2）÷（2＋8＋2）＝3 500（万元）。故 C 项正确。

11. B [解析] 加权算数平均数的计算公式 $\bar{X}=\dfrac{X_1f_1+X_2f_2+\cdots+X_kf_k}{f_1+f_2+\cdots+f_k}=\dfrac{\sum\limits_{i=1}^{k}X_if_i}{\sum\limits_{i=1}^{k}f_i}$，其中，

X_i 为组中值，f_i 为各组的频数。根据题干，已知小组有 35 名工人，每人生产的产品数量相同，其中有 13 人每件产品耗时 8 分钟，16 人每件产品耗时 10 分钟，6 人每件产品耗时 5 分钟，则 $f_1+f_2+f_3=13+16+6=35$，将数据代入公式 $\bar{X}=\dfrac{13\times 8+16\times 10+6\times 5}{35}=8.4$（分钟）。

Day 34

1. AE [解析] 计算几何平均数要求各观察值之间存在连乘积关系，它的主要用途是：①对比率、指数等进行平均；②计算平均发展速度。

2. CD [解析] 算术平均数（即均值）：①算术平均数同时受到两个因素的影响，一个是各组数值的大小，另一个是各组分布频数的多少；②易受极端值的影响，平均数的真实性受到干扰。A、E 两项错误。几何平均数是 n 个观察值连乘积的 n 次方根，数据大小及极端值对其同样有影响。B 项错误。众数是一组数据中出现频数最多的那个数值，是一个位置代表值，不受极端值的影响，抗干扰性强。C 项正确。中位数是把一组数据从大到小顺序依次排列，位置居中的数值。众数及中位数属于位置平均数，均不受极端值影响。D 项正确。

3. ABCD [解析] 极差反映的是变量分布的变异范围或离散幅度，在总体中任何两个单位的标志值之差都不可能超过极差。A 项正确，E 项错误。极差计算简单，含义直观，运用方便，B 项正确。极差仅仅取决于两个极端值的水平，不能反映其间的变量分布情况，同时易受极端值的影响。C、D 两项正确。

4. A [解析] 数据的离散程度越大，集中趋势的测度值对该组数据的代表性就越差。数据的离散程度越小，集中趋势的测度值对该组数据的代表性越好。

5. D [解析] 极差又称全距，是最简单的变异指标。极差是总体或分布中最大的标志值与最小的标志值之差。因此本题极差为：11－1＝10。D 项正确。

6. B [解析] 用标准差比较分析两个同类总体平均指标的代表性，其基本的前提条件是两个总体的平均数应相等，即当两个总体平均数相等时，标准差大的，平均数代表性小；标准

差小的，平均数代表性大。当两个总体平均数不相等时，不能利用标准差直接比较，而应计算标志变异系数。

7. B ［解析］标准差＝平均值×离散系数。由题意可知，平均值为20，离散系数为0.4，则该组织数据的标准差＝20×0.4＝8。故B项正确。

8. BDE ［解析］算术平均数是全部数据的算术平均，又称均值，用 $\overline{X}$ 表示。算术平均数越大，表明平均水平越高。标准差是总体所有单位标志值与其平均数离差之平方的平均数的平方根，用 σ 表示。标准差越大表示样本波动越大，越不稳定。综上，算术平均数越大表明平均水平越高，故甲组算术平均数代表性应低于乙组，A项错误；算术平均数越大，表明平均水平越高，故乙组算术平均数代表性高于甲组，B项正确。标准差越大的表示样本波动较大，越不稳定，C项错误；标准差越小的表示样本波动较小，越稳定，D项正确。因为甲组标准差大于乙组，所以甲组离散程度大于乙组，E项正确。

9. A ［解析］离散系数通常是就标准差来计算的，因此也称标准差系数，它是一组数据的标准差与其相应的算术平均数之比，其计算公式为：离散系数＝标准差÷算数平均数×100%，故该校学生年龄的离散系数＝3÷15×100%＝20%。

10. A ［解析］离散系数＝50÷200＝0.25。

11. B ［解析］集中趋势的测度值是对数据一般水平的一个概括性变量，它对一组数据的代表程度，取决于该组数据的离散水平。离散程度的测度，主要包括极差、方差和标准差、离散系数等。

12. A ［解析］离散程度的测度，主要包括极差、方差和标准差、离散系数等。极差、标准差和方差都是反映受分散程度的绝对值，其数值大小一方面取决于原变量值本身水平高低的影响；另一方面它们与原变量值的计量单位相同，采用不同计量单位计量的变量值，其离散程度的测度值也就不同。B、C、D三项错误。为消除变量值水平高低和计量单位不同对离散程度测度值的影响，需要计算离散系数。A项正确。

第二十二章 统计指数

> **学习指导**

本章主要内容为统计指数。本章重要的知识点是几种常用的统计指数。本章历年考查分数为 1 分左右。

本章内容虽然有相对较多的公式及计算,但是历年考查分数并不算高,因此只要掌握以下考点及基本公式即可。

日期	考点
Day35	➢ 指数的概念与分类 ➢ 基期加权综合指数 ➢ 报告期加权综合指数 ➢ 总量指数与指数体系 ➢ 指数体系的分析与应用 ➢ 几种常用的统计指数

▶▶▶ Day 35

▼ **考点**:指数的概念与分类

1. [单选] 狭义的指数是指（   ）。

    A. 价格变动的相对数

    B. 物量变动的相对数

    C. 任何两个数值对比形成的相对数

    D. 用于测定多个项目在不同场合下综合变动的一种特殊相对数

2. [单选] 按计算形式的不同,统计指数可以分为（   ）。

    A. 价格指数和成本指数

    B. 个体指数和综合指数

    C. 简单指数和加权指数

    D. 数量指数和质量指数

3. [单选] 某种商品报告期销售量与基期销售量的比值是 120%,这一指数属于（   ）。

    A. 个体指数

    B. 加权指数

    C. 综合指数

    D. 质量指数

▽ 考点：基期加权综合指数

4. [单选] 拉氏指数所采用的各变量值是固定在（　　）。

A. 基期 B. 报告期

C. 假定期 D. 任意时期

▽ 考点：报告期加权综合指数

5. [单选] 1874年，由德国学者提出的一种将权数的变量值固定在报告期，以此计算一组项目的综合指数的指数计算方法是（　　）。

A. 拉氏指数

B. 帕氏指数

C. 综合指数

D. 个体指数

6. [单选] p_0 和 p_1 分别是基期和报告期的质量数值，q_0 和 q_1 分别是基期和报告期的数量数值，帕式质量指数的一般计算公式是（　　）。

A. $\dfrac{\sum p_0 q_0}{\sum p_0 q_0}$ B. $\dfrac{\sum p_1 q_0}{\sum p_0 q_0}$

C. $\dfrac{\sum p_1 q_1}{\sum p_1 q_0}$ D. $\dfrac{\sum p_1 q_1}{\sum p_0 q_1}$

▽ 考点：总量指数与指数体系

7. [单选] 在指数分析中，由两个不同时期的总量对比形成的相对数称为（　　）。

A. 综合指数

B. 加权综合指数

C. 指数体系

D. 总量指数

▽ 考点：指数体系的分析与应用

8. [单选] 2019年与2018年相比，某超市10种果汁型饮料销售额提高了28.8%，其中由于价格变动使销售额提高了12%。按照指数体系分析方法，由于销售量的变动使销售额提高了（　　）。

A. 2.4% B. 15.0%

C. 6.8% D. 16.8%

9. [单选] 某商场商品的销售额指数为103.9%，价格指数为102.4%，则下列说法错误的是（　　）。

A. 商品销售量指数为162.5%

B. 商品的销售额增长了3.9%

C. 价格的增长使得商品销售额增长了2.4%

D. 由于商品销售量增加使得商品销售额增加了1.46%

▼ **考点**：几种常用的统计指数

10. [单选] 具有宏观经济变化的晴雨表之称的是（　　）。
    A. 居民消费价格指数（CPI）
    B. 工业生产者出厂价格指数（PPI）
    C. 住宅销售价格指数（HPI）
    D. 采购经理指数（PMI）

✎ 学习笔记

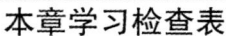

本章学习检查表

知识点名称	初次学习		第一次复习		第二次复习	
	做对题目数/总题目数	学习日期	做对题目数/总题目数	复习日期	做对题目数/总题目数	复习日期
指数的概念与分类						
基期加权综合指数						
报告期加权综合指数						
总量指数与指数体系						
指数体系的分析与应用						
几种常用的统计指数						

填写建议：

"做对题目数/总题目数"记录自己各知识点做题的情况，比如，某知识点总题目数10题，自己做对了其中7题，记录为7/10。

"学习日期"和"复习日期"记录自己学习和复习各知识点的日期。

备忘录

参考答案及解析

Day 35

1. D [解析] 从指数的含义上看，广义地讲，任何两个数值对比形成的相对数都可以称为指数；狭义地讲，指数是用于测定多个项目在不同场合下综合变动的一种特殊相对数。

2. C [解析] 从不同角度出发，指数可以分为以下几种主要类型：①按所反映的内容不同，可以分为数量指数和质量指数；②按计入指数的项目多少不同，可分为个体指数和综合指数；③按计算形式不同，可分为简单指数和加权指数。

3. A [解析] 个体指数是反映某一个项目或变量变动的相对数，如一种商品的价格或销售量的相对变动水平，A 项正确。加权指数则对计入指数的项目依据重要程度赋予不同的权数，而后再进行计算。综合指数是反映多个项目或变量综合变动的相对数，如多种商品的价格或销售量的综合变动水平。质量指数反映事物质量的变动水平，如价格指数、产品成本指数等。

4. A [解析] 基期加权综合指数又称拉氏指数，它是在计算一组项目的综合指数时，把作为权数的各变量值固定在基期。拉氏指数由于以基期变量值为权数，可以消除权数变动对指数的影响，从而使不同时期的指数具有可比性。

5. B [解析] 拉氏指数以基期变量值为权数，帕氏指数以报告期变量值为权数。A 项错误，B 项正确。个体指数反映某一个项目或变量变动的相对数，综合指数反映多个项目或变量综合变动的相对数。C、D 两项错误。

6. D [解析] 帕氏质量指数，报告期的数量是权数：$p_{1/0}=\dfrac{\sum p_1 q_1}{\sum p_0 q_1}$。帕氏数量指数，报告期的价格是权数：$q_{1/0}=\dfrac{\sum p_1 q_1}{\sum p_1 q_0}$。A、B 两项为拉氏指数。C 项为帕氏数量指数。因此 D 项正确。

7. D [解析] 总量指数是由两个不同时期的总量对比形成的相对数。它可以由不同时期的实物总量对比形成，也可以由不同时期的价值总量对比形成，因此 D 项符合题意。

8. B [解析] 销售额指数＝销售量指数×价格指数。由公式得，销售量指数＝销售额指数÷价格指数，2019 年销售额指数＝1＋28.8%，又因为价格变动使销售额提高了 12%，即价格指数＝1＋12%，代入公式得：销售量指数＝（1＋28.8%）÷（1＋12%）＝115%，所以，销售量的变化使销售额提高了 15.0%（115%－1）。

9. A [解析] 销售额指数等于价格指数乘以销售量指数，则销售量指数＝103.9%÷102.4%＝101.46%。

10. D [解析] 采购经理指数（PMI）是宏观经济变化的晴雨表，对国家经济活动的监测、预测和预警具有重要作用。

第五部分 会 计

第二十三章 会计基本概念

> **学习指导**
>
> 本章是会计部分的开篇章节,主要讲的是会计的基本概念。本章常考的知识点有会计的基本职能、会计核算的具体内容、会计的基本前提、会计确认计量的基本原则、会计信息质量要求等,历年考查分数为 5 分左右。
>
> 本章主要内容虽然为会计的基本概念,但是有很多容易混淆的知识点,需要进行区分记忆,打好会计学基础。

日期	考点
Day36	➢ 会计的概念及特征 ➢ 会计的基本职能 ➢ 会计的对象 ➢ 会计核算的具体内容 ➢ 会计核算的一般要求
Day37	➢ 会计的基本前提 ➢ 会计基础 ➢ 会计确认计量的基本原则 ➢ 会计信息质量要求

▶▶▶ Day 36

▼ **考点**:会计的概念及特征

1. [单选] 会计的主要计量单位是（　　）。
   A. 长度 B. 质量
   C. 时间 D. 货币

2. [单选] 会计的基本方法是（　　）。
   A. 会计核算方法
   B. 会计分析方法
   C. 会计检查方法
   D. 会计监督方法

3. [多选] 会计的特征有（　　）。
   A. 以货币为主要计量单位
   B. 本质是一种经济管理活动
   C. 具有一整套区别于其他工作的专门的技术方法
   D. 具有核算和监督的职能
   E. 核算资本增减，为投资者决策经营提供依据

▽ 考点：会计的基本职能

4. [单选]（　　）职能是会计的最基本职能。
   A. 会计反映   B. 会计核算
   C. 会计监督   D. 会计分析

5. [多选] 会计监督职能是指对特定主体的经济活动和相关会计核算的（　　）进行审查。
   A. 及时性   B. 合法性
   C. 合理性   D. 时效性
   E. 科学性

6. [单选] 关于会计职能的说法，错误的是（　　）。
   A. 会计核算是进行会计监督的基础
   B. 会计核算职能和会计监督职能是相互联系、不可分割的
   C. 会计核算是会计的最基本职能
   D. 会计监督工作的好坏直标影响着会计信息质量的高低

▽ 考点：会计的对象

7. [多选] 企业资金流量的基本环节包括（　　）。
   A. 资金周转   B. 资金增值
   C. 资金投入   D. 资金筹措
   E. 资金退出

▽ 考点：会计核算的具体内容

8. [单选] 在会计中，通常将单位在日常生产经营和业务活动中的资金运动称为（　　），它是会计核算的具体内容。
   A. 经济业务事项   B. 经济交易
   C. 经济事项   D. 经济活动

9. [多选] 下列资金运动中，属于经济事项的有（　　）。
   A. 报销差旅费   B. 上缴税收
   C. 计提折旧   D. 销售商品
   E. 支付职工工资

10. [单选] 关于会计核算具体内容的说法，正确的是（　　）。
    A. 经济交易是单位与其他单位和个人之间发生的各种经济利益的交换
    B. 购买固定资产是经济事项
    C. 支付工资是经济业务

D. 财务预算需要进行会计核算

考点：会计核算的一般要求

11. ［单选］下列关于会计核算的一般要求说法错误的是（　　）。

    A. 依法设账，设置会计科目和账户、单式记账、填制会计凭证、登记会计账簿、进行成本计算、财产清查和编制财务会计报告

    B. 不得违反《中华人民共和国会计法》和国家统一的会计制度的规定私设会计账簿登记、核算

    C. 根据实际发生的经济业务事项进行会计核算，编制财务会计报告

    D. 会计记录的文字应当使用中文

Day 37

考点：会计的基本前提

1. [单选] 企业会计核算中，一般以企业按既定的经营方针和预定的经营目标无限制地经营下去而不会终止清算作为基本前提。这一企业会计核算的基本前提称为（　　）。
   A. 货币计量
   B. 会计分期
   C. 会计主体
   D. 持续经营

2. [单选] 根据《中华人民共和国会计法》，会计年度起讫日期是（　　）。
   A. 自公历4月1日起至次年3月31日止
   B. 自公历6月1日起至次年5月31日止
   C. 自公历1月1日起至12月31日止
   D. 自公历9月1日起至次年8月31日止

3. [单选] 某企业将预收的货款计入"预收账款"科目，在收到款项的当期不确认收入，而在实际发出商品时确认收入，这主要体现的会计基本假设是（　　）。
   A. 会计主体
   B. 持续经营
   C. 会计分期
   D. 货币计量

考点：会计基础

4. [单选] 下列关于会计基础的说法，正确的是（　　）。
   A. 收付实现制也称应计制
   B. 权责发生制也称现金制
   C. 我国企业会计自行选择会计基础
   D. 目前我国行政事业单位财务会计核算采用权责发生制

5. [单选] 在会计处理上，按照款项实际收到或付出的日期来确定收益和费用的归属期的方法称为（　　）。
   A. 复式记账
   B. 权责发生制
   C. 收付实现制
   D. 会计分期

6. [单选] 某会计主体于1月用银行存款24 000元支付全年房租，1月底仅将属于本月承担的2 000元计入本月的费用项目，这种行为符合（　　）原则。
   A. 谨慎性
   B. 及时性
   C. 权责发生制
   D. 现金收付制

考点：会计确认计量的基本原则

7. [多选] 下列会计概念中，属于会计要素确认和计量基本原则的有（　　）。
   A. 合理确定会计记账基础
   B. 重要性原则
   C. 实质重于形式
   D. 配比原则
   E. 历史成本原则

8. [单选] 在企业会计核算时，通常将企业发生的，只与本期收益有关，应当在本期已实现的收益中得到补偿的支出，称为（　　）。
   A. 货币支出　　　　　　　　　　B. 资本性支出
   C. 收益性支出　　　　　　　　　D. 投资性支出

▼ 考点：会计信息质量要求

9. [多选] 在会计核算中，企业会计信息质量的及时性要求包括的内容有（　　）。
   A. 会计核算方法和程序前后各期保持一致
   B. 在经济业务发生后及时收集整理各种原始单据
   C. 在财务会计报告中充分、准确地进行披露
   D. 在国家统一的会计制度规定期限内，及时编制出财务会计报告
   E. 在国家统一的会计制度规定时限内，及时将编制出的财务会计报告传递给财务会计报告使用者

10. [单选] 在会计核算工作中，要求企业不高估资产或收益、也不低估负债或费用，这体现的会计信息质量要求是（　　）。
    A. 谨慎性　　　　　　　　　　　B. 可靠性
    C. 重要性　　　　　　　　　　　D. 清晰性

11. [单选] 对可能发生的财产减值计提减值准备，体现的是会计信息质量要求的（　　）。
    A. 实质重于形式　　　　　　　　B. 谨慎性
    C. 可靠性　　　　　　　　　　　D. 重要性

12. [单选] 不同企业发生的相同或者相似的交易或者事项，应当采用规定的会计政策和会计处理办法，确保会计信息口径一致，这体现的会计信息质量要求是（　　）。
    A. 清晰性　　　　　　　　　　　B. 可比性
    C. 相关性　　　　　　　　　　　D. 可靠性

✎ 学习笔记

本章学习检查表

知识点名称	初次学习		第一次复习		第二次复习	
	做对题目数/总题目数	学习日期	做对题目数/总题目数	复习日期	做对题目数/总题目数	复习日期
会计的概念及特征						
会计的基本职能						
会计的对象						
会计核算的具体内容						
会计核算的一般要求						
会计的基本前提						
会计基础						
会计确认计量的基本原则						
会计信息质量要求						

填写建议：

"做对题目数/总题目数"记录自己各知识点做题的情况，比如，某知识点总题目数10题，自己做对了其中7题，记录为7/10。

"学习日期"和"复习日期"记录自己学习和复习各知识点的日期。

备忘录

参考答案及解析

Day 36

1. D [解析] 会计是以货币为主要计量单位,采用专门的技术方法,对单位的全部经济活动进行核算和监督的一种经济管理活动,它通过系统、客观、及时地对单位的经济活动进行确认、计量、记录和报告,为管理者和其他信息使用者提供决策信息。

2. A [解析] 会计的技术方法包括会计核算方法、会计分析方法和会计检查方法。其中会计核算方法是会计的基本方法,主要包括设置账户、复式记账、填制和审核凭证、登记账簿、成本计算、财产清查和编制会计报表。

3. ABCD [解析] 会计的特征:①会计是以货币作为主要计量单位;②会计具有一整套区别于其他工作的专门的技术方法;③会计具有核算和监督的基本职能;④会计的本质是一种经济管理活动。

4. B [解析] 会计的基本职能包括进行会计核算和会计监督两个方面。核算职能是会计的最基本职能。

5. BC [解析] 会计的监督职能是指对特定主体的经济活动和相关会计核算的合法性、合理性进行审查。B、C两项正确。

6. D [解析] 会计核算是会计的最基本职能,是进行会计监督的基础,会计核算工作的好坏,直接影响着会计信息质量的高低,没有会计核算所提供的会计信息,会计监督就没有依据,D项错误。

7. ACE [解析] 企业的会计对象就是企业再生产过程中能以货币表现的经济活动,即企业的资金运动,包括资金投入、资金周转、资金退出三个基本环节。

8. A [解析] 在会计上,通常将单位在日常生产经营和业务活动中的资金运动称为经济业务事项。

9. ACE [解析] 经济事项是指在单位内部发生的具有经济影响的各类事项,如支付职工工资、报销差旅费、计提折旧等。

10. A [解析] 经济业务包括购买固定资产、销售商品、上缴税收等。B项错误。经济事项包括支付职工工资、报销差旅费、计提折旧等。C项错误。会计核算的经济业务事项主要有:①资产的增减和使用,包括流动资产和非流动资产的增加、减少以及使用情况;②负债的增减,包括流动负债的增加、减少情况;③净资产(所有者权益)的增减;④收入、支出、费用、成本的增减,包括收入、支出、费用、成本的增加和减少;⑤财务成果的计算和处理,包括利润的计算、分配等财务成果的处理过程;⑥需要办理会计手续、进行会计核算的其他事项。D项错误。

11. A [解析] 会计核算的一般要求:①各单位必须按照国家统一的会计制度的要求,设置会计科目和账户、复式记账、填制会计凭证、登记会计账簿、进行成本计算、进行财产清查和编制财务会计报告。②各单位必须根据实际发生的经济业务事项进行会计核算,编制财务会计报告。③各单位发生的各项经济业务事项应当在依法设置的会计账簿上统一登记、核算,不得违反《中华人民共和国会计法》和国家统一的会计制度的规定私设会计账簿登记、核算。④各单位对会计凭证、会计账簿、财务会计报告和其他会计资料应当建立档案，妥善保管。⑤会计凭证、会计账簿、财务会计报告和其他会计资料，必须符合国家统一的会计制度的规定，使用电子计算机进行会计核算的，其软件及其生成的会计凭证、会计账簿、财务会计报告和其他会计资料，也必须符合国家统一的会计制度的规定。⑥会计记录的文字应当使用中文。因此B、C、D三项正确。A项错在"单式记账"。

Day 37

1. D [解析] 持续经营是指会计核算应当以企业持续、正常的生产经营活动为前提。即企业将按照既定的经营方针和预定的经营目标无限期地经营下去，而不会终止清算。

2. C [解析]《中华人民共和国会计法》规定，会计年度自公历1月1日起至12月31日止。

3. C [解析] 会计分期，是指在会计工作中人为地将持续不断的企业生产经营过程划分为一个个首尾相接、间隔相等的期间，作为会计核算的周期，这个首尾相接、间隔相等的期间称为会计期间。因此C项正确。

> ● 考点再现
>
> Q_{1-3} 会计的基本前提。
>
> 会计的基本前提又叫基本假设，是对会计核算所处时间、空间环境等所作出的合理假设，是会计确认、计量和报告的基础。
>
> （1）会计主体。
> ①会计主体是指会计工作为其服务的特定单位或组织。
> ②明确会计主体这一前提，一是可以划定会计所要处理的各项交易或事项的范围，即明确了会计为谁（哪一主体）记账和编制报表；二是可以将会计主体的经济活动与会计主体所有者的经济活动区分开来。凡是法人单位必然是一个会计主体，但会计主体不一定是法人单位。
>
> （2）持续经营。
> ①持续经营是指会计核算应当以企业持续、正常的生产经营活动为前提。
> ②会计确认和计量的原则中的历史成本原则就是建立在这个前提下的。
>
> （3）会计分期。
> ①规定了会计核算的时间范围，是适时总结生产经营活动或预算执行情况的前提条件之一。会计期间通常分为年度、半年度、季度和月度。
> ②《中华人民共和国会计法》规定，会计年度自公历1月1日起至12月31日止。
>
> （4）货币计量。
> ①货币计量是指会计主体在会计核算过程中采用货币作为计量单位，记录、反映会计主体的经营情况及其成果。
> ②在我国，企业的会计核算以人民币为记账本位币。

4. D [解析] 权责发生制也称应计制，收付实现制也称现金制，我国《企业会计准则》规定，企业会计的确认、计量和报告应当以权责发生制为基础，A、B、C三项错误。我国行政事业单位预算会计采用收付实现制，财务会计核算采用权责发生制，国务院另有规定的，依照其规定。

5. C [解析] 收付实现制是企业以实际收到款项或支付款项作为确认收入、费用的基础。责权发生制即企业是按收入的权利和支出的义务是否属于本期来确认收入、费用的入账时间，而不是按是否在本期实际收到款项来确认。因此 C 项正确。

6. C [解析] 权责发生制也称应计制。权责发生制要求，凡是当期已经实现的收入和已经发生或应当负担的费用，不论款项是否在当期收付，都应当作为当期的收入和费用；凡是不属于当期的收入和费用，即使款项已在当期收付，也不应当作为当期的收入和费用。即企业是按收入的权利和支出的义务是否属于本期来确认收入、费用的入账时间，而不是按是否在本期实际收到款项来确认。因此 C 项符合题意。

7. ADE [解析] 会计确认计量的基本原则包括：①合理确定会计记账基础；②配比原则；③历史成本原则；④划分收益性支出和资本性支出原则。

8. C [解析] 收益性支出是指在本期发生的，只与本期收益有关的，应当在本期已实现的收益中得到补偿的支出。因此 C 项符合题意。资本性支出指当期发生的，不但与本期收益有关而且与以后会计期间收益有关的，应当在以后若干会计期间的收益中得到补偿的支出。

9. BDE [解析] 企业会计信息质量的及时性要求：①在经济业务发生后及时收集整理各种原始单据；②在国家统一的会计制度规定期限内，及时编制出财务会计报告；③在国家统一的会计制度规定时限内，及时将编制出的财务会计报告传递给财务会计报告使用者。

10. A [解析] 谨慎性：要求企业在进行会计核算时，不得多计资产或收益、少计负债或费用，并不得设置秘密准备。A 项符合题意。可靠性：要求企业以实际发生的交易或事项为依据进行会计确认、计量和报告，保证会计信息真实可靠、内容完整。重要性：要求企业在会计核算过程中对交易或事项应当区别其重要程度，采用不同的核算方式。对资产、负债、损益等有较大影响的重要的会计事项，必须按照规定的方法和程序进行处理，并在财务会计报告中予以充分、准确的披露；对次要的会计事项，可适当简化或合并反映。清晰性：又称可理解性，要求会计提供的会计信息必须清晰明了，便于财务会计报告使用者理解和利用。B、C、D 三项均与题意不符。

11. B [解析] 谨慎性要求企业在进行会计核算时，不得多计资产或收益、少计负债或费用，并不得设置秘密准备，符合本题题意。

12. B [解析] 可比性要求企业提供的会计信息必须具有可比性。不同企业发生的相同或者相似的交易或者事项应当采用规定的会计政策和会计处理办法，确保会计信息口径一致，以便在不同企业之间进行横向比较。

● 考点再现

Q_{9-12} 会计信息质量要求：

（1）可靠性：要求企业以实际发生的交易或事项为依据进行会计确认、计量和报告，保证会计信息真实可靠、内容完整。

(2) 相关性：又称有用性，要求企业提供的会计信息应当与财务会计报告使用者的经济决策需要相关，有助于财务会计报告使用者对企业的过去、现在或者未来的情况作出评价或者预测，有助于信息使用者作出经济决策。

(3) 清晰性：又称可理解性，要求会计提供的会计信息必须清晰明了，便于财务会计报告使用者理解和利用。

(4) 可比性：①纵向比较：同一企业不同时期发生的相同或相似的交易或事项，应当采用一致的会计政策，核算方法和程序前后各期应当保持一致，不得随意变更。②横向比较：不同企业发生的相同或相似的交易或事项，应当采用规定的会计政策和会计处理方法，确保会计信息口径一致。

(5) 实质重于形式：要求企业应当按照交易或事项的经济实质进行会计确认、计量和报告，而不应仅以交易或事项的法律形式为依据。

(6) 重要性：要求企业在会计核算过程中对交易或事项应当区别其重要程度，采用不同的核算方式。对资产、负债、损益等有较大影响的重要的会计事项，必须按照规定的方法和程序进行处理，并在财务会计报告中予以充分、准确地披露；对次要的会计事项，可适当简化或合并反映。

(7) 谨慎性：要求企业在进行会计核算时，不得多计资产或收益、少计负债或费用，并不得设置秘密准备。

(8) 及时性：及时性要求企业对于已经发生的交易或者事项的会计核算应当及时进行会计确认、计量和报告，不得提前或延后。一是要求及时收集会计信息；二是及时处理会计信息；三是及时传递会计信息。

第二十四章 会计核算

> **学习指导**

本章主要内容为会计核算。本章常考的知识点有会计要素与会计科目、会计等式与复式记账、会计凭证、会计账簿与财产清查等,历年考查分数为 10 分左右。

本章为重点考试章节,在考试中所占分值较高,需要进行重点学习及把握。

日期	考点
Day38	➢ 会计要素 ➢ 会计科目
Day39	➢ 会计等式 ➢ 复式记账 ➢ 会计凭证
Day40	➢ 原始凭证 ➢ 记账凭证 ➢ 会计凭证的传递和保管 ➢ 会计账簿概述 ➢ 账簿的内容、启用与登记规则 ➢ 会计账簿的格式和登记方法
Day41	➢ 对账 ➢ 错账更正方法 ➢ 结账 ➢ 财产清查概述 ➢ 财产清查的方法 ➢ 财产清查结果的处理

▶▶▶ **Day 38**

▽ **考点**：会计要素

1. ［单选］负债的形成一定是由于（　　）。
   A. 过去的交易、事项形成的现时义务
   B. 现在的交易、事项形成的未来义务
   C. 过去的交易、事项形成的未来义务
   D. 现在的交易、事项形成的现时义务

2. [单选] 下列负债中，属于非流动负债的是（   ）。
   A. 短期借款　　　　　　　　　　　　B. 长期借款
   C. 应付账款　　　　　　　　　　　　D. 应交税费

3. [单选] 下列各项目中不属于会计要素的是（   ）。
   A. 资产　　　　　　　　　　　　　　B. 负债
   C. 财产　　　　　　　　　　　　　　D. 利润

4. [单选] 下列各项目中属于动态会计要素的是（   ）。
   A. 收入　　　　　　　　　　　　　　B. 负债
   C. 资产　　　　　　　　　　　　　　D. 所有者权益

5. [单选] 企业收入的发生往往会引起（   ）。
   A. 负债增加　　　　　　　　　　　　B. 资产减少
   C. 所有者权益增加　　　　　　　　　D. 所有者权益减少

6. [多选] 下列资产中，属于流动资产的有（   ）。
   A. 无形资产　　　　　　　　　　　　B. 固定资产
   C. 交易性金融资产　　　　　　　　　D. 应收账款
   E. 存货

7. [单选] 考虑货币时间价值因素的会计要素计量属性是（   ）。
   A. 可变现净值　　　　　　　　　　　B. 公允价值
   C. 现值　　　　　　　　　　　　　　D. 重置成本

8. [单选] 企业对会计要素进行计量时，一般应当采用（   ）。
   A. 重置成本　　　　　　　　　　　　B. 可变现成本
   C. 现值　　　　　　　　　　　　　　D. 历史成本

9. [单选] 按照当前市场条件，企业以重新取得同样一项资产所需支付的现金或现金等价物金额进行资产计量，这种会计要素计量属性是（   ）。
   A. 重置成本　　　　　　　　　　　　B. 历史成本
   C. 公允价值　　　　　　　　　　　　D. 现值

▽ 考点：会计科目

10. [单选] 下列会计科目中，按其归属的会计要素分类，属于成本类科目的是（   ）。
    A. 固定资产　　　　　　　　　　　　B. 劳动成本
    C. 主营业务成本　　　　　　　　　　D. 流动负债

11. [多选] 会计科目按其归属的会计要素可分为（   ）。
    A. 资产类　　　　　　　　　　　　　B. 负债类
    C. 成本类　　　　　　　　　　　　　D. 总分类科目
    E. 明细分类科目

12. [单选] 会计科目是（   ）。
    A. 记账的依据　　　　　　　　　　　B. 账户的名称
    C. 会计要素　　　　　　　　　　　　D. 资产负债表的项

13. ［单选］下列关于会计科目设置的说法，错误的是（　　）。
    A. 合法性原则就是所设置的会计科目应当符合国家统一会计制度的规定
    B. 企业在设置会计科目时应遵循合理性原则、相关性原则和合法性原则
    C. 单位在不违背国家统一规定的前提下，可以根据自身业务特点和实际情况，增加、减少或合并某些会计科目
    D. 设置会计科目是为了分类反映单位的经济信息，便于会计信息的使用者利用会计信息进行有关决策

✐学习笔记

Day 39

▼ 考点：会计等式

1. [多选] 下列属于会计等式的有（   ）。
   A. 本期借方发生额合计＝本期贷方发生额合计
   B. 本期借方余额合计＝本期贷方余额合计
   C. 资产＝负债＋所有者权益
   D. 收入－费用＝利润
   E. 资产＝权益

2. [单选] 某企业2008年年末资产负债表反映的资产总额为840万元、负债总额为552万元，利润表反映利润总额为300万元，那么该企业2008年年末所有者权益是（   ）万元。
   A. 288   B. 588
   C. 540   D. 252

3. [多选] 一项经济业务发生后会引起相关会计要素的变动。下列会计要素变动情形中，正确的有（   ）。
   A. 一项资产和一项负债同时等额增加
   B. 一项资产和一项所有者权益同时等额减少
   C. 一项负债和一项所有者权益同时等额增加
   D. 一项资产增加，一项负债同时等额减少
   E. 一项负债增加，另一项负债等额减少，资产和所有者权益不变

▼ 考点：复式记账

4. [多选] 关于复式记账法的特点，下列表述正确的有（   ）。
   A. 以会计基本等式为依据
   B. 记录完整
   C. 可以进行试算平衡
   D. 便于查账
   E. 以"资产＝负债"等式为依据

5. [单选] 复式记账法中，每一项经济业务的发生，都会影响会计要素中的（   ）项目发生增减变化。
   A. 一个   B. 两个
   C. 两个及两个以上   D. 全部

6. [多选] 下列记账方法中，属于复式记账法的有（   ）。
   A. 补充登记法   B. 增减记账法
   C. 划线更正法   D. 收付记账法
   E. 借贷记账法

7. [单选] 关于借贷记账法的说法，错误的是（   ）。
   A. 借贷记账法以"借"和"贷"作为记账符号

B. 借贷记账法是一种单式记账法

C. 资产类账户与权益类账户的结构截然相反

D. 借贷记账法的记账规则是"有借必有贷，借贷必相等"

8. [单选] 下列关于借贷记账法的表述，错误的是（　　）。

A. 我国明确规定中国境内的所有企业都采用借贷记账法

B. 借贷记账法的借方表示增加

C. 借贷记账法的记账规则是"有借必有贷，借贷必相等"

D. 借贷记账法属于复式记账法

9. [单选] 所有者权益类账户的期末余额根据（　　）计算。

A. 借方期末余额＝借方期初余额＋借方本期发生额－贷方本期发生额

B. 借方期末余额＝借方期初余额－借方本期发生额＋贷方本期发生额

C. 贷方期末余额＝贷方期初余额＋贷方本期发生额－借方本期发生额

D. 贷方期末余额＝贷方期初余额＋借方本期发生额－贷方本期发生额

10. [单选] 关于借贷记账法的会计账户结构的说法，正确的是（　　）。

A. 损益类账户期末无余额

B. 收入类账户结构与资产类账户结构相同

C. 费用类账户结构与权益类账户结构相同

D. 资产类账户的期初、期末余额一般在贷方

11. [单选] 下列记账错误中，能通过试算平衡查出的是（　　）。

A. 重记某项经济业务

B. 漏记某项经济业务

C. 本期所有账户借方额与贷方发生额不相等

D. 某项经济业务在账户记录中颠倒了记账方向

▽ 考点：会计凭证

12. [单选] 由会计部门根据审核无误的原始凭证对经济业务事项的内容加以分类，并据以确定会计分录后填制的会计凭证称为（　　）。

A. 原始凭证

B. 收款凭证

C. 转账凭证

D. 记账凭证

13. [单选] 会计凭证按（　　）分类，分为原始凭证和记账凭证。

A. 用途和填制程序

B. 形成来源

C. 反映方式

D. 填制方式

14. ［多选］会计凭证的作用包括（ ）。
    A. 监督经济活动，控制经济运行
    B. 加强经济责任，强化内部控制
    C. 加强经济责任，强化外部控制
    D. 严格成本控制，强化决策经营
    E. 记录经济业务，提供记账依据

✎ 学习笔记

Day 40

▼ **考点**：原始凭证

1. [多选] 下列关于原始凭证的填制要求，说法正确的有（　　）。
   A. 记录要真实
   B. 币种符号和阿拉伯数字之间可以留有空白
   C. 编号要连续
   D. 人民币和大写金额之间不得留有空白
   E. 原始凭证金额有错误的，应当由出具单位重开，不得在原始凭证上更正

2. [多选] 属于原始凭证的有（　　）。
   A. 销售发票
   B. 发料凭证汇总表
   C. 差旅费报销单
   D. 领料单
   E. 转账凭证

3. [单选] 原始凭证按其（　　）不同，分为通用凭证和专用凭证。
   A. 填制的程序和用途
   B. 填制的手续
   C. 格式
   D. 取得的来源

4. [多选] 按取得的来源不同，原始凭证可分为（　　）。
   A. 自制原始凭证
   B. 通用凭证
   C. 专用凭证
   D. 外来原始凭证
   E. 一次凭证

▼ **考点**：记账凭证

5. [多选] 按内容划分，记账凭证可分为（　　）。
   A. 收款凭证
   B. 付款凭证
   C. 转账凭证
   D. 单式记账凭证
   E. 复式记账凭证

6. [单选] 下列不是记账凭证的基本内容的是（　　）。
   A. 记账标记
   B. 填制单位签章
   C. 填制日期
   D. 凭证编号

7. [多选] 下列会计凭证中，属于记账凭证的有（　　）。
   A. 收款凭证
   B. 销货发票
   C. 付账凭证
   D. 款项收据
   E. 转账凭证

▼ **考点**：会计凭证的传递和保管

8. [单选] 关于会计凭证保管的说法，正确的是（　　）。
   A. 原始凭证较多时，可单独装订
   B. 出纳人员可兼管会计档案
   C. 每年装订成册的会计凭证，在年度终了时可暂由单位会计机构保管两年

D. 原始凭证经会计人员批准，可以复制

▽ **考点**：会计账簿概述

9. [单选]（　　）是编制会计报表的基础，是连接会计凭证与会计报表的中间环节。
   A. 设置会计科目　　　　　　　　　B. 设置和登记会计账簿
   C. 日记账　　　　　　　　　　　　D. 复式记账

10. [多选]会计账簿根据用途的不同，可以分为（　　）。
    A. 卡片账簿　　　　　　　　　　　B. 备查账簿
    C. 分类账簿　　　　　　　　　　　D. 序时账簿
    E. 数量金额式账簿

11. [单选]账簿与账户的关系是（　　）。
    A. 形式和内容的关系　　　　　　　B. 表面和实质的关系
    C. 并列关系　　　　　　　　　　　D. 实质和内容的关系

▽ **考点**：账簿的内容、启用与登记规则

12. [单选]不属于账簿的基本内容的是（　　）。
    A. 封面　　　　　　　　　　　　　B. 扉页
    C. 账页　　　　　　　　　　　　　D. 会计科目

▽ **考点**：会计账簿的格式和登记方法

13. [单选]库存现金日记账的格式有三栏式和多栏式，无论采用哪种方式，都必须使用（　　）。
    A. 订本账　　　　　　　　　　　　B. 活页账
    C. 备查账　　　　　　　　　　　　D. 卡片账

14. [多选]三栏式明细分类账适用于（　　）。
    A. 资本明细账　　　　　　　　　　B. 债权明细账
    C. 收入明细账　　　　　　　　　　D. 债务明细账
    E. 存货明细账

✎ 学习笔记

Day 41

▽ 考点：对账

1. [单选] 通过对账，应做到三点，以下不属于对账规则的是（   ）。
   A. 账账相符
   B. 账实相符
   C. 账面相符
   D. 账证相符

2. [单选] 银行存款日记账与银行对账单一般至少（   ）核对一次。
   A. 1 天   B. 1 个月
   C. 3 个月   D. 半年

▽ 考点：错账更正方法

3. [单选] 记账凭证中会计账户、记账方向正确，所记金额小于应记金额，导致账簿登记出现错误时应用（   ）更正错误。
   A. 划线更正法
   B. 红字更正法
   C. 补充登记法
   D. 转账更正法

4. [单选] （   ）采用红字更正法。
   A. 结账前发现账簿记录有文字或数字错误，而记录凭证没有错误
   B. 记账后在当年内发现记账凭证所记的会计科目无误，所记金额大于应记金额
   C. 所记金额小于应记金额，引起记账错误
   D. 所记会计科目错误

5. [多选] 下列错账更正方法中，正确的有（   ）。
   A. 补充登记法
   B. 借贷科目相反方向对冲法
   C. 划线更正法
   D. 电子账簿中用相反符号对冲更正法
   E. 纸质账簿中用红字更正法

6. [单选] 在会计电子账簿中，一般采用的错账更正方法是（   ）。
   A. 红字更正法
   B. 相反符号法
   C. 划线更正法
   D. 补充登记法

▽ 考点：结账

7. [单选] 结账的内容不包括（   ）。
   A. 结清各种损益类账户，据此确定本期利润

B. 结算各种资产、负债类账户，分别结出本期发生额和期末余额

C. 结算所有者权益账户，分别结出本期发生额和期末余额

D. 结算所有者权益账户，分别结出本期发生额和期初余额

8. ［单选］期末根据账簿记录，计算并记录出各账户的本期发生额和期末余额，在会计上叫（　　）。

    A. 对账 B. 结账
    C. 调账 D. 查账

▼ 考点：财产清查概述

9. ［多选］需要局部清查的几种情况包括（　　）。

    A. 银行存款至少每月同银行对账一次
    B. 库存现金应当日清点
    C. 各种往来款项，每年至少同对方企业核对2～3次
    D. 贵重物资，应每月清查盘点一次
    E. 流动性较大的材料物资，除年度清查外，年内还要轮流盘点或重点抽查

10. ［多选］造成账实不符的原因主要有（　　）。

    A. 已达账项
    B. 财产在保管过程中发生自然损耗
    C. 发生自然灾害或意外事故，导致财产毁损
    D. 管理不善、工作人员失职
    E. 账务处理中出现漏记、重记、错记或计算上的错误

11. ［单选］关于财产清查的说法，错误的是（　　）。

    A. 按清查的范围，财产清查可分为全面清查和局部清查
    B. 按清查的时间，财产清查可分为定期清查和不定期清查
    C. 银行存款的清查一般用实地盘点的方法进行核对
    D. 往来款项的清查一般用发函询证的方法进行核对

▼ 考点：财产清查的方法

12. ［单选］下列情况不属于未达账项的情况的是（　　）。

    A. 企业已收，银行未收
    B. 企业已付，银行未付
    C. 银行已付，企业未收
    D. 银行已付，企业未付

13. ［单选］往来款项清查一般采取的清查方法是（　　）。

    A. 实物盘点法
    B. 银行对账单法
    C. 发函询证法
    D. 技术推算法

考点：财产清查结果的处理

14. ［单选］"待处理财产损溢"账户是（　　）账户。
    A. 负债类　　　　　　　　　　　B. 资产类
    C. 权益类　　　　　　　　　　　D. 费用类

✏️ 学习笔记

本章学习检查表

知识点名称	初次学习		第一次复习		第二次复习	
	做对题目数/总题目数	学习日期	做对题目数/总题目数	复习日期	做对题目数/总题目数	复习日期
会计要素						
会计科目						
会计等式						
复式记账						
会计凭证						
原始凭证						
记账凭证						
会计凭证的传递和保管						
会计账簿概述						
账簿的内容、启用与登记规则						
会计账簿的格式和登记方法						
对账						
错账更正方法						
结账						
财产清查概述						
财产清查的方法						
财产清查结果的处理						

填写建议：

"做对题目数/总题目数"记录自己各知识点做题的情况，比如，某知识点总题目数10题，自己做对了其中7题，记录为7/10。

"学习日期"和"复习日期"记录自己学习和复习各知识点的日期。

备忘录

参考答案及解析

Day 38

1. A [解析] 负债是由过去的交易或者事项形成的现时义务，履行该义务预期会导致经济利益流出企业。

2. B [解析] 非流动负债：偿还期在一年或者超过一年的一个营业周期以上的债务，包括长期借款、长期应付款等。B项正确。A、C、D三项均为流动负债。

3. C [解析] 会计的六大要素分别是资产、负债、所有者权益、收入、费用和利润。A、B、D三项均属于会计的要素。财产不属于会计要素，因此C项符合题意。

4. A [解析] 动态会计要素：是反映企业经营成果的会计要素，包括收入、费用及利润。A项正确。静态会计要素：是反映企业财务状况的会计要素，包括资产、负债、所有者权益。因此B、C、D三项错误。

5. C [解析] 收入是指企业在日常活动中发生的、会导致所有者权益增加的、与所有者投入资本无关的经济利益的总流入。C项说法符合题意。

6. CDE [解析] 流动资产是指可以在一年或者超过一年的一个营业周期内变现或者耗用的资产，包括货币资金、交易性金融资产、应收账款和存货等。流动资产以外的资产，称为非流动资产，主要包括长期股权投资、固定资产和无形资产等。

● 考点再现

Q_{1-6} 会计要素如表24-1所示。

表24-1 会计要素

反映财务状况的会计要素 （静态会计要素）		反映企业经营成果的会计要素 （动态会计要素）	
资产	是指企业过去的交易或者事项形成的，由企业拥有或控制的、预期会给企业带来经济利益的资源。按流动性分为流动资产（货币基金、交易性金融资产、应收账款、存货等）和非流动资产（长期股权投资、固定资产、无形资产等）	收入	是指企业在日常生活中发生的、会导致所有者权益增加、与所有者投入资本无关的经济利益的总流入。按性质不同分为销售商品收入、提供劳务收入和让渡资产使用权收入
负债	是指过去的交易或者事项形成的现时义务，履行该义务预期会导致经济利益流出企业。按其流动性分为流动负债（短期借款、应付票据、应付账款、应付职工薪酬等）和非流动负债（长期借款、长期应付款等）	费用	是指企业在日常生活中发生的、会导致所有者权益减少的、与向所有者分配利润无关的经济利益的总流出。按照和收入的配比关系的不同，分为营业成本和期间费用。具体包括营业成本、管理费用、财务费用和销售费用
所有者权益	是指所有者在企业资产中享有的经济利益，其金额为资产减去负债后的余额，包括企业所有者对企业的投入资本（即实收资本）、资本公积、盈余公积和未分配利润等	利润	是指企业在一定会计期间的经营成果。利润包括收入减去费用后的净额、直接计入当期利润的利得和损失等。按照构成可分为营业利润、利润总额和利润净额

7. C [解析] 现值是指对未来现金流量以恰当的折现率进行折现后的价值，是考虑货币时间价值因素等的一种计量属性。

8. D [解析] 企业对会计要素进行计量时，一般应当采用历史成本。

9. A [解析] 重置成本是指按照当前市场条件，重新取得同样一项资产所需支付的现金或现金等价物金额。

• 考点再现

Q_{7-9} 会计要素的计量。

(1) 会计要素计量属性反映的是会计要素金额的确定基础，主要包括历史成本、重置成本、可变现净值、现值和公允价值等。

①历史成本：又称为实际成本，就是取得或制造某项财务资产时所实际支付的现金或者其他等价物。

②重置成本：又称为现行成本，是指按照当前市场条件，重新取得同样一项资产所需支付的现金或现金等价物金额。

③可变现净值：是指在正常生产经营过程中以预计售价减去进一步加工成本和销售所必需的预计税金、费用后的净值。

④现值：是指对未来现金流量以恰当的折现率进行折现后的价值，是考虑货币时间价值因素等的一种计量属性。

⑤公允价值：是指在公平交易中，熟悉情况的交易双方自愿进行资产交换或清偿债务的金额。

(2) 在各种会计要素计量属性中，历史成本通常反映的是资产或者负债过去的价值，而重置成本、可变现净值、现值以及公允价值通常反映的是资产或者负债的现时成本或者现时价值，是与历史成本相对应的计量属性。

(3) 企业对会计要素进行计量时，一般应当采用历史成本原则。采用重置成本、可变现净值、现值、公允价值计量的，应当保证所确定的会计要素金额能够取得并且能够可靠计量。

10. B [解析] 成本类科目：按成本的不同内容和性质可分为反映制造成本的科目和反映劳动成本的科目。

11. ABC [解析] 会计科目按其归属的会计要素分类，可分为资产类、负债类、所有者权益类、成本类和损益类五大类。A、B、C 三项正确。按提供信息的详细程度及其统驭关系分类，可分为总分类科目和明细分类科目。D、E 两项错误。

12. B [解析] 会计科目是指按照经济业务的内容和经济管理的要求，对会计要素的具体内容进行分类核算的科目。所以，会计科目应当是账户的名称。故 B 项正确。

• 考点再现

Q_{10-12} 会计科目。

(1) 会计科目是指按照经济业务的内容和经济管理的要求，对会计要素的具体内容进行分类核算的科目。

(2) 会计科目的分类如表 24-2 所示。

表 24-2 会计科目的分类

分类方式		具体内容
按其归属的会计要素	资产类科目	按资产的流动性又可分为反映流动资产的科目和反映非流动资产的科目
	负债类科目	按负债的偿还期限又可分为反映流动负债的科目和反映非流动负债的科目
	所有者权益类科目	按所有者权益的形成和性质又可分为反映资本的科目和反映留存收益的科目
	成本类科目	按成本的不同内容和性质又可分为反映制造成本的科目和反映劳动成本的科目
	损益类科目	按损益的不同内容又可分为反映收入的科目和反映费用的科目
按提供信息的详细程度及其统驭关系	总分类科目	又称一级科目或总账科目，它是对会计要素具体内容进行总括分类、提供总括信息的会计科目；总分类科目反映各种经济业务的概括情况，是进行总分类核算的依据
	明细分类科目	又称明细科目，是对总分类科目作进一步分类、提供更详细和更具体会计信息的科目

13. B ［解析］会计科目的设置原则有：①合法性原则，指所设置的会计科目应当符合国家统一的会计制度的规定。②相关性原则，指所设置的会计科目应当为提供有关各方所需要的会计信息服务，满足对外报告与对内管理的要求。③实用性原则，指所设置的会计科目应符合单位自身特点，满足单位实际需要。A、C、D 三项说法正确，不符合题意。B 项说法错误，符合题意，故此题正确答案为 B 项。

Day 39

1. CDE ［解析］会计等式包括：资产＝权益＝负债＋所有者权益；利润＝收入－费用。故 C、D、E 三项正确。A、B 两项错误，其涉及的是借贷记账法的试算平衡中的余额试算平衡法：全部会计科目的借方期初余额合计＝全部会计科目的贷方期初余额合计；全部会计科目的借方期末余额合计＝全部会计科目的贷方期末余额合计。

2. A ［解析］资产＝负债＋所有者权益。题目中已知资产总额为 840 万元，负债总额为 552 万元，所有者权益＝资产－负债＝840－552＝288（万元）。

3. ABE ［解析］经济业务对"资产＝负债＋所有者权益"等式的影响，主要有以下九种情况：①资产和负债要素同时等额增加；②资产和所有者权益要素同时等额增加；③资产和负债要素同时等额减少；④资产和所有者权益要素同时等额减少；⑤资产要素内部项目等额有增有减，负债和所有者权益要素不变；⑥负债要素内部项目等额有增有减，资产和所有者权益要素不变；⑦负债要素增加，所有者权益要素等额减少，资产要素不变；⑧负债要素减少，所有者权益要素等额增加，资产要素不变；⑨所有者权益要素内部项目等额有增有减，资产和负债要素不变。故 A、B、E 三项正确。

4. ABCD ［解析］复式记账法的特点：①以会计基本等式为依据。复式记账法是以会计的基本等式"资产=负债+所有者权益"为依据建立起来的一种科学记法（A项正确，E项错误）。②记录完整。将全部经济业务记入有关账户，既可以了解每一交易或者事项的来龙去脉，也可以通过会计要素具体内容的增减变动，全面、系统地了解经济活动的过程和结果（B项正确）。③便于查账。可以进行试算平衡，以检查账户的记录正确与否（C、D两项正确）。

5. C ［解析］复式记账法是以资产与权益平衡关系作为记账基础，对于每一笔经济业务或者事项，都要在两个或两个以上相互联系的会计科目中进行登记，系统地反映每一项经济交易或者事项所引起的会计要素的增减变化及其结果的一种记账方法。

6. BDE ［解析］复式记账法按照记账符号不同，可以分为借贷记账法、增减记账法、收付记账法。

7. B ［解析］借贷记账法以"借"和"贷"作为记账符号，将会计科目左方称为借方，右方称为贷方。A项正确。借贷记账法是一种复式记账法，B项错误。资产类账户与权益类账户的结构截然相反，资产类增加记在借方，权益类增加记在贷方，C项正确。借贷记账法的记账规则是"有借必有贷，借贷必相等"，D项正确。

8. B ［解析］至于"借"表示增加还是"贷"表示增加，则由会计科目所反映的经济内容，即会计科目的性质决定。

9. C ［解析］所有者权益类账户贷方表示增加、借方表示减少，期初、期末余额在贷方。权益类账户贷方期末余额=期初贷方余额+本期贷方发生额-本期借方发生额，C项正确。资产类账户期末借方余额=期初借方余额+本期借方发生额-本期贷方发生额。成本类账户结构、费用类账户结构与资产类账户结构相同。收入类账户结构与权益类账户结构相同。损益类会计账户余额转入所有者权益类账户，期末无余额。A、B、D三项错误。

10. A ［解析］收入类账户结构与资产类账户结构相反；费用类账户结构与权益类账户结构相反；资产类账户的期初、期末余额一般在借方。B、C、D三项错误。

11. C ［解析］即使实现了试算平衡，也不能说明账户记录绝对正确。因为有些错误并不会影响借贷双方的平衡关系。这些错误包括：①漏记某项经济业务，将使本期借贷双方的发生额等额减少，借贷仍然平衡；②重记某项经济业务，将使本期借贷双方的发生额等额虚增，借贷仍然平衡；③某项经济业务记错有关账户，借贷仍然平衡；④某项经济业务在账户记录中，颠倒了记账方向，借贷仍然平衡；⑤借方或贷方发生额中，偶然发生多记少记并相互抵销，借贷仍然平衡等。A、B、D三项不会影响借贷双方的平衡关系，因此不能通过试算平衡查出，故正确答案为C项。

12. D ［解析］记账凭证又称记账凭单，是由会计部门根据审核无误的原始凭证对经济业务事项的内容加以分类，并据以确定会计分录后所填制的会计凭证。故D项正确。原始凭证是在经济业务最初发生或完成时取得或填制的，用于记录或证明经济业务的发生或完成情况，明确有关经济责任的文字凭证，如销货发票、款项收据等。

13. A ［解析］会计凭证按用途和填制程序分类，分为原始凭证和记账凭证。

14. ABE ［解析］会计凭证的作用：①监督经济活动，控制经济运行。②记录经济业务，提供记账依据。③加强经济责任，强化内部控制。

第二十四章 会计核算

Day 40

1. ACDE [解析] 填制原始凭证的基本要求：记录要真实；内容要完整；手续要完备；书写要清楚、规范（①凭证上阿拉伯数字应当一个一个准确、清晰地书写，不得连笔书写。②阿拉伯金额数字前面应当书写货币币种符号或者货币名称简写，币种符号与阿拉伯金额数字之间不得留有空白。③大写金额用汉字壹、贰、叁、肆、伍、陆、柒、捌、玖、拾、佰、仟、万、亿、元、角、分、零、整等，一律用正楷或行书体书写。④大写金额前未印有"人民币"字样的，应加写"人民币"三个字，"人民币"字样和大写金额之间不得留有空白。⑤大写金额数字到元为止的，在"元"之后应当写"整"字；有分的，不写"整"字。⑥金额数字一律填写到角、分，无角、分的，写"00"或者符号"—"；有角无分的，分为写"0"，不得用符号"—"）；编号要连续；不得涂改、刮擦和挖补，原始凭证有错误的，应当由出具单位重开或更正，更正处应当加盖出具单位印章；原始凭证金额有错误的，应当由出具单位重开，不得在原始凭证上更正；填制要及时。因此 A、C、D、E 四项正确。B 项错误，币种符号和阿拉伯数字之间不得留有空白。

2. ABCD [解析] 原始凭证是在经济业务最初发生或完成时取得或填制的，用以记录或证明经济业务的发生或完成情况，明确有关经济责任的文字凭据。原始凭证按来源分为：①自制原始凭证，如收料单、领料单、产品入库单等。自制原始凭证按其填制手续不同，又可以分为一次凭证、累计凭证、汇总原始凭证和记账编制凭证四种。②外来原始凭证，如企业购买材料、商品时，从供货单位取得的发货票，就是外来原始凭证。原始凭证按格式分类：①通用凭证，如由人民银行制作的银行转账结算凭证和全国通用的增值税专用发票等。②专用凭证，如折旧计算表和差旅费报销单等。因此 A、B、C、D 四项正确。转账凭证属于记账凭证，不属于原始凭证。E 项错误。

3. C [解析] 按照格式的不同，原始凭证可以分为通用凭证和专用凭证。

4. AD [解析] 按取得的来源不同，原始凭证可分为自制原始凭证和外来原始凭证。

5. ABC [解析] 按内容可将记账凭证分为收款凭证、付款凭证和转账凭证。A、B、C 三项正确。按填列方式可将记账凭证分为复式记账凭证和单式记账凭证。D、E 两项错误。

6. B [解析] 记账凭证的基本内容或要素：①记账凭证的名称。②记账凭证的日期。③记账凭证的编号。④经济业务事项的内容摘要。⑤经济业务事项所涉及的会计科目及其记账方向。⑥经济业务事项的金额。⑦记账标记。⑧所附原始凭证的张数。⑨制证、审核、记账、会计主管等有关人员的签章，收款凭证和付款凭证还应由出纳人员签名或盖章。A、C、D 三项属于记账凭证的基本内容，不符合题意。B 项不属于记账凭证的基本内容，符合题意。

7. ACE [解析] 记账凭证包括收款凭证、付款凭证、转账凭证等。

8. A [解析] 出纳人员不得兼管会计档案，B 项错误。每年装订成册的会计凭证，在年度终了时可暂由单位会计机构保管一年，期满后应当移交本单位档案机构统一保管，C 项错误。原始凭证不得外借，其他单位如有特殊原因确实需要使用时，经本单位会计机构负责人、会计主管人员批准，可以复制，D 项错误。

9. B [解析] 设置和登记会计账簿是编制会计报表的基础，是连接会计凭证与会计报表的中间环节，在会计核算中具有重要意义。

10. BCD [解析] 会计账簿按其用途的不同，可以分为序时账簿、分类账簿和备查账簿三种。
11. A [解析] 账簿与账户的关系是形式与内容的关系。
12. D [解析] 账簿的基本内容：①封面：主要标明账簿的名称；②扉页：主要标明账簿的使用信息；③账页：是账簿用来记录经济业务事项的载体，其内容包括账户的名称、登记账簿的日期栏、记账凭证的种类和号数栏、摘要栏、金额栏以及总页次和分页次栏。A、B、C三项均属于账簿的基本内容。D项不属于账簿的基本内容，符合题意。
13. A [解析] 库存现金日记账的格式有三栏式和多栏式两种。无论采用三栏式还是多栏式库存现金日记账，都必须使用订本账。
14. ABD [解析] 明细分类账的格式有三栏式、多栏式和数量金额式等。三栏式明细分类账适用于只进行金额核算的资本、债权、债务明细账。A、B、D三项正确。多栏式明细分类账适用于收入、成本、费用类科目的明细核算。C项错误。数量金额式明细分类账适用于既要进行金额核算又要进行数量核算的存货明细账。E项错误。

Day 41

1. C [解析] 对账就是核对账目，即针对账簿、账户记录的正确与否所进行的核对工作。通过对账，应当做到账证相符、账账相符、账实相符。①账证核对，是指核对会计账簿记录与原始凭证、记账凭证的时间、凭证编号、内容、金额是否一致，记账方向是否相符。②账账核对，是指核对不同会计账簿之间的账簿记录是否相符。③账实核对，是指各项财产物资、债权债务等账面余额与实有数额之间的核对。C项不属于对账规则，符合题意，故正确答案为C项。
2. B [解析] 银行存款日记账与银行对账单至少1个月核对一次。
3. C [解析] 记账后发现记账凭证填写的会计科目无误，只是所记金额小于应记金额时，采用补充登记法。更正方法：按少记的金额用蓝字编制一张与原记账凭证应借、应贷科目完全相同的记账凭证，以补充少记的金额，并据以记账。因此C项正确。
4. B [解析] 记账后在当年内发现记账凭证所记的会计科目无误而所记金额大于应记金额，从而引起记账错误，采用红字更正法。结账前发现账簿记录有文字或数字错误，而记录凭证没有错误，采用划线更正法。记账后在当年内发现记账凭证所记的会计科目无误，所记金额大于应记金额，采用红字更正法。所记金额小于应记金额时，采用补充登记法。记账后在当年内发现记账凭证所记的会计科目错误，从而引起记账错误，采用红字更正法。综上，A、C、D三项错误（表述不准确），B项正确。
5. ACDE [解析] 账簿记录发生错误，不准涂改、挖补、刮擦或者用药水消除字迹，不准重新抄写，必须按照规定的方法予以更正。纸质账簿中常用的错账更正法有划线更正法、红字更正法和补充登记法。电子账簿中一般用相反符号来进行对冲更正。故A、C、D、E四项正确。

> ● 考点再现
>
> Q_{3-5} 错账更正方法。
>
> 账簿记录发生错误，不准涂改、挖补、刮擦或者用药水消除字迹，不准重新抄写，必须按照规定的方法予以更正。纸质账簿中常用的错账更正法有划线更正法、红字更正法和补充登记法。电子账簿中一般用相反符号来进行对冲更正。具体方法如表24-3所示。

表 24-3　错账更正方法

方法	具体内容
划线更正法	又称红线更正法。在结账前发现账簿记录有文字或数字错误，而记录凭证没有错误，采用划线更正法。更正时，可在错误的文字或数字上划一条红线，在红线的上方填写正确的文字或数字，并由记账及相关人员在更正处盖章。对于数字错误，应全部划红线更正，不得只更正其中的错误数字。对于文字错误，可只划去错误的部分
红字更正法	又称负数更正法，是指用红字冲销原有错误的账户记录或凭证记录，以更正或调整账簿记录的一种方法。通常有两种情况： (1) 记账后在当年内发现记账凭证所记的会计科目错误，从而引起记账错误。更正时应用红字填写一张与原记账凭证完全相同的记账凭证，以示注销原记账凭证，然后用蓝字填写一张正确的记账凭证，并据以记账 (2) 记账后在当年内发现记账凭证所记的会计科目无误而所记金额大于应记金额，从而引起记账错误。更正时应按多记的金额用红字编制一张与原记账凭证应借、应贷科目完全相同的记账凭证，以冲销多记的金额，并据以记账
补充登记法	记账后发现记账凭证填写的会计科目无误，只是所记金额小于应记金额时，采用补充登记法。更正方法：按少记的金额用蓝字编制一张与原记账凭证应借、应贷科目完全相同的记账凭证，以补充少记的金额，并据以记账

6. B [解析] 纸质账簿中常用的错账更正法有划线更正法、红字更正法和补充登记法。电子账簿中一般用相反符号来进行对冲更正。

7. D [解析] 结账的内容：一是结清各种损益类账户，并据以计算确定本期利润；二是结算各资产、负债和所有者权益账户，分别结出其本期发生额和期末余额。A、B、C 三项均属于结账的内容，D 项不属于结账的内容，故正确答案为 D 项。

8. B [解析] 结账就是在会计期末（月末、季末或年末）将本期内所发生的经济业务事项全部登记入账后，计算出本期发生额和期末余额。

9. ABDE [解析] 需要局部清查的主要有以下几种情况：①对于库存现金，每日业务终了应由出纳人员当日清点核对，以保持实存数和库存现金日记账结存额相符。②对于银行存款，出纳人员至少每月要同银行核对一次。③对于贵重物资，每月应清查盘点一次。④对于各种往来款项，每年至少同对方企业核对一至两次。⑤通常情况下，对于流动性较大的材料物资，除年度清查外，年内还要轮流盘点或重点抽查。因此 A、B、D、E 四项正确。C 项错误，应该是每年核对 1~2 次。

10. BCDE [解析] 造成账实不符的原因主要有：①在收发财产物资时，由于计量、检验不准确而发生品种、数量或质量上的差错。②账务处理中出现漏记、重记、错记或计算上的错误。③财产物资在保管过程中发生自然损耗。④未达账项。⑤由于管理不善、工作人员失职，以及不法分子的营私舞弊、贪污失职。⑥发生自然灾害和意外事故，导致财产物资毁损。故 B、C、D、E 四项正确。A 项错误，应该是未达账项。

11. C [解析] 按清查的范围，财产清查可分为全面清查和局部清查，A 项正确。按清查的时间，财产清查可分为定期清查和不定期清查，B 项正确。清查库存现金一般用实地盘点的方法进行核对，C 项错误。清查往来款项一般用发函询证的方法进行核对，D 项正确。

12. C [解析] 未达账项是指企业与银行之间由于凭证传递上的时间差,一方已登记入账,另一方因尚未接到凭证而未登记入账的款项。未达账项大致有下列四种情况:①企业已收,银行未收。②企业已付,银行未付。③银行已收,企业未收。④银行已付,企业未付。C项不属于未达账项,符合题意。

13. C [解析] 往来款项的清查一般用发函询证的方法进行核对,派人前往或利用通信工具,向结算往来单位核实账目。

14. B [解析] "待处理财产损溢"账户是资产类账户,用来核算企业在清查财产过程中查明的各种财产物资的盘盈、盘亏和毁损。

第二十五章 财务会计报告

> **学习指导**

本章主要是财务会计报告的相关内容。本章常考的知识点有财务会计报告、资产负债表、利润表、现金流量表、财务会计报告的编制要求等,历年考查分数为 6 分左右。

本章应该重点掌握会计报表的相关内容,比如资产负债表、利润表、现金流量表、所有者权益变动表的详细内容及区分。

日期	考点
Day42	➢ 财务会计报告的概念 ➢ 财务会计报告的内容 ➢ 财务会计报告的分类 ➢ 资产负债表 ➢ 利润表
Day43	➢ 现金流量表 ➢ 所有者权益变动表 ➢ 编制时间 ➢ 先做财产清查、核实债务 ➢ 先做对账、结账及其他检查工作 ➢ 报表格式、内容及依据 ➢ 勾稽关系

Day 42

考点:财务会计报告的概念

1. [多选]财务会计报告是指企业对外提供的反映企业在某一特定日期财务状况和某一会计期间( )的文件。
   A. 会计核算 B. 经营成果
   C. 经济运营 D. 现金流量
   E. 经济活动

2. [多选]财务会计报告的使用者有( )。
   A. 投资者 B. 债权人
   C. 单位管理层 D. 供应商
   E. 社会公众

▽ **考点**：财务会计报告的内容

3. [多选] 财务会计报告包括（　　）。
   A. 会计报表
   B. 会计报表附注
   C. 财务情况说明书
   D. 其他应披露的信息
   E. 审核流程说明

4. [单选] 会计报表不包括（　　）。
   A. 资产负债表
   B. 收入支出表
   C. 利润表
   D. 现金流量表

▽ **考点**：财务会计报告的分类

5. [多选] 按会计期间划分，财务会计报告分为（　　）。
   A. 年度会计报告
   B. 半月会计报告
   C. 半年度会计报告
   D. 季度会计报告
   E. 月度会计报告

6. [多选] 企业月度的会计报表至少应当包括（　　）。
   A. 资产负债表
   B. 利润表
   C. 现金流量表
   D. 利润分配表
   E. 所有者权益变动表

▽ **考点**：资产负债表

7. [单选] 反映企业在某一特定日期财务状况的报表是（　　）。
   A. 利润表
   B. 资产负债表
   C. 所有者权益变动表
   D. 现金流量表

8. [单选] 关于账户式资产负债表的说法，正确的是（　　）。
   A. 长期股权投资排列在固定资产前面
   B. 资产项目按金额大小排列
   C. 其依据的会计等式是"资产＝所有者权益"
   D. 左方为负债和所有者权益

9. [单选] 在资产负债表中，资产项目是按其流动性进行排列的，流动性强的项目排在前面，流动性差的项目排在后面。下列资产项目中，应该排在应收账款前面的是（　　）。
   A. 固定资产
   B. 长期投资
   C. 货币资金
   D. 货存

▽ **考点**：利润表

10. [单选] 某公司2020年年底营业收入为1 000万元，营业成本为600万元，营业税金及附加为50万元，销售费用为50万元，管理费用为100万元，投资收益为100万元，营业外收入为70万元，营业外支出为80万元。该公司2020年营业利润是（　　）万元。
    A. 290
    B. 300
    C. 400
    D. 200

11. ［单选］利润表中，净利润的计算公式是（   ）。

   A. 净利润＝营业收入－营业成本－营业税金及附加－管理费用－销售费用－财务费用－资产减值损失＋投资收益＋公允价值变动收益

   B. 净利润＝营业利润＋营业外收入－营业外支出

   C. 净利润＝利润总额－所得税费用

   D. 净利润＝营业利润－所得税费用

12. ［多选］利润表的主要格式包括（   ）。

   A. 多步式　　　　　　　　　　　B. 清算式

   C. 单步式　　　　　　　　　　　D. 账户式

   E. 报告式

✎ 学习笔记

Day 43

▼ 考点：现金流量表

1. [单选] 关于现金流量表的说法，错误的是（　　）。
   A. 现金流量表反映企业在一定会计期间现金和现金等价物流入和流出情况
   B. 现金流量表可以提供企业获取现金及现金等价物能力的信息
   C. 现金流量表可以分析企业的获利能力
   D. 现金流量表可以提供企业当期获取现金的主要来源和当期现金的使用去向

2. [单选] 下列现金流量中，属于筹资活动产生的是（　　）。
   A. 收到的税费返还
   B. 处理无形资产收回的现金净额
   C. 取得借款收到的现金
   D. 收回投资收到的现金

3. [多选] 现金流量表提供的会计信息包括（　　）。
   A. 现金及现金等价物的流入、流出及净流量的信息
   B. 企业获取现金及现金等价物的能力
   C. 企业获取现金的主要来源
   D. 企业当期现金的使用去向
   E. 企业的盈利能力

4. [单选] 下列属于投资活动产生的现金流量的是（　　）。
   A. 购买无形资产支付的现金　　　　B. 上缴税费
   C. 吸收投资收到的现金　　　　　　D. 支付职工薪酬

▼ 考点：所有者权益变动表

5. [单选] 解释某一特定时间内，股东权益如何因企业经营的盈亏及现金股利的发放而发生变化的是（　　）。
   A. 现金流量表　　　　　　　　　　B. 所有者权益变动表
   C. 资产负债表　　　　　　　　　　D. 利润表

▼ 考点：编制时间

6. [单选] 应于（　　）编制财务会计报告。
   A. 年度终了　　　　　　　　　　　B. 年初
   C. 年终　　　　　　　　　　　　　D. 每月终了

▼ 考点：先做财产清查、核实债务

7. [单选] 在编制年度财务会计报告前，应进行的全面清查资产、核查债务工作不包括（　　）。
   A. 清查、核实结算款项　　　　　　B. 清查、核实各项投资
   C. 清查、核实所有者权益　　　　　D. 清查、核实各项固定资产

▼ **考点**：先做对账、结账及其他检查工作

8. ［多选］在编制年度财务会计报告前，应进行的对账、结账工作包括（　　）。

　　A. 进行账证核对

　　B. 核对各会计账簿之间的余额

　　C. 核对会计核算是否按照国家统一的会计制度的规定进行

　　D. 核实各项固定资产

　　E. 核实结算款项

▼ **考点**：报表格式、内容及依据

9. ［单选］会计报表的编制要求不包括（　　）。

　　A. 数字真实　　　　　　　　　B. 计算准确

　　C. 内容完整　　　　　　　　　D. 任意取舍

▼ **考点**：勾稽关系

10. ［单选］会计报表之间、会计报表各项目之间，凡有对应关系的数字，应当相互一致。这反映财务会计报告编制要求的（　　）。

　　A. 对账要求　　　　　　　　　B. 结账要求

　　C. 勾稽关系　　　　　　　　　D. 报表关系

✎ 学习笔记

本章学习检查表

知识点名称	初次学习		第一次复习		第二次复习	
	做对题目数/总题目数	学习日期	做对题目数/总题目数	复习日期	做对题目数/总题目数	复习日期
财务会计报告的概念						
财务会计报告的内容						
财务会计报告的分类						
资产负债表						
利润表						
现金流量表						
所有者权益变动表						
编制时间						
先做财产清查、核实债务						
先做对账、结账及其他检查工作						
报表格式、内容及依据						
勾稽关系						

填写建议：

"做对题目数/总题目数"记录自己各知识点做题的情况，比如，某知识点总题目数10题，自己做对了其中7题，记录为7/10。

"学习日期"和"复习日期"记录自己学习和复习各知识点的日期。

备忘录

参考答案及解析

Day 42

1. BD [解析] 财务会计报告是指企业对外提供的，反映企业在某一特定日期财务状况和某一会计期间经营成果、现金流量的文件。

2. ABCE [解析] 财务会计报告的使用者包括：①单位管理层；②投资者；③债权人；④政府及其有关部门；⑤社会公众等。

3. ABCD [解析] 财务会计报告包括：①会计报表；②会计报表附注；③财务情况说明书；④其他应当在财务会计报告中披露的相关信息和资料。

4. B [解析] 会计报表包括资产负债表、利润表、现金流量表、所有者权益变动表等报表。收入支出表不属于会计报表的内容。故B项符合题意。

5. ACDE [解析] 按会计期间划分，财务会计报告分为月度会计报告、季度会计报告、半年度会计报告、年度会计报告。

6. AB [解析] 年度、半年度财务会计报告应当包括会计报表（包括资产负债表、利润表、现金流量表、所有者权益变动表及相关附表）、会计报表附注和财务情况说明书。季度、月度财务会计报告通常仅指会计报表（至少应当包括资产负债表、利润表），国家统一的会计制度规定季度、月度财务会计报告，需要编制会计报表附注的，从其规定。因此A、B两项正确。

7. B [解析] 利润表是反映企业在一定会计期间经营成果的报表，A项错误。资产负债表是反映企业在某一特定日期财务状况的报表，主要反映资产、负债和所有者权益三方面的内容。B项正确。所有者权益变动表是反映构成所有者权益各组成部分当期的增减变动情况的报表，C项错误。现金流量表是反映企业在一定会计期间现金和现金等价物流入和流出情况的报表，D项错误。

8. A [解析] B项，资产项目按流动性大小排列。C项，依据的会计等式是"资产＝所有者权益＋负债"。D项，右方为负债和所有者权益。

9. C [解析] 在资产负债表上，流动资产类的项目排列为：货币资金、应收票据及应收账款、预付账款、其他应收款、存货和持有待售资产等。在资产项目中，货币资金具有最强的流动性，因此货币资金排在应收账款前面。

10. B [解析] 营业利润＝营业收入－营业成本－营业税金及附加－销售费用－管理费用－研发费用－财务费用－资产减值损失－信用减值损失＋投资收益＋公允价值变动收益＝1 000－600－50－50－100＋100＝300（万元）。

11. C [解析] 营业利润＝营业收入－营业成本－营业税金及附加－销售费用－管理费用－研发费用－财务费用－资产减值损失－信用减值损失＋投资收益＋公允价值变动收益；利润总额＝营业利润＋营业外收入－营业外支出；净利润＝利润总额－所得税费用。故C项正确。

12. AC [解析] 利润表主要有多步式和单步式两种格式，我国企业的利润表多采用多步式。

Day 43

1. C [解析] 现金流量表是反映企业在一定会计期间现金和现金等价物流入和流出情况的报表。现金流量表主要能够向各类报表使用者提供以下几个方面的会计信息：①现金及现金等价物流入、流出以及净流量的信息；②企业获取现金及现金等价物的能力；③企业当期获取现金的主要来源和当期现金的使用去向。A、B、D三项正确。现金流量表可以分析企业获利能力的说法不正确，故C项符合题意。

2. C [解析] A项属于经营活动产生的现金流量。B、D两项属于投资活动产生的现金流量。

3. ABCD [解析] 现金流量表提供以下几个方面的会计信息：①现金及现金等价物流入、流出以及净流量的信息；②企业获取现金及现金等价物的能力；③企业当期获取现金的主要来源和当期现金的使用去向。故A、B、C、D四项正确。

4. A [解析] B、D两项属于经营活动产生的现金流量。C项属于筹资活动产生的现金流量。

5. B [解析] 所有者权益变动表是反映构成所有者权益的各组成部分当期的增减变动情况的报表，它解释某一特定时间内，股东权益如何因企业经营的盈亏及现金股利的发放而发生变化。因此B项正确。

6. A [解析] 应于年度终了编制会计报表。

7. C [解析] 在编制年度财务会计报告前，应按以下规定进行全面清查资产、核实债务：①清查、核实结算款项，包括应收账款、应付款项、应交税费等是否存在，与债务、债权单位的相应债务、债权金额是否一致。②清查、核实原材料、在产品、自制半成品、库存商品等各项存货的实存数量与账面数量是否一致，是否有报废损失和积压物资等。③清查、核实各项投资是否存在，投资收益是否按照国家统一的会计制度规定进行确认和计量。④清查、核实房屋建筑物、机器设备、运输工具等各项固定资产的实存数量与账面数量是否一致。⑤清查、核实在建工程的实际发生额与账面记录是否一致。⑥需要清查、核实的其他内容。综上可知，C项不属于全面清查资产核查债务工作。

8. ABC [解析] 在编制年度财务会计报告前，除应全面清查资产、核实债务外，还需完成如下工作：①核对账证是否相符；②结出有关账簿的余额和发生额，并核对各会计账簿之间的余额；③检查相关的会计核算是否按照国家统一的会计制度的规定进行；④对于国家统一的会计制度没有规定统一核算方法的交易、事项，检查其是否按照会计核算的一般原则进行确认和计量，以及相关账务处理是否合理；⑤检查是否存在因会计差错、会计政策变更等原因需要调整前期或者本期相关项目的情况。A、B、C三项正确。核实结算款项和各项固定资产是在全面清查资产、核实债务时应进行的工作，D、E两项错误。

9. D [解析] 会计报表的编制要求：①内容完整；②数字真实；③计算准确；④不得漏报或者任意取舍。

10. C [解析] 勾稽关系：会计报表之间、会计报表各项目之间，凡有对应关系的数字，应当相互一致。会计报表中本期与上期的有关数字应当相互衔接。年度、半年度会计报表至少应当反映两个年度或者相关两个期间的比较数据。不得随意改变财务会计报告的编制基础、编制依据、编制原则和方法。

本部分强化测试

第六部分 法 律

第二十六章 法的一般原理

学习指导

本章是法律部分的开篇章节,主要讲的是法律的基本概念。本章常考的知识点有法的概念、本质和特征等,历年考查分数为 3 分左右。

本章是学好法律部分的基础,因此需要理解记忆,切忌死记硬背,可以通过习题来加强记忆。

日期	考点
Day44	➢法的概念 ➢法的本质 ➢法的特征 ➢法律渊源
Day45	➢法律规范 ➢法律关系 ➢法的制定、实施和解释

Day 44

▼ 考点:法的概念

1. [单选] 由一定物质生活条件决定的,体现统治阶级意志,由国家制定或认可并由国家强制力保证实施的,以维护、巩固和发展一定的社会关系和社会秩序为目的的具有普遍效力的行为规范体系,称为( )。

A. 法 B. 法律规则
C. 法律条文 D. 法的解释

▼ 考点:法的本质

2. [多选] 关于法与道德的说法,正确的有( )。

A. 法所禁止的行为往往也受到道德的谴责
B. 法的内容包括权利和义务
C. 法和道德都是重要的社会规范
D. 道德侧重强调对他人和社会的义务或责任

E. 道德和法都由国家强制力保障实施

3. [单选] 法反映的是（　　）的意志。
   A. 个别人
   B. 人民
   C. 统治阶级
   D. 社会团体

4. [多选] 马克思主义关于法的概念论述中，反映法的本质的是（　　）。
   A. 法的国家意志性
   B. 法的社会规范性
   C. 法的物质制约性
   D. 法的阶级性
   E. 法的强制性

▽ 考点：法的特征

5. [多选] 关于法的特征的说法，正确的有（　　）。
   A. 法主要依靠公民的自觉遵守
   B. 法由国家制定或认可
   C. 法具有普遍性，在国家权力管辖范围内普遍有效
   D. 法是调整人的行为和社会关系的行为规范
   E. 法是由国家强制力保障实施的规范

6. [单选]（　　）是法区别于其他社会规范的重要标志。
   A. 法是特殊的社会规范
   B. 法由国家强制力保证实施
   C. 法以权利和义务为主要内容
   D. 法由国家制定或认可

▽ 考点：法律渊源

7. [多选] 根据《中华人民共和国立法法》，下列事项中，属于设区市的人民代表大会有权制定地方性法规的事项的有（　　）。
   A. 生态文明建设
   B. 城乡建设与管理
   C. 历史文化保护
   D. 本地公民的基本权利
   E. 本地国家机关的活动原则

8. [单选] 我国的法律渊源不包括（　　）。
   A. 司法解释
   B. 宪法
   C. 判例法
   D. 行政法规

9. [单选] 下列关于我国法律渊源的说法中，错误的是（　　）。
   A. 宪法具有最高效力
   B. 法律是由全国人民代表大会及其常务委员会制定和修改的规范性法律文件
   C. 我国将每年的12月3日定为国家宪法日
   D. 行政法规是国务院根据宪法和法律制定的规范性法律文件，效力仅次于宪法和法律

✎ 学习笔记

Day 45

考点：法律规范

1. [单选] 构成法的"细胞"的是（　　）。
   A. 法律规范 B. 法律体系
   C. 法律解释 D. 法律条文

2. [单选] 按照法律规范为主体提供的行为模式不同，法律规范可分为（　　）。
   A. 授权性规范和义务性规范
   B. 强行性规范和任意性规范
   C. 确定性规范和委任性规范
   D. 委任性规范和准用性规范

3. [多选] 按照法律规范是否允许当事人进行自主调整及调整程度的不同，法律规范可分为（　　）。
   A. 授权性规范 B. 义务性规范
   C. 强制性规范 D. 任意性规范
   E. 确定性规范

考点：法律关系

4. [单选] 下列关于法律关系的说法中，错误的是（　　）。
   A. 法律关系以法律规范为前提
   B. 法律关系以权利义务为内容表现
   C. 法律关系是由国家强制力保障的社会关系
   D. 在法律主体间形成的法律关系，并不是都有国家强制力保障

5. [多选] 按照调整该社会关系的法律规范的性质，法律关系可以分为（　　）。
   A. 宪法法律关系 B. 民事法律关系
   C. 调整性法律关系 D. 保护性法律关系
   E. 经济法法律关系

6. [单选] 下列关于法律关系构成的说法中，错误的是（　　）。
   A. 常见的法律关系主体包括自然人、法人、国家
   B. 智力成果不是法律关系的客体
   C. 权利义务共同构成法律关系的内容
   D. 法律关系由主体、客体和内容三部分构成

7. [多选] 关于法人的说法，正确的有（　　）。
   A. 法人即具有完全民事行为能力的自然人
   B. 法人的民事行为能力从法人成立时产生，到法人终止时消灭
   C. 非营利法人的利润属于出资人
   D. 法人能够独立承担民事责任
   E. 法人依法独立享有民事权利和承担民事义务

▼ **考点**：法的制定、实施和解释

8. ［单选］下列关于法的制定的说法中，错误的是（　　）。
   A. 法的制定即立法
   B. 立法准备阶段包括立法预测
   C. 提出法律案，这是立法程序的第一步
   D. 法的完备阶段不包括法的废止

9. ［单选］下列关于法的实施的说法中，不正确的是（　　）。
   A. 法的实施是指宪法法律等通过执法、司法、守法、法律监督等方式在社会生活中得以运用和实现的活动
   B. 法的执行狭义上是指一切国家机关、公职人员及授权组织依照法定的职权和程序，实施和运用法律的活动
   C. 法的适用，又称司法
   D. 法律的内部监督包括立法机关、行政机关、司法机关各个系统内的自我监督

10. ［多选］根据解释主体的不同，法律解释可以分为（　　）。
    A. 立法解释
    B. 理论解释
    C. 体系解释
    D. 司法解释
    E. 行政解释

✎ 学习笔记

本章学习检查表

知识点名称	初次学习		第一次复习		第二次复习	
	做对题目数/总题目数	学习日期	做对题目数/总题目数	复习日期	做对题目数/总题目数	复习日期
法的概念						
法的本质						
法的特征						
法律渊源						
法律规范						
法律关系						
法的制定、实施和解释						

填写建议：

"做对题目数/总题目数"记录自己各知识点做题的情况，比如，某知识点总题目数10题，自己做对了其中7题，记录为7/10。

"学习日期"和"复习日期"记录自己学习和复习各知识点的日期。

备忘录

参考答案及解析

Day 44

1. A [解析] 法是由一定物质生活条件决定的，体现统治阶级意志，由国家制定或认可并由国家强制力保证实施的，以维护、巩固和发展一定的社会关系和社会秩序为目的的具有普遍效力的行为规范体系。

2. ABCD [解析] 法是调整人类社会关系的重要社会规范，与宗教、道德、风俗习惯等其他社会规范共同调整社会关系。法作为社会规范与道德规范联系密切，通常法所禁止或制裁的行为，往往也受到道德的禁止与谴责。A、C两项正确。两者的区别也较为明显：法的主要内容是权利和义务，注重两者间的平衡，道德侧重强调对他人、对社会的义务或责任；法由国家强制力保障实施，道德规范主要依靠人的内心信念、宣传教育、社会舆论等方式实现。B、D两项正确，E项错误。

3. C [解析] 法是统治阶级的意志体现，而不是统治阶级中某一部分人或者个别人的意志。

4. ABCD [解析] 马克思主义法的概念，从阶级性、国家意志性、物质制约性和社会规范性的角度，反映了法的本质，即：①法的阶级性；②法的国家意志性；③法的物质制约性；④法的社会规范性。

5. BCDE [解析] 法的基本特征如下：①法是由国家制定或认可的；②法是由国家强制力保障实施的；③法是调整人的行为和社会关系的行为规范；④法是确定社会关系参加者的权利和义务的；⑤法具有统一性、权威性和普遍适用性。

6. B [解析] 法由国家强制力保证实施，这是法区别于其他社会规范的重要标志。B项正确。

7. ABC [解析] 设区市的人民代表大会及其常务委员会有权对城乡建设与管理、生态文明建设、历史文化保护等方面的事项制定地方性法规。

8. C [解析] 我国的法律渊源包括宪法、法律、行政法规、地方性法规、规章、国际条约或协定和司法解释。

9. C [解析] 我国将每年的12月4日定为国家宪法日。除《中华人民共和国宪法》外，还包括其他宪法性文件，如《中华人民共和国选举法》《中华人民共和国国旗法》等。

Day 45

1. A [解析] 法律规范是由国家制定或认可的，规定主体权利、义务及法律后果的行为准则。法律规范属于法的基本单位，是构成法的"细胞"。

2. A [解析] 按照法律规范为主体提供的行为模式不同，法律规范可分为授权性规范和义务性规范。

3. CD [解析] 按照法律规范是否允许当事人进行自主调整及调整程度的不同，法律规范可分为强行性规范和任意性规范。

> **• 考点再现**
>
> Q_{2-3} 法律规范的种类。按照不同标准对法律规范进行分类，主要有以下几种。
>
> （1）按照法律规范为主体提供的行为模式不同，法律规范可分为授权性规范和义务性规范。授权性规范是规定人们可以作出一定行为或者可以要求别人作出一定行为的法律规范，即规定人们"可为模式"的规范。义务性规范是规定人们必须作出某种行为或者不作出某种行为的法律规范。
>
> （2）按照法律规范是否允许当事人进行自主调整及调整程度的不同，法律规范可分为强行性规范和任意性规范。强行性规范是指规定的义务具有确定的性质，不允许当事人任意变动或更改的法律规范。任意性规范是指在法定范围内允许人们自行选择或协商确定其权利义务的具体内容的法律规范。
>
> （3）按照法律规范内容的确定性程度不同，法律规范可分为确定性规范、委任性规范和准用性规范。确定性规范是指内容完备明确，无须再援引或参照其他规范来确定其内容的法律规范。委任性规范是指只规定某种概括性指示，具体内容由有关国家机关通过相应途径或者程序加以确定的法律规范。准用性规范是指法律规范本身并没有具体的内容，而是规定可以援引或者参照其他有关规定内容的法律规范，如《中华人民共和国公司法》（2023年修订）第一百一十二条规定，本法第五十九条第一款、第二款关于有限责任公司股东会职权的规定，适用于股份有限公司股东会。本法第六十条关于只有一个股东的有限责任公司不设股东会的规定，适用于只有一个股东的股份有限公司。

4. D [解析] 法律关系是由国家强制力保障的社会关系。无论是基于法律规定，还是基于当事人合法约定，在法律主体间形成的法律关系，都有国家强制力保障。D项错误。

5. ABE [解析] 按照调整该社会关系的法律规范的性质，法律关系可分为宪法法律关系、民事法律关系、行政法律关系、刑事法律关系、经济法法律关系等。因法的调整对象不同而将法律体系分为不同的法律部门，各个不同部门法律调整不同的社会关系，即形成了各个部门所调整的法律关系。C、D两项是按照法律关系产生的依据是合法行为还是违法行为，是否适用法律制裁分类的。

6. B [解析] 法律关系的客体，即法律关系主体的权利义务所指向的对象，一般包括物、行为或劳务、人格利益、智力成果。B项错误。

7. BDE [解析] 法人是具有民事权利能力和民事行为能力，依法独立享有民事权利和承担民事义务的组织，包括营利法人、非营利法人和特别法人，A项错误。非营利法人的利润属于法人，C项错误。

8. D [解析] 法律的完备阶段，包括立法后评估、法律修改或废止，以及法的解释和规范性法律文件系统化等内容。D项错误。

9. B [解析] 法的执行，简称执法，广义上是指一切国家机关、公职人员及授权组织依照法定的职权和程序，实施和运用法律的活动；狭义上是指国家行政机关、公职人员及授权组织依照法定的职权和程序，实施和运用法律的活动。B项错误。

10. ADE [解析] 按照法律解释含义的伸缩，法律解释分为字面解释、扩张解释和缩限解释；按照解释方法的不同，法律解释分为文义解释、逻辑解释、体系解释、理论解释等。根据解释主体的不同，法律解释分为立法解释、行政解释和司法解释。

第二十七章　中国特色社会主义法治体系

> **学习指导**

本章主要内容为中国特色社会主义的法治体系。本章常考的知识点有法律系统和法治体系、中国特色社会主义法律体系的基本构成等，历年考查分数为 3 分左右。

本章内容虽少，但有很多容易混淆的知识点。因此本章需要多做习题，并且归纳整理知识点。

日期	考点
Day46	➢法律体系和法治体系 ➢中国特色社会主义法律体系的基本构成
Day47	➢全面推进依法治国 ➢建设中国特色社会主义法治体系

Day 46

▼ **考点**：法律体系和法治体系

1. ［单选］一个国家全部现行法律规范分类组合成不同的法律部门，由此形成的有机联系的统一整体为（　　）。
   A. 立法体系　　　　B. 法律体系　　　　C. 法制体系　　　　D. 法治体系

2. ［单选］一个国家的全部法律规范所形成的有机联系、内在统一的整体是（　　）。
   A. 法律部门　　　　　　　　　　　　B. 法律规范
   C. 法治体系　　　　　　　　　　　　D. 法律体系

3. ［单选］关于法律体系和法治体系之间关系的说法，错误的是（　　）。
   A. 法律体系是相对静态的概念
   B. 法治体系是个动态的概念
   C. 法治体系是法律体系建设的基础
   D. 法治体系建设需以完备的法律体系为前提

▼ **考点**：中国特色社会主义法律体系的基本构成

4. ［单选］关于我国宪法的说法，错误的是（　　）。
   A. 宪法是由全国人民代表大会常务委员会制定和修改的
   B. 宪法具有最高的法的效力
   C. 制定其他法律法规必须以宪法为依据，不得与宪法相抵触
   D. 全国人民代表大会常务委员会解释并监督宪法的实施

5. [多选] 下列法律制度中，属于商法领域的有（ ）。
   A. 公司法　　　　　　　　　　　　B. 产品质量法
   C. 破产法　　　　　　　　　　　　D. 诉讼法
   E. 海商法

6. [单选] 根据全国人民代表大会常务委员会的有关文件，我国社会主义法律体系包含（ ）个法律部门。
   A. 6　　　　　　　　　　　　　　B. 7
   C. 8　　　　　　　　　　　　　　D. 9

7. [单选] 调整平等主体的自然人、法人和非法人组织之间的人身关系和财产关系的是（ ）。
   A. 民法　　　　　　　　　　　　　B. 商法
   C. 经济法　　　　　　　　　　　　D. 行政法

8. [单选] 下列关于行政法的说法中，错误的是（ ）。
   A. 行政法是调整行政关系的法律规范的总称
   B. 行政法调整行政机关与行政相对人之间因行政管理活动而发生的法律关系
   C. 行政机关与行政相对人之间的关系具有强制性、服从性的特点
   D. 行政法调整的是一种纵向法律关系

9. [单选] 在社会主义经济体制下，市场对资源配置起（ ）作用。
   A. 决定性　　　　　　　　　　　　B. 辅助性
   C. 先导性　　　　　　　　　　　　D. 补偿性

10. [单选] 下列法律中，属于民事诉讼法的特别程序法的是（ ）。
    A. 海事诉讼特别程序法　　　　　　B. 劳动争议调解仲裁法
    C. 行政诉讼法　　　　　　　　　　D. 引渡法

✏ 学习笔记

Day 47

考点：全面推进依法治国

1. [多选] 我国"四个全面"战略布局是指（　　）。
   A. 全面建设社会主义现代化国家　　B. 全面深化改革
   C. 全面依法治国　　D. 全面从严治党
   E. 全面建设小康社会

2. [单选] 下列不属于习近平思想"十一个坚持"的是（　　）。
   A. 坚持党对全面依法治国的领导
   B. 坚持以人民为中心
   C. 坚持在法治轨道上推进国家治理体系和治理能力现代化
   D. 坚持以德治国

3. [单选] 我国推进全面依法治国的根本保证是（　　）。
   A. 坚持依宪治国、依宪执政　　B. 坚持党的领导
   C. 坚持建设中国特色社会主义法治体系　　D. 坚持以人民为中心

4. [单选] 下列关于依法治国的表述，错误的是（　　）。
   A. 依法治国是指依照法律治理国家的原则和方法
   B. 依法治国是坚持和发展中国特色社会主义的本质要求和重要保障
   C. 依法治国是实现国家治理体系和治理能力现代化的必然要求
   D. 依法治国是指按照全部法律法规实现国家治理

考点：建设中国特色社会主义法治体系

5. [单选] （　　）是全面推进依法治国的总抓手，是国家治理体系的骨干工程。
   A. 建设中国特色社会主义法治体系　　B. 建设社会主义法治国家
   C. 坚持党的领导　　D. 坚持依宪治国、依宪执政

6. [单选] 建设中国特色社会主义法治体系，首要的任务是（　　）。
   A. 形成完备的法律规范体系
   B. 完善以宪法为核心的中国特色社会主义法律体系
   C. 形成完善的党内法规体系
   D. 建立高效的法治实施体系

7. [单选] 下列关于建设中国特色社会主义法治体系的说法中，不正确的是（　　）。
   A. 全面推进依法治国总目标是建设中国特色社会主义法治体系，建设社会主义法治国家
   B. 法的生命力和权威在于监督
   C. 建设中国特色社会主义法治体系，要建立严密的法治监督体系
   D. 建设中国特色社会主义法治体系，必须加强党内法规制度建设

学习笔记

本章学习检查表

知识点名称	初次学习		第一次复习		第二次复习	
	做对题目数/总题目数	学习日期	做对题目数/总题目数	复习日期	做对题目数/总题目数	复习日期
法律体系和法治体系						
中国特色社会主义法律体系的基本构成						
全面推进依法治国						
建设中国特色社会主义法治体系						

填写建议：

"做对题目数/总题目数"记录自己各知识点做题的情况，比如，某知识点总题目数10题，自己做对了其中7题，记录为7/10。

"学习日期"和"复习日期"记录自己学习和复习各知识点的日期。

备忘录

参考答案及解析

Day 46

1. B [解析] 法律体系是一个国家全部现行法律规范分类组合成不同的法律部门，由此形成有机联系的统一整体。B项正确。

2. D [解析] 法律体系是指一个国家的全部法律规范，按照一定的原则和要求，根据法律规范的调整对象和调整方法的不同，划分为若干法律部门，进而形成的有机联系、内在统一的整体。

3. C [解析] 法治体系是一国运用法律和制度治理国家、治理社会的有机统一的法治运转机制。总体而言，法律体系是静态概念，法治体系是动态概念；法律体系是法治体系建设的基础，法治体系建设需以完备的法律体系为前提。C项错误。

4. A [解析] 宪法是由全国人民代表大会制定和修改的，不是人民代表大会常务委员会。A项错误。宪法具有最高的法的效力，宪法是规定国家和社会的基本制度，公民的基本权利和义务，国家机关的地位、组织和活动原则等重大社会关系的法律的总称。作为一个法律部门，宪法是整个中国法律体系的基础，是其他部门法的制定依据。B、C两项正确。全国人民代表大会常务委员会行使解释宪法，监督宪法的实施的职权。D项正确。

5. ACE [解析] 商法是在适应商事活动需要的基础上从民法发展而来的特别法，包括公司、证券、破产、保险、票据、海商等领域的法律规范。

6. B [解析] 根据全国人民代表大会常务委员会的有关文件，我国社会主义法律体系包7个法律部门。分别是宪法及宪法相关法、民法商法、行政法、经济法、社会法、刑法、诉讼与非诉讼程序法。B项正确。

7. A [解析] 民法商法是规范民事、商事活动的法律规范的总称。民法调整平等主体的自然人、法人和非法人组织之间的人身关系和财产关系，主要包括物权、债权、婚姻、家庭、收养、继承等方面的法律规范。商法是在适应商事活动需要的基础上，从民法发展而来的特别法，包括公司、证券、破产、保险、票据、海商等领域的法律规范。

8. C [解析] 行政法是调整行政关系的法律规范的总称，包括有关行政主体、行政行为、行政程序、行政监督以及国家公务员制度等方面的法律规范。行政法调整行政机关与行政相对人（自然人、法人和其他组织）之间因行政管理活动而发生的法律关系，该种关系是一种纵向法律关系。行政机关与行政相对人之间的关系具有从属性、服从性的特点。

9. A [解析] 经济法在承认市场对资源配置起决定性作用的前提下，通过必要的国家干预手段以克服市场的自发性、滞后性、盲目性等缺陷。

10. A [解析] 我国诉讼制度分为刑事诉讼、民事诉讼和行政诉讼三种，分别针对三类诉讼活动进行规范，我国还制定了海事诉讼特别程序法，作为对民事诉讼法的补充。

Day 47

1. ABCD [解析] 中国共产党第十八次全国代表大会以来，我国将"依法治国"提升至"全面推进依法治国"的新高度，并将其纳入全面建设社会主义现代化国家、全面深化改革、全面依法治国、全面从严治党的"四个全面"战略布局。

2. D [解析] 习近平法治思想集中体现为习近平总书记在中央全面依法治国工作会议重要讲话中精辟概括的"十一个坚持"：①坚持党对全面依法治国的领导。②坚持以人民为中心。③坚持中国特色社会主义法治道路。④坚持依宪治国、依宪执政。⑤坚持在法治轨道上推进国家治理体系和治理能力现代化。⑥坚持建设中国特色社会主义法治体系。⑦坚持依法治国、依法执政、依法行政共同推进，法治国家、法治政府、法治社会一体建设。⑧坚持全面推进科学立法、严格执法、公正司法、全民守法。⑨坚持统筹推进国内法治和涉外法治。⑩坚持建设德才兼备的高素质法治工作队伍。⑪坚持抓住领导干部这个"关键少数"。

3. B [解析] 党的领导是推进全面依法治国的根本保证。

4. D [解析] 依法治国是指依照法律治理国家的原则和方法。依法治国，是坚持和发展中国特色社会主义的本质要求和重要保障，是实现国家治理体系和治理能力现代化的必然要求。

5. A [解析] 全面推进依法治国总目标是建设中国特色社会主义法治体系，建设社会主义法治国家。其中，建设中国特色社会主义法治体系，是全面推进依法治国的总抓手，是国家治理体系的骨干工程。A项正确。

6. B [解析] 建设中国特色社会主义法治体系，首要的任务是完善以宪法为核心的中国特色社会主义法律体系，主要标准包括：①法的部门要齐全。②不同法律部门内部基本的、主要的法律规范要齐备。③不同法律部门之间、不同的法律规范之间、不同层级的法律规范之间，要做到逻辑严谨、结构合理、和谐统一。

7. B [解析] 法的生命力和权威在于实施。

第二十八章 行政法基础知识

> **学习指导**
>
> 本章主要内容为行政法基础知识。本章常考的知识点有行政法的概念和特征、行政法律关系、行政主体、行政行为、行政复议以及行政诉讼,历年考查分数为 4 分左右。
>
> 本章内容较为简单,多为需要理解的知识点,注意区分记忆。

日期	考点
Day48	➢ 行政法的概念和特征 ➢ 行政法律关系 ➢ 行政主体 ➢ 行政行为的概念和特征 ➢ 几种主要的行政行为
Day49	➢ 行政复议的特征 ➢ 行政复议的基本原则 ➢ 行政复议基本制度 ➢ 行政诉讼的特征 ➢ 行政诉讼的基本原则 ➢ 行政诉讼的举证责任

▶▶▶ Day 48

▽ 考点:行政法的概念和特征

1. [单选] 行政法是规范和控制（   ）进行的法律规范的总称。
   A. 监察权　　　　　　　　　　　B. 司法权
   C. 立法权　　　　　　　　　　　D. 行政权

2. [单选] 行政法调整的社会关系不包括（   ）。
   A. 平等主体之间的人身关系　　　B. 行政法制监督关系
   C. 行政救济关系　　　　　　　　D. 行政管理关系

3. [单选] 下列关于行政法的说法中,不正确的是（   ）。
   A. 行政法部门尚无统一、完整的实体行政法典
   B. 行政法涉及的领域十分广泛,内容十分丰富
   C. 行政法易于变动,稳定性弱
   D. 是国家调节行政运行的部门法

▽ 考点：行政法律关系

4. ［单选］行政法律关系的构成要素不包括（　　）。
   A. 行政法律关系主体　　　　B. 行政法律关系客体
   C. 行政法律关系内容　　　　D. 行政法律关系联系

5. ［单选］（　　）是指受行政法律规范调控的因行政活动而形成或产生的各种权利义务关系。
   A. 行政法　　　　　　　　　B. 行政法律关系
   C. 行政主体　　　　　　　　D. 行政行为

▽ 考点：行政主体

6. ［多选］关于行政主体的说法，正确的有（　　）。
   A. 行政主体是享有国家行政权力、从事行政管理活动的组织
   B. 行政主体是能够以自己的名义行使行政权的组织
   C. 行政主体是能够独立对外承担其行为所产生的法律责任的组织
   D. 国家权力机关能够成为行政主体
   E. 一般的企事业组织和社会团体不能成为行政主体

▽ 考点：行政行为的概念和特征

7. ［多选］行政行为的特征包括（　　）。
   A. 行政行为是执行法律的行为
   B. 行政行为具有一定的裁量性
   C. 行政主体在实施行政行为时，具有双方意志性
   D. 行政行为是以国家强制力为保障实施的，具有强制性
   E. 行政主体能以自己的名义行使行政权

▽ 考点：几种主要的行政行为

8. ［多选］行政许可的特点包括（　　）。
   A. 行政许可是依申请的行政行为
   B. 行政许可是一种授益性行政行为
   C. 存在的前提是法律的一般禁止
   D. 是一种非要式行政行为
   E. 具有一定的裁量性

9. ［多选］关于行政拘留，说法正确的有（　　）。
   A. 行政拘留是行政处罚中最严厉的一种
   B. 行政拘留只能由行政机关决定和执行
   C. 不适用于精神病患者、不满14岁的公民以及孕妇或正在哺乳自己1周岁以内的婴儿的妇女，同时不适用于我国的法人以及其他组织
   D. 行政拘留在1日以上、10日之下
   E. 行政拘留必须经过传唤、讯问、取证、裁决、执行等程序

10. ［单选］下列行政行为中,属于行政强制执行的是（   ）。
    A. 责令停产停业 B. 代履行
    C. 吊销许可证 D. 限制公民人身自由
11. ［多选］根据《中华人民共和国行政处罚法》,我国的行政处罚种类包括（   ）。
    A. 开除党籍 B. 通报批评
    C. 降低资质等级 D. 行政拘留
    E. 责令停产停业

✎ 学习笔记

Day 49

▽ **考点**：行政复议的特征

1. [多选] 关于行政复议特征的说法，正确的有（　　）。
   A. 行政复议只能由行政相对人启动
   B. 行政复议以行政争议为处理对象，并附带解决部分民事争议和其他争议
   C. 行政复议以行政行为为审查对象，并附带审查部分抽象行政行为
   D. 行政复议不审查行政法规和规章
   E. 行政复议是行政机关的行政行为

▽ **考点**：行政复议的基本原则

2. [多选] 下列属于行政复议机关履行行政复议职责应当遵循的原则的有（　　）。
   A. 高效原则   B. 恰当原则
   C. 公正原则   D. 为民原则
   E. 禁止不利变更原则

▽ **考点**：行政复议基本制度

3. [多选] 我国的行政复议基本制度主要有（　　）。
   A. 一级复议制度   B. 行政复议中的调解制度
   C. 复议停止执行制度   D. 复议不停止执行制度
   E. 被申请人承担举证责任的制度

4. [单选] 我国行政复议的基本制度是（　　）。
   A. 一级复议制度   B. 二级复议制度
   C. 三级复议制度   D. 口头复议制度

▽ **考点**：行政诉讼的特征

5. [多选] 行政诉讼的特征包括（　　）。
   A. 行政案件由人民检察院统一受理和审理
   B. 人民法院审理的行政案件只限于就行政机关作出的行政行为的合理性发生的争议
   C. 行政案件的审理方式原则上为开庭审理
   D. 行政复议不是行政诉讼的前置阶段或者必经程序
   E. 行政案件的审理一律开庭

▽ **考点**：行政诉讼的基本原则

6. [多选] 关于行政复议制度和行政诉讼制度异同点的说法，正确的有（　　）。
   A. 行政复议和行政诉讼都只能对被诉行政行为的合法性进行审查，不能对其合理性进行审查
   B. 行政复议原则上采取书面审查的方法，行政诉讼原则上应开庭审理
   C. 行政复议是行政诉讼的前置阶段和必经程序
   D. 行政复议和行政诉讼都不能以调解方式结案
   E. 行政复议和行政诉讼中被诉具体行政行为原则上都不停止执行

7. [多选] 根据我国行政诉讼法的规定，诉讼期间不停止具体行政行为的执行，在（   ）情况下，可以停止执行。

   A. 原告申请停止执行

   B. 上级要求停止执行

   C. 被告行政机关认为需要停止执行

   D. 原告申请停止执行，人民法院认为该行政行为的执行会造成难以弥补的损失，并且停止执行不损害国家利益、社会公共利益

   E. 法律、法规规定停止执行

8. [多选] 下列诉讼原则中，属于行政诉讼特有原则的有（   ）。

   A. 当事人选择复议原则

   B. 不适用调解原则

   C. 司法变更权有限原则

   D. 审查行政行为合理性原则

   E. 具体行政行为不因诉讼而停止执行原则

9. [单选] 根据《中华人民共和国行政诉讼法》，下列事项中，可以提起行政诉讼的是（   ）。

   A. 乡政府收费案件

   B. 国防、外交等国家行为

   C. 行政机关对行政机关工作人员的奖惩、任免决定

   D. 不具有强制力的行政指导行为

▼ 考点：行政诉讼的举证责任

10. [单选] 行政诉讼法确定由（   ）负担举证责任，在诉讼过程中，不得向原告、第三人和证人收集证据。

    A. 被告行政主体   B. 律师

    C. 被告公安机关   D. 被告检察机关

✎ 学习笔记

本章学习检查表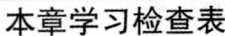

知识点名称	初次学习		第一次复习		第二次复习	
	做对题目数/总题目数	学习日期	做对题目数/总题目数	复习日期	做对题目数/总题目数	复习日期
行政法的概念和特征						
行政法律关系						
行政主体						
行政行为的概念和特征						
几种主要的行政行为						
行政复议的特征						
行政复议的基本原则						
行政复议基本制度						
行政诉讼的特征						
行政诉讼的基本原则						
行政诉讼的举证责任						

填写建议：

"做对题目数/总题目数"记录自己各知识点做题的情况，比如，某知识点总题目数10题，自己做对了其中7题，记录为7/10。

"学习日期"和"复习日期"记录自己学习和复习各知识点的日期。

备忘录

第二十八章 行政法基础知识

参考答案及解析

Day 48

1. D [解析] 行政法是国家调整行政关系，规范和控制行政权运行的法律规范的总称。

2. A [解析] 行政法调整着极其广泛而重要的社会关系即行政关系。行政关系与国家权力、公民权利密切相关，是公民权利与国家权力关系的重要组成部分。A 项不属于行政关系，所以 A 项不是行政法调整的对象，符合题意。

3. D [解析] 行政法的特征：①行政法部门尚无统一、完整的实体行政法典。②行政法涉及的领域十分广泛，内容十分丰富。③行政法易于变动，稳定性弱。故 A、B、C 三项正确。D 项错误，行政法是国家调整行政关系，规范和控制行政权运行的法律规范的总称。

4. D [解析] 行政法律关系由行政法律关系主体、客体和内容三个要素构成。D 项不属于行政法律关系的构成要素，故 D 项符合题意。

5. B [解析] 行政法律关系是指受行政法律规范调控的因行政活动而形成或产生的各种权利义务关系。

6. ABCE [解析] 行政主体是享有国家行政权力、从事行政管理活动的组织，A 项正确。行政主体是能够以自己的名义行使行政权的组织，B 项正确。行政主体是能够独立对外承担其行为所产生的法律责任的组织，C 项正确。行使立法权的国家权力机关、行使审判权的人民法院、行使检察权的人民检察院以及一般的企事业单位和社会团体，不享有宪法和法律赋予的行政权力，因而不能成为行政主体。D 项错误，E 项正确。

7. ABD [解析] 行政行为的特征：①行政行为是执行法律的行为（A 项正确）。②行政行为具有一定的裁量性（B 项正确）。现代行政管理纷繁复杂，法律不可能对所有的情形作出非常明确的规定，在大多数情况下只能对某一领域或者某一事项的行政管理作出原则性的规定，而由行政机关根据法律的原则、精神等作出判断。③行政主体在实施行政行为时，具有单方意志性（C 项错误）。行政主体不必与行政相对人协商或征得其同意即可依法自主作出行政行为。④行政行为是以国家强制力为保障实施的，具有强制性（D 项正确）。E 项为行政主体的法律特征，题干问的是行政行为。故 E 项错误。

8. ABC [解析] 行政许可特点：①行政许可是依申请的行政行为；②行政许可是一种授益性行政行为；③行政许可存在的前提是法律的一般禁止；④行政许可一般为要式行政行为。故 A、B、C 三项正确。

9. ACE [解析] 行政拘留是行政处罚中最严厉的一种，A 项正确。在执行机关上，原则上只能由公安机关执行，法律规定有行政拘留权的其他机关，也可以决定和执行，比如国家安全机关（B 项错误）。在适用对象上，一般只适用于严重违反行政管理秩序的自然人，但不适用于精神病患者、不满 14 岁的公民以及孕妇或正在哺乳自己 1 周岁以内的婴儿的妇女，同时不适用于我国的法人以及其他组织（C 项正确）。在适用时间上，为 1 日以上、15 日以下（D 项错误）。在适用程序上，必须经过传唤、讯问、取证、裁决、执行等程序（E 项正确）。

10. B [解析] 行政强制执行的方式主要有：①加处罚款或者滞纳金；②划拨存款、汇款；

③拍卖或者依法处理查封、扣押的场所、设施或者财物；④排除妨碍、恢复原状；⑤代履行；⑥其他强制执行方式。

11. BCDE [解析] 行政处罚包括：①警告、通报批评；②罚款、没收违法所得、没收非法财物；③暂扣许可证件、降低资质等级、吊销许可证件；④限制开展生产经营活动、责令停产停业、责令关闭，限制从业；⑤行政拘留；⑥法律行政法规规定的其他行政处罚。

Day 49

1. ACDE [解析] 行政复议具有以下特征：①行政复议是行政机关的行政行为（E项正确）。②行政复议是以行政争议为处理对象的行为。行政复议只以行政争议为处理对象，它不解决民事争议和其他争议（B项错误）。③行政复议以行政行为为审查对象，并附带审查部分抽象行政行为。我国行政复议以行政行为为审查对象，附带审查行政行为所依据的一些规范性文件，但不审查行政法规和规章，规章包括部门规章和地方政府规章（C、D两项正确）。④行政复议是由行政相对人启动的。行政复议只能由行政相对人启动，没有行政相对人的申请，行政机关不能主动进行复议活动（A项正确）。

2. ACDE [解析] 行政复议机关履行行政复议职责，应当遵循的原则有：合法原则、公正原则、公开原则、高效原则、便民原则、为民原则、禁止不利变更原则。

3. ABDE [解析] 我国的行政复议基本制度主要有：①一级复议制度；②行政复议中的调解制度；③复议不停止执行制度；④被申请人承担举证责任的制度。

4. A [解析] 行政复议的基本制度包括一级复议制度、行政复议中的调解制度、复议不停止执行制度和被申请人承担举证责任的制度。

5. CD [解析] 行政诉讼的特征：①行政案件由人民法院统一受理和审理（A项错误）；②人民法院审理的行政案件只限于就行政机关作出的行政行为的合法性发生的争议（B项错误）；③行政复议不是行政诉讼的前置阶段或者必经程序（D项正确）；④行政案件的审理方式原则上为开庭审理（C项正确，E项错误）。

6. BE [解析] 行政诉讼的合法性原则中对行政机关作出的行政行为要求应当包括两方面：合理性和合法性。A项错误。行政复议原则上采取书面审查的方法，行政诉讼原则上应开庭审理。B项正确。行政复议不是行政诉讼的前置阶段和必经程序，C项错误。行政复议机关办理行政复议案件，可以进行调解；行政诉讼的基本原则之一是不适用调解原则。D项错误。行政复议的基本制度之一是复议不停止执行制度，行政诉讼的基本原则之一是行政行为不因诉讼而停止执行原则。E项正确。

7. CDE [解析] 行政行为不因诉讼而停止执行原则。《中华人民共和国行政诉讼法》第五十六条规定，在以下四种情况下，人民法院应当裁定停止执行：①被告认为需要停止执行；②原告或者利害关系人申请停止执行，法院认为该行政行为的执行会造成难以弥补的损失，并且停止执行不损害国家利益、社会公共利益的；③法院认为该行政行为的执行会给国家利益、社会公共利益造成重大损害的；④法律、法规规定停止执行的。故此题正确答案为C、D、E三项。

8. ABCE [解析] 行政诉讼作为法院主持下的三大诉讼制度之一，与其他诉讼制度具有共同的司法原则，如两审终审制原则、合议制原则。但行政诉讼是解决双方当事人法律地位不尽平等的外部行政争议的诉讼，这一特殊性决定了行政诉讼具有与其他诉讼不同的特有原则，主要包括：①当事人选择复议原则；②审查行政行为合法性原则；③行政行为不因诉讼而停止执行原则；④行政诉讼原则上不适用调解原则；⑤司法变更权有限原则；⑥被告行政主体负举证责任原则。故A、B、C、E四项正确；D项表述错误，应该是"合法性"原则，不是"合理性"。

9. A [解析] 法院不受理对下列事项提起的行政诉讼：①国防、外交等国家行为；②行政法规、规章或者行政机关规定、发布的具有普遍约束力的决定、命令；③行政机关对行政机关工作人员的奖惩、任免等决定；④法律规定由行政机关最终裁决的行政行为。所以B、C、D三项属于法院不予受理的行政诉讼，本题运用排除法选择A项。

10. A [解析] 行政诉讼法确定由被告行政主体负担举证责任。

第二十九章 民法基础知识

学习指导

本章主要内容为民法基础知识。本章常考的知识点有民法的概念与基本原则、民事主体、民事法律行为、代理、民事权利、民事义务、民事责任以及诉讼时效,历年考查分数为 6 分左右。

在学习本章时,要加强对相关概念的理解与记忆,注意不要混淆。

日期	考点
Day50	➢民法的概念和调整对象 ➢民法的基本原则 ➢民事法律关系 ➢自然人 ➢法人
Day51	➢非法人组织 ➢民事法律行为的概念 ➢无效民事法律行为 ➢可撤销的民事法律行为 ➢效力待定的民事法律行为 ➢代理的概念和法律特征 ➢代理的种类 ➢无权代理和滥用代理权 ➢代理的终止
Day52	➢民事权利 ➢民事责任 ➢诉讼时效的概念 ➢诉讼时效的种类 ➢诉讼时效期间的中止、中断和延长

▶▶▶ Day 50

▼ **考点**:民法的概念和调整对象

1. [单选]调整平等主体的自然人之间、法人之间和非法人组织之间的人身关系和财产关系的法律规范的总称,称为(   )。

   A. 行政法 　　　　　　　　　　　　　　B. 民法

   C. 刑法 　　　　　　　　　　　　　　　D. 经济法

2. ［多选］下列社会关系属于民法的调整对象的有（　　）。
   A. 自然人甲与自然人乙之间订立的电脑买卖合同关系
   B. 中国公民丙与中国公民丁之间缔结的婚姻关系
   C. 甲税务机关与自然人乙之间订立的电脑买卖合同关系
   D. 甲税务机关与自然人乙之间税款征收关系
   E. 甲税务机关对自然人乙涉嫌逃税的处罚

▶ 考点：民法的基本原则

3. ［单选］民法的各项基本原则中，对维护正常市场秩序具有重要作用，被学者称为"帝王条款"的原则是（　　）。
   A. 自愿原则 B. 公平原则
   C. 平等原则 D. 诚实信用原则

4. ［单选］下列各项中，违反民法自愿原则的是（　　）。
   A. 赵某在服装市场上询问一件衣服的价格之后，摊主强制其购买的行为
   B. 钱某与孙某自愿达成的移转抵押物占有的抵押合同不能产生抵押权设定的法律效果
   C. 王某申请安装电话被要求在一份已经拟好的格式合同上签字
   D. 周某（老烟民，熟知烟的价格）花100元钱从小贩吴某的手中购得红塔山香烟一条，经查，该烟为假烟

5. ［单选］（　　）原则要求自然人、法人和非法人组织在从事民事活动时，不得违反各种法律的强制性规定，不得违背公共秩序和善良习俗。
   A. 守法和公序良俗 B. 公平
   C. 合法 D. 平等自愿

▶ 考点：民事法律关系

6. ［单选］民事法律关系基本要素构成不包括（　　）。
   A. 主体 B. 客体
   C. 内容 D. 联系

7. ［多选］民事法律事实按照其是否直接包含人的意志，可分为（　　）。
   A. 事件 B. 行为
   C. 主体 D. 客体
   E. 内容

▶ 考点：自然人

8. ［多选］关于监护人的说法，正确的有（　　）。
   A. 未成年人法定的第一顺序监护人是其父母
   B. 精神病人法定的第一顺序监护人是其配偶
   C. 监护人应当保护被监护人的人身、财产及其他合法权益
   D. 人民法院在任何情况下都不能撤销法定监护人的资格
   E. 监护人不履行监护职责的应当承担法律责任

9. [单选]小李是一名17岁的中学生，寒假期间，他利用勤工俭学机会挣得了一笔零花钱，关于小李民事行为能力的说法，正确的是（　　）。
   A. 小李应当被视为完全民事行为能力人
   B. 小李属于无民事行为能力人
   C. 小李属于完全民事行为能力人
   D. 小李属于限制民事行为能力人

10. [单选]因意外失踪，利害关系人可从事故发生之日起满（　　），向人民法院申请宣告死亡。
    A. 6个月 B. 12个月
    C. 两年   D. 3年

11. [单选]具有完全民事行为能力的公民在被宣告死亡期间实施的民事行为（　　）。
    A. 无效   B. 效力待定
    C. 可撤销 D. 有效

12. [多选]根据《中华人民共和国民法典》，限制民事行为能力人可以从事的民事活动有（　　）。
    A. 接受赠与 B. 房屋买卖
    C. 继承遗产 D. 接受奖励
    E. 委托代理

▼ 考点：法人

13. [单选]根据《中华人民共和国民法通则》，法人应当具备的条件不包括（　　）。
    A. 依法设立   B. 有必要的财产或经费
    C. 承担无限责任 D. 有自己的名称、组织机构和场所

14. [多选]根据《中华人民共和国民法典》，下列组织中属于特别法人的有（　　）。
    A. 事业单位法人   B. 基层群众性自治组织法人
    C. 农村集体经济组织法人 D. 机关法人
    E. 合作经济组织法人

✏️ 学习笔记

Day 51

▼ 考点：非法人组织

1. [多选] 关于非法人组织的说法，正确的有（   ）。
   A. 有限合伙企业由普通合伙人和有限合伙人组成
   B. 有限合伙人以其认缴的出资额为限对合伙企业债务承担责任
   C. 普通合伙人对合伙企业债务承担无限连带责任
   D. 有限合伙具备法人资格
   E. 有限合伙人不能以劳务出资，同时不能执行合伙事务，不得对外代表有限合伙企业

2. [多选] 下列主体中，不能成为普通合伙人的有（   ）。
   A. 国有独资公司   B. 股份有限公司
   C. 上市公司   D. 一人公司
   E. 公益性事业单位

▼ 考点：民事法律行为的概念

3. [单选] 民事法律事实可以分为事件和行为。下列客观事实中，属于民事法律行为的是（   ）。
   A. 自然人的死亡   B. 缔结婚姻
   C. 自然灾害   D. 意外事故

4. [多选] 民事法律行为的一般生效要件包括（   ）。
   A. 行为人具有相应的民事权利能力
   B. 必须采用书面形式
   C. 不违反法律或者社会公共利益
   D. 行为人意思表示真实
   E. 行为人具有相应的民事行为能力

▼ 考点：无效民事法律行为

5. [多选] 无效民事法律行为包括（   ）。
   A. 以虚假的意思表示实施的民事法律行为
   B. 显失公平的民事法律行为
   C. 无民事行为能力人实施的民事法律行为
   D. 恶意串通，损害他人合法权益的民事法律行为
   E. 违背公序良俗的民事法律行为

▼ 考点：可撤销的民事法律行为

6. [多选] 下列民事法律行为中，属于可撤销民事法律行为的有（   ）。
   A. 行为人对行为内容有重大误解的民事法律行为
   B. 显失公平的民事法律行为
   C. 限制民事行为能力人抛弃财产的行为
   D. 一方以欺诈手段使对方在违背真实意思情况下实施的民事法律行为
   E. 无民事行为能力人接受遗赠的行为

▽ 考点：效力待定的民事法律行为

7. [多选] 属于效力待定民事行为的有（　　）。
A. 行为人对行为内容有重大误解
B. 无权处分人处分他人财产所订立的合同
C. 无权代理人所订立的合同
D. 法定代表人、负责人超越权限订立的合同
E. 限制民事行为能力人订立的其依法不能独立订立的合同

▽ 考点：代理的概念和法律特征

8. [多选] 代理的法律特征主要表现在（　　）。
A. 代理人权利的独立性
B. 代理人以被代理人的名义或自己的名义与第三人进行民事活动
C. 代理人在代理活动中必须有独立意思表示
D. 代理人必须在代理权限内实施代理行为
E. 代理行为产生的法律后果由被代理人承担

9. [单选] 下列关于代理的说法中，错误的是（　　）。
A. 被代理人对代理行为承担民事责任
B. 公民、法人不可以通过代理人实施民事法律行为
C. 按照双方当事人约定应当由本人实施的民事法律行为，不得代理
D. 代理人应当以被代理人的名义实施民事法律行为

▽ 考点：代理的种类

10. [多选] 代理种类不包括（　　）。
A. 委托代理　　　　　　　　B. 指定代理
C. 越权代理　　　　　　　　D. 法定代理
E. 约定代理

▽ 考点：无权代理和滥用代理权

11. [单选] 滥用代理权的行为不包括（　　）。
A. 自己代理　　　　　　　　B. 他人代理
C. 双方代理　　　　　　　　D. 恶意串通

12. [单选] 下列行为中，属于无权代理的是（　　）。
A. 超越代理权的代理　　　　B. 自己代理
C. 双方代理　　　　　　　　D. 恶意串通的代理

▽ 考点：代理的终止

13. [多选] 下列情形中，能导致法定代理终止的有（　　）。
A. 代理事务完成
B. 代理人丧失民事行为能力
C. 被代理人取得或者恢复完全民事行为能力

D. 作为被代理人或者代理人的法人、非法人组织终止

E. 被代理人取消委托

14. ［多选］下列情形中，能够导致委托代理关系终止的有（　　）。

A. 代理期间届满　　　　　　　　B. 代理人死亡

C. 被代理人取消委托　　　　　　D. 被代理人死亡

E. 被代理人丧失民事行为能力

学习笔记

Day 52

▼ 考点：民事权利

1. [单选] 下列民事权利中，不属于用益物权的是（　　）。
   A. 地役权
   B. 土地承包经营权
   C. 建设用地使用权
   D. 留置权

2. [多选] 按债的发生原因不同，债可分为（　　）。
   A. 合同之债
   B. 侵权之债
   C. 不当得利之债
   D. 无因管理之债
   E. 正当得利之债

3. [多选] 人格权包括（　　）。
   A. 生命健康权
   B. 姓名权
   C. 名誉权
   D. 肖像权
   E. 身份权

▼ 考点：民事责任

4. [多选] 民事责任的法律特征包括（　　）。
   A. 民事责任是因为违反民事义务而承担的法律后果
   B. 民事责任主要是财产性责任
   C. 民事责任的范围与违法行为所造成的损害范围相适应
   D. 债权人就债务人的主观过错不承担举证责任
   E. 民事责任主要是非财产性责任

5. [多选] 违约责任的构成要件包括（　　）。
   A. 违约行为
   B. 侵权行为
   C. 主观过错
   D. 客观因素
   E. 不可抗力

6. [单选] 下列行为中，不属于民法上的特殊侵权行为的是（　　）。
   A. 故意伤害致人损害
   B. 履行职务致人损害
   C. 地面施工致人损害
   D. 污染环境致人损害

7. [多选] 一般侵权责任的构成要件包括（　　）。
   A. 违法行为
   B. 损害事实
   C. 主观过错
   D. 法定义务
   E. 因果关系

8. [单选] 下列不属于免责条款无效情况的是（　　）。
   A. 造成对方人身伤害的
   B. 因故意造成对方财产损失的
   C. 因重大过失造成对方财产损失的

D. 因重大事件造成财产损失的

9. [多选] 合同法规定，承担违约责任的方式主要包括（   ）。
   A. 继续履行
   B. 采取补救措施
   C. 违约损害赔偿
   D. 支付违约金
   E. 延期履行

▼ 考点：诉讼时效的概念

10. [单选] 诉讼时效期间届满的法律效果是权利人丧失（   ）。
    A. 起诉权
    B. 实体权
    C. 请求权
    D. 胜诉权

11. [单选] 甲欠乙 5 万元，借款到期后 5 年一直未归还，乙一直未催要。第 6 年时，甲主动向乙偿还了该笔欠款。之后，甲了解到其债务早已过了诉讼时效，对自己的还款行为反悔，诉至法院要求乙退还该笔钱。关于本案的说法，错误的是（   ）。
    A. 因已过诉讼时效，乙获得的该笔还款属于不当得利
    B. 甲的诉讼请求不应得到法院的支持
    C. 乙的债权合法，有权受领甲的该笔还款
    D. 该笔债务诉讼时效已届满，属于不受法律强制力保护的自然债权

▼ 考点：诉讼时效的种类

12. [单选]《中华人民共和国民法典》第五百九十四条规定，因国际货物买卖和技术进出口合同争议提起诉讼或者申请仲裁的时效期间为（   ）年。
    A. 1
    B. 2
    C. 4
    D. 20

▼ 考点：诉讼时效期间的中止、中断和延长

13. [多选] 诉讼时效中止的条件有（   ）。
    A. 必须有法定的中止事由
    B. 承认或者认诺
    C. 起诉
    D. 中止事由发生在诉讼时效期间的最后 6 个月内
    E. 以请求、通知和催告等方式主张权利

14. [多选] 关于诉讼时效中止的说法，正确的有（   ）。
    A. 导致诉讼时效中止的事由必须发生在诉讼时效期间的最后 6 个月内
    B. 诉讼时效中止后，已经经过的诉讼时效期间归于无效
    C. 中止时效的原因消除之日起，诉讼时效期间重新计算
    D. 诉讼时效中止的事由包括不可抗力和其他障碍
    E. 权利人起诉至法院将导致诉讼时效中止

15. ［多选］引起诉讼时效期间中断的法定事由有（　　）。

   A. 必须有法定的中止事由

   B. 承认或者认诺

   C. 起诉

   D. 中止事由发生在诉讼时效期间的最后 6 个月

   E. 以请求、通知和催告等方式主张权利

✏️ 学习笔记

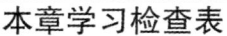

本章学习检查表

知识点名称	初次学习		第一次复习		第二次复习	
	做对题目数/总题目数	学习日期	做对题目数/总题目数	复习日期	做对题目数/总题目数	复习日期
民法的概念和调整对象						
民法的基本原则						
民事法律关系						
自然人						
法人						
非法人组织						
民事法律行为的概念						
无效民事法律行为						
可撤销的民事法律行为						
效力待定的民事法律行为						
代理的概念和法律特征						
代理的种类						
无权代理和滥用代理权						
代理的终止						
民事权利						
民事责任						
诉讼时效的概念						
诉讼时效的种类						
诉讼时效期间的中止、中断和延长						

填写建议：

"做对题目数/总题目数"记录自己各知识点做题的情况，比如，某知识点总题目数10题，自己做对了其中7题，记录为7/10。

"学习日期"和"复习日期"记录自己学习和复习各知识点的日期。

备忘录

参考答案及解析

Day 50

1. B [解析] 民法是调整平等主体的自然人、法人和非法人组织之间的人身关系和财产关系的法律规范的总称。故 B 项正确。

2. ABC [解析] 我国民法调整的对象是平等主体之间的财产关系和人身关系，包括两个方面：①民事人身关系。民事人身关系是指平等主体之间基于人格和身份而发生的、与人身不可分离、不具有直接财产内容的权利义务关系。②民事财产关系。民事财产关系的基本内容是财产归属关系和财产流转关系。财产归属关系，是指民事主体因占有、使用、收益、处分财产而形成的权利义务关系。财产流转关系，是指民事主体为获取利益而相互交换财产所形成的权利义务关系，如债权债务关系。财产归属关系与财产流转关系之间有着密切的关系，财产归属关系是财产流转关系的前提，财产流转关系又常常是财产归属关系的发生根据。故 A、B、C 三项正确。D、E 两项错误，其属于行政法的范围。

3. D [解析] 诚实信用原则是道德规范的法律化，对建设诚信社会、规范经济秩序、引领社会风尚具有重要意义，被学者称为"帝王条款"。

4. A [解析] 自愿原则也称意思自治原则，就是民事主体有权根据自己的意愿，自愿从事民事活动，按照自己的意思自主决定民事法律关系的内容及其设立、变更和终止，自觉承受相应的法律后果。B、C、D 三项均符合自愿原则。摊主强买强卖违反了自愿原则，故 A 项符合题意。

5. A [解析] 守法和公序良俗原则要求自然人、法人和非法人组织在从事民事活动时，不得违反各种法律的强制性规定，不得违背公共秩序和善良习俗。

> **● 考点再现**
>
> Q_{3-5} 民法的基本原则。
>
> （1）平等原则。平等原则是指民事主体在民事活动中的法律地位一律平等，任何一方都不得享有凌驾于对方之上的特殊权利。
>
> （2）自愿原则。自愿原则也称意思自治原则，就是民事主体有权根据自己的意愿，自愿从事民事活动，按照自己的意思自主决定民事法律关系的内容及其设立、变更和终止，自觉承受相应的法律后果。
>
> （3）公平原则。公平原则是指民事主体从事民事活动，应当遵循公平原则，合理确定各方的权利和义务，并依法承担相应的民事责任。
>
> （4）诚信原则。诚信原则要求民事主体从事民事活动，应当遵循诚信原则，秉承诚实，恪守承诺。诚信原则要求民事主体在行使权力、履行义务过程中，讲诚实、重诺言、守信用。这一原则是道德规范的法律化，对建设诚信社会、规范经济秩序、引领社会风尚具有重要意义，被学者称为"帝王条款"。
>
> （5）守法和公序良俗原则。公序良俗是指公共秩序和善良习俗。守法和公序良俗原则要求自然人、法人和非法人组织在从事民事活动时，不得违反各种法律的强制性规定，不得违背公共秩序和善良习俗。

(6) 绿色原则。绿色原则是指民事主体从事民事活动，应当有利于节约资源、保护生态环境。

6. D [解析] 民事法律关系基本要素构成包括主体、客体和内容。D项不属于民事法律关系基本要素的内容。

7. AB [解析] 能够引起民事法律关系发生、变更或者消灭的客观事实，称为民事法律事实。民事法律事实按照其是否直接包含人的意志，可分为事件和行为。民事法律事件，是指不直接包含当事人意志的法律事实。民事法律行为是指受人的意志支配的有意识的活动，即与当事人意志直接相关的法律事实。A、B两项正确。主体、内容和客体是民事法律关系的三大构成要素。C、D、E三项错误。

8. ABCE [解析] 监护是指对无民事行为能力人、限制民事行为能力人的人身、财产及其他合法权益进行保护的法律制度。未成年人法定的第一顺序监护人是其父母；精神病人法定的第一顺序监护人是其配偶。监护人必须依法履行监护的职责。对监护人依法行使监护权利的，任何组织或个人均无权干涉。监护人应当履行的监护职责主要包括：①保护被监护人人身、财产及其他合法权益；②担任被监护人的法定代理人；③教育和照顾被监护人。监护人不履行监护职责或者侵害被监护人的合法权益的，应当承担法律责任；给被监护人造成财产损失的，应当赔偿损失。故A、B、C、E四项正确。D项错误，人民法院可以根据有关人员或者有关单位的申请，撤销监护人的资格。

9. D [解析] 我国自然人的民事行为能力划分为三类：①完全民事行为能力。18周岁以上的公民是成年人，具有完全民事行为能力，可以独立进行民事活动，是完全民事行为能力人。16周岁以上不满18周岁的公民，以自己的劳动收入为主要生活来源的，视为完全民事行为能力人。②限制民事行为能力。8周岁以上的未成年人是限制民事行为能力人，可以进行与他的年龄、智力相适应的民事活动；其他民事活动由他的法定代理人代理，或者征得他的法定代理人的同意。不能完全辨认自己行为的精神病人，是限制民事行为能力人，可以进行与他的精神健康状况相适应的民事活动；其他民事活动由他的法定代理人代理，或者征得他的法定代理人的同意。③无民事行为能力。不满8周岁的未成年人是无民事行为能力人，由他的法定代理人代理民事活动。不能辨认自己行为的精神病人是无民事行为能力人，由他的法定代理人代理民事活动。本题中，小李进行的是与他的年龄、智力相适应的民事活动，但并不是以其自己的劳动收入为主要生活来源的，不能视为完全民事行为能力人，属于限制民事行为能力人。故D项正确。

10. C [解析] 自然人有下列情形之一的，利害关系人可向人民法院申请宣告该自然人死亡：①下落不明满四年的；②因意外事件下落不明，满两年的。因意外事件下落不明，经有关机关证明该自然人不可能生存的，申请宣告死亡不受两年时间的限制。

11. D [解析] 公民被宣告死亡之后，产生与自然死亡相同的法律后果，其民事主体资格消灭，民事权利能力终止，婚姻关系自动解除，个人财产作为遗产发生继承。如果被宣告死亡的公民未死，则其在被宣告死亡期间从事的法律行为有效。

12. ACD [解析] 限制民事行为能力人可以从事单纯受益性质的民事活动，如接受赠与、接受奖励或者遗赠、继承财产等。

13. C [解析] 法人应当具备的条件有4个：①依法设立；②有必要的财产或经费；③以其全部财产独立承担民事责任；④有自己的名称、组织机构和场所。故C项不属于法人应当具备的条件。

14. BCD [解析]《中华人民共和国民法典》规定，机关法人、农村集体经济组织法人、城镇农村的合作经济组织法人、基层群众性自治组织法人为特别法人。

Day 51

1. ABCE [解析] 有限合伙企业由普通合伙人和有限合伙人组成，普通合伙人对合伙企业债务承担无限连带责任，有限合伙人以其认缴的出资额为限对合伙企业债务承担责任。A、B两项正确。普通合伙企业由普通合伙人组成，普通合伙人对合伙企业债务负担无限连带责任。C项正确。无论普通合伙企业还是有限合伙企业，都不具备法人资格。D项错误。有限合伙人可以用货币、实物、知识产权、土地使用权或者其他财产权利作价出资，但不能以劳务出资，同时不能执行合伙事务，不得对外代表有限合伙企业。E项正确。

2. ACE [解析] 合伙企业是指自然人、法人和其他组织依法在中国境内设立的普通合伙企业和有限合伙企业。国有独资公司、国有企业、上市公司以及公益性的事业单位、社会团体不得成为普通合伙人。故A、C、E三项正确。

3. B [解析] 民事法律行为是指民事主体通过意思表示设立、变更、终止民事法律关系的行为。故B项正确。

4. CDE [解析] 民事法律行为的一般生效要件包括：①行为人具有相应的行为能力；②行为人意思表示真实；③不违反法律和行政法规的强制性规定，不违背公序良俗。故C、D、E三项正确。

5. ACDE [解析] 无效民事法律行为包括：①无民事行为能力人进行的法律行为以及限制民事行为能力人进行的依法不能独立实施的单方面民事法律行为无效；②违反法律、行政性法规的强制性规定的民事法律行为无效，但是该强制性规定不导致该民事法律行为无效的除外。违背公序良俗的民事法律行为无效；③行为人与相对人以虚假的意思表示实施的民事法律行为无效；④行为人与相对人恶意串通，损害他人合法权益的民事法律行为无效。故A、C、D、E四项正确。

6. ABD [解析] 可撤销的民事法律行为是指民事行为已成立并生效，但因意思表示不真实，可以因行为人撤销权的行使，使其自始不发生效力的民事法律行为。其类型主要包括：①基于重大误解实施的民事法律行为；②一方以欺诈手段，使对方在违背真实意思的情况下实施的民事法律行为，对方知道或者应当知道该欺诈行为的，受欺诈方有权请求人民法院或者仲裁机构予以撤销；③一方或第三人以胁迫手段，使对方在违背真实意思的情况下实施的民事法律行为，受胁迫方有权请求人民法院或者仲裁机构予以撤销；④一方利用对方处于危困状态、缺乏判断能力等情形，致使民事法律行为成立时显失公平的，受损害方有权请求人民法院或仲裁机构予以撤销。故A、B、D三项正确。

7. BCDE [解析] 效力待定的民事法律行为的类型有：①限制民事行为能力人所实施的依法不能独立实施的多方民事行为；②无权处分行为；③无权代理行为；④无权代表行为。故B、C、D、E四项正确。

8. BCDE [解析] 代理的法律特征主要表现在：①代理人以被代理人的名义或自己的名义与第三人进行民事活动；②代理人在代理活动中必须有独立意思表示。代理人进行代理行为，就是要代被代理人实施民事行为，代理人应以自己的判断为被代理人的利益，独立为意思表示；③代理人必须在代理权限内实施代理行为；④代理行为产生的法律后果由被代理人承担。

9. B [解析] 被代理人对代理行为承担民事责任，A项正确。代理的法律特征之一是：代理人以被代理人的名义或自己的名义与第三人进行民事活动。B项错误。按照法律规定或按照双方当事人约定，应当由本人实施的民事法律行为，不得代理。C项正确。代理人应当以被代理人的名义或自己的名义与第三人进行民事活动，D项正确。

10. BCE [解析] 代理的种类包括：①委托代理，是指委托代理人按照被代理人的委托行使代理权。民事法律行为的委托代理可以是书面形式，也可以是口头形式。法律规定用书面形式的，应当用书面形式。委托书授权不明的，被代理人应当向第三人承担民事责任，代理人负连带责任。②法定代理，是指法定代理人依照法律的规定行使代理权。

11. B [解析] 滥用代理权主要包括自己代理、双方代理和恶意串通，损害被代理人利益的行为。故B项不属于滥用代理权。

12. A [解析] 无权代理是指行为人不具有代理权而以他人名义实施的代理权。没有代理权、超越代理权或者代理权终止后的行为，只有经过被代理人的追认，被代理人才承担民事责任。未经追认的行为，由行为人承担民事责任。故A项正确。

13. BC [解析] 有下列情形之一的，法定代理终止：①被代理人取得或者恢复完全民事行为能力；②代理人丧失民事行为能力；③代理人或者被代理人死亡；④法律规定的其他情形。A、D、E属于委托代理终止的情形。

14. ABCD [解析] 有下列情形之一的，委托代理终止：①代理期间届满或者代理事务完成；②被代理人取消委托或者代理人辞去委托；③代理人丧失民事行为能力；④代理人或者被代理人死亡；⑤作为被代理人或者代理人的法人、非法人组织终止。

Day 52

1. D [解析] 我国民法规定的用益物权类型主要包括土地承包经营权、建设用地使用权、宅基地使用权、居住权、地役权和自然资源使用权（海域使用权、探矿权、采矿权、取水权和使用水域、滩涂从事养殖、捕捞的权利）。

2. ABCD [解析] 因债的发生原因不同，债可分为合同之债、侵权之债、不当得利之债和无因管理之债。

3. ABCD [解析] 人格权包括生命健康权、姓名权、名誉权、肖像权和隐私权。

● 考点再现

Q_{1-3} 我国法律规定的几种主要民事权利。

（1）物权。物权是指权利人依法对特定的物享有直接支配和排他的权利，物权的支配性和排他性均来自物的归属，即法律将某物归属于某人支配，从而使其对物的利益享有独占的支配并排他的权利。物权包括所有权、用益物权和担保物权。

①所有权。所有权是指所有权人对自己的不动产或动产,依法享有占有、使用、收益和处分的权利。处分权是所有权内容的核心,是拥有所有权的根本标志。我国目前所有权的类型主要包括国家所有权、集体所有权、私人所有权。

②用益物权。用益物权是指非所有人对他人之物所享有的占有、使用、收益的排他性的权利。我国民法规定的用益物权类型主要包括土地承包经营权、建设用地使用权、宅基地使用权、地役权和自然资源使用权(海域使用权、探矿权、采矿权、取水权,以及使用水域、滩涂从事养殖、捕捞的权利)。

③担保物权。担保物权是指为确保债权的实现而设定的,以直接取得或支配特定财产的交换价值为内容的权利。担保物权包括抵押权、质权和留置权。

(2)债权。债是按照合同的约定或依照法律的规定,在当事人之间产生的特定的权利和义务关系。因债的发生原因不同,债可分为合同之债、侵权之债、不当得利之债和无因管理之债。

(3)人格权。人格权是指权利人具有法律上独立人格必须享有的民事权利。人格权包括健康权、姓名权、名誉权、肖像权和隐私权等。人格权是社会个体生存和发展的基础,是整个法律体系中的一种基础性权利。

(4)身份权。身份权是指权利人因特定身份而产生的民事权利。身份权主要包括监护权、亲属权、荣誉权、知识产权中的人身权等。

4. ABC [解析] 民事责任的法律特征主要包括:①民事责任是因为违反民事义务而承担的法律后果;②民事责任主要是财产性责任;③民事责任的范围与违法行为所造成的损害范围相适应。故A、B、C三项正确。

5. AC [解析] 违约责任的构成要件包括违约行为和主观过错。

6. A [解析] 特殊侵权责任主要包括:①因特定主体致人损害,如国家机关及其工作人员执行职务致人损害、无民事行为能力人及限制民事行为能力人致人损害。②因特定活动致人损害,如高度危险作业致人损害、地面施工致人损害。③因特定物件或物质因素致人损害,如产品致人损害、环境致人损害、建筑物致人损害、饲养动物致人损害等。B、C、D三项均属于特殊侵权责任,不符合题意。故正确答案为A项。

7. ABCE [解析] 一般侵权责任构成要件包括违法行为、损害事实、主观过错与因果关系。

8. D [解析] 免责条款无效的情况包括:①造成对方人身伤害的;②因故意或重大过失造成对方财产损失的。A、B、C三项均属于免责条款无效的情况,不符合题意。故正确答案为D项。

9. ACD [解析] 违约责任即违反合同的责任,是指合同当事人一方不履行或不适当履行合同义务所应当承担的民事责任。承担违约责任的方式主要包括继续履行、违约损害赔偿和支付违约金。

10. D [解析] 诉讼时效期间届满以后,权利人丧失了请求法院依诉讼程序强制义务人履行义务的权利,义务人因此可以不履行义务,继而获得本来不应该获得的利润。故D项正确。

11. A [解析] 当事人之间的实体权利义务关系并不因诉讼时效届满而消失,而是变成一种不受法律强制力保护的"自然债权"。在诉讼时效届满后，义务人自愿履行的，权利人可受领其履行，不构成不当得利。义务人履行后反悔的，法院不支持其令权利人返还所受履行的主张。故 A 项错误，应该是：在诉讼时效届满后，义务人自愿履行的，权利人可受领其履行，不构成不当得利。

12. C [解析]《中华人民共和国民法典》第五百九十四条规定，因国际货物买卖和技术进出口合同争议提起诉讼或申请仲裁的时效期间为 4 年。故 C 项正确。普通诉讼时效适用于法律没有作特殊诉讼时效规定的各种民事法律关系的时效，时效期间为 3 年。诉讼时效期间从权利人知道或者应当知道权利受到损害以及义务人之日起计算。但是，从权利被侵害之日起超过 20 年的，人民法院不予保护。

13. AD [解析] 诉讼时效中止的条件有：①须有法定的中止事由；②中止事由发生在诉讼时效期间的最后 6 个月内。

14. AD [解析] 诉讼时效中止的条件有：①须有法定的中止事由，引发诉讼时效中止的法定事由包括不可抗力和其他障碍两种情形；②中止事由发生在诉讼时效期间的最后 6 个月内。A、D 两项正确。诉讼时效中断后，已经经过的诉讼时效期间归于无效。B 项错误。中断事由消除后，诉讼时效期间继续计算。C 项错误。权利人起诉至法院将导致诉讼时效中断。E 项错误。

15. BCE [解析] 引起时效期间中断的法定事由有：①权利人向义务人提出履行请求；②义务人同意履行义务；③权利人提起诉讼或申请仲裁；④与提起诉讼或申请仲裁具有同等效力的其他情形，如调解。故 B、C、E 三项正确。

第三十章 诉讼与仲裁法律基础知识

> **学习指导**

本章主要内容是诉讼与仲裁法律基础知识。本章常考的知识点有民事诉讼法基础知识和仲裁法基础知识，历年考查分数为7分左右。

本章多为记忆性内容，注意区分第一审普通程序与简易程序、第二审程序、审判监督程序、督促程序、公示催告程序、执行程序、仲裁程序等知识点，不要混淆。

日期	考点
Day53	➢民事诉讼法的基本原则 ➢民事诉讼法的基本制度 ➢民事诉讼的管辖 ➢第一审普通程序与简易程序 ➢第二审程序 ➢审判监督程序
Day54	➢督促程序 ➢公示催告程序 ➢执行程序 ➢仲裁法基础知识

▶▶▶ Day 53

✔ **考点**：民事诉讼法的基本原则

1. ［多选］我国民事诉讼法的基本原则包括（　　）。

    A. 当事人诉讼权利平等原则

    B. 诉讼权利义务同等原则和对等原则

    C. 自愿、合法调解原则

    D. 辩论原则

    E. 行政机关有权对民事诉讼实行法律监督

✔ **考点**：民事诉讼法的基本制度

2. ［单选］人民法院审理第一审民事案件，共同组成合议庭的成员包括审判员和（　　）。

    A. 书记员　　　　　　　　　　B. 审判委员会成员

    C. 陪审员　　　　　　　　　　D. 陪审团成员

3. [多选] 人民法院审理案件，当事人申请不公开审理的，可以不公开审理的案件类型有（　　）。
   A. 涉及商业秘密的案件
   B. 涉及国家秘密的案件
   C. 涉及个人隐私的案件
   D. 涉及政府事务的案件
   E. 离婚案件

4. [多选] 两审终审制是我国民事诉讼的基本制度。下列案件中，属于两审终审制例外的有（　　）。
   A. 适用特别程序审理的案件
   B. 适用督促程序审理的案件
   C. 适用公示催告程序审理的案件
   D. 适用简易程序中的小额诉讼程序审理的案件
   E. 人民法院所做的一审判决案件

▽ 考点：民事诉讼的管辖

5. [单选]《中华人民共和国民事诉讼法》规定，移送管辖、指定管辖和管辖权转移均属于（　　）。
   A. 指定管辖
   B. 特殊管辖
   C. 裁定管辖
   D. 一般管辖

6. [单选] 根据《中华人民共和国民事诉讼法》的规定，下列管辖的表述中，正确的是（　　）。
   A. 民事案件地域管辖的一般原则是"原告就被告"
   B. 合同纠纷案件不可以实行协议管辖
   C. 重大涉外案件的一审法院是基层人民法院
   D. 高级人民法院管辖的案件实行一审终审

7. [多选] 根据《中华人民共和国民事诉讼法》的规定，下列关于人民法院专属管辖的表述正确的有（　　）。
   A. 因票据纠纷提起的诉讼，由票据支付地或者被告住所地法院管辖（地域管辖之特殊地域管辖）
   B. 因侵权行为提起的诉讼，由侵权行为地或者被告住所地法院管辖（地域管辖之特殊地域管辖）
   C. 因继承遗产纠纷提起的诉讼，由被继承人死亡时住所地或主要遗产所在地法院管辖
   D. 因不动产纠纷提起的诉讼，由不动产所在地法院管辖
   E. 因港口作业中发生纠纷提起的诉讼，由港口所在地法院管辖

8. [单选]《中华人民共和国民事诉讼法》规定，被告为公民的，其住所地为（　　）。
   A. 实际居住地
   B. 经常居住地
   C. 户籍所在地
   D. 祖籍所在地

▽ 考点：第一审普通程序与简易程序

9. ［单选］关于简易程序的说法，错误的是（   ）。

    A. 简易程序在我国民事诉讼中，是指最高人民法院及其派出法庭审理简单民事案件和简单经济纠纷案件所适用的程序

    B. 在简易程序中，可以口头起诉

    C. 人民法院适用简易程序审理案件，应当在立案之日起 3 个月内审结

    D. 在审理过程中，发现案件不宜适用简易程序的，裁定转为普通程序

10. ［单选］下列情形中，适用于小额诉讼程序制度的是（   ）。

    A. 基层人民法院和它派出的法庭审理规定的民事案件，标的额超过各省、自治区、直辖市上年度就业人员年平均工资 50% 以下的

    B. 基层人民法院和它派出的法庭审理规定的民事案件，标的额超过各省、自治区、直辖市上年度就业人员年平均工资 50% 但在 3 倍以下的

    C. 基层人民法院和它派出的法庭审理事实清楚、权利义务关系明确、争议不大的简单金钱给付民事案件，标的额为各省、自治区、直辖市上年度就业人员年平均工资 50% 以下的

    D. 基层人民法院和它派出的法庭审理事实清楚、权利义务关系明确、争议不大的简单金钱给付民事案件，标的额为各省、自治区、直辖市上年度就业人员年平均工资 30% 以下的

11. ［单选］人民法院适用第一审普通程序审理的案件，应当在立案之日起（   ）个月内审结；有特殊情况需要延长的，由本院院长批准，可以延长 6 个月。

    A. 1   B. 2
    C. 3   D. 6

12. ［多选］起诉必须符合的条件有（   ）。

    A. 原告是与案件有直接利害关系的公民

    B. 被告明确

    C. 属于人民法院受案范围

    D. 属于受诉人民法院管辖

    E. 在诉讼时效后两年内进行

▽ 考点：第二审程序

13. ［多选］关于第二审人民法院对上诉案件的说法，正确的有（   ）。

    A. 原判决、裁定认定事实清楚，适用法律正确的，以判决、裁定方式驳回上诉，维持原判决、裁定

    B. 二审法院审理判决、裁定的上诉案件，应当分别在第二审立案之日起 3 个月内和 60 日内审结

    C. 原判决、裁定认定事实错误或者适用法律错误的，以判决、裁定方式依法改判、撤销或者变更

    D. 原判决认定基本事实不清的，裁定撤销原判决，发回原审人民法院重审，或者查清

事实后改判

E. 原判遗漏当事人或者违法缺席判决等严重违反法定程序的，裁定撤销原判决、发回原审人民法院重审

▽ **考点**：审判监督程序

14. ［多选］下列关于审判监督程序的说法中，正确的有（　　）。
    A. 当事人申请再审的，不停止判决、裁定的执行
    B. 审判监督程序是二审案件的上一审级诉讼
    C. 审判监督程序只是纠正生效裁判错误的法定程序，不是案件审理的必经程序
    D. 当事人对已经发生法律效力的判决、裁定，认为有错误的，可以向同级人民法院申请再审
    E. 当事人一方人数众多或者当事人双方为公民的案件，可以向原审人民法院申请再审

15. ［单选］根据《中华人民共和国民事诉讼法》，下列案件中，不得申请再审的是（　　）。
    A. 原判决认定的基本事实缺乏证据证明的案件
    B. 原判决适用法律确有错误的案件
    C. 审判人员审理案件时有贪污贿赂行为的案件
    D. 当事人对已生效的解除婚姻关系的判决书有异议的案件

✎ **学习笔记**

Day 54

考点：督促程序

1. [多选] 督促程序适用于（ ）的案件。
   A. 继承遗产纠纷　　　　　　　　B. 不动产纠纷
   C. 追索抚养权　　　　　　　　　D. 债权人请求债务人给付金钱
   E. 债权人请求债务人给付有价证券

2. [单选] 根据《中华人民共和国民事诉讼法》的规定，下列关于督促程序的表述中，正确的是（ ）。
   A. 督促程序是一种非讼的特别程序
   B. 督促程序适用于债权人请求债务人交付房产的案件
   C. 债务人应当自收到支付令之日起 5 日内清偿债务
   D. 支付令异议的提出，可以采用口头形式

考点：公示催告程序

3. [单选] 根据《中华人民共和国民事诉讼法》的规定，下列关于公示催告程序的表述中，正确的是（ ）。
   A. 公示催告期间最短不得少于 90 日
   B. 在公示催告期间，转让票据权利的行为无效
   C. 公示催告案件由票据持有人所在地的基层人民法院管辖
   D. 公示催告申请人申请人民法院做出除权判决的，应自申报权利期间届满的次日起 1 年内提出

4. [单选] 人民法院用于宣告票据无效的法律文书是（ ）。
   A. 除权判决　　　　　　　　　　B. 支付令
   C. 调解书　　　　　　　　　　　D. 公证书

考点：执行程序

5. [单选] 根据《中华人民共和国民事诉讼法》，下列执行过程的情形中，人民法院应当裁定终结执行的是（ ）。
   A. 案外人对执行标的提出确有理由的异议的
   B. 被执行人在短期内无偿付能力的
   C. 作为一方当事人的法人终止，尚未确定权利义务承受人的
   D. 作为被执行人的公民因生活困难无力偿还借款，无收入来源，又丧失劳动能力的

考点：仲裁法基础知识

6. [单选] 根据《中华人民共和国仲裁法》，仲裁委员会的确定方法是（ ）。
   A. 由当事人协议确定
   B. 根据级别管辖确定
   C. 根据地域管辖确定
   D. 由被告住所地人民法院指定

7. [多选] 当事人双方订立仲裁协议，遇有下列（　　）情形的，该协议无效。
   A. 一方采取胁迫手段，迫使对方订立仲裁协议的
   B. 约定的仲裁事项超出法律规定的仲裁范围的
   C. 法人之间为解决财产权益纠纷订立的仲裁协议
   D. 无民事行为能力人订立的仲裁协议
   E. 以口头方式订立的仲裁协议无效

8. [单选] 关于仲裁协议的说法，错误的是（　　）。
   A. 仲裁协议既可以是书面形式，也可以是口头形式
   B. 合同的变更、解除终止或者无效，不影响仲裁协议的效力
   C. 对仲裁协议的效力有异议的，在仲裁庭首次开庭前提出
   D. 限制民事行为能力人订立的仲裁协议无效

9. [单选] 关于仲裁庭的说法，错误的是（　　）。
   A. 仲裁庭可以由3名仲裁员或者1名仲裁员组成
   B. 由3名仲裁员组成的，设首席仲裁员
   C. 约定由3名仲裁员组成仲裁庭的，第3名仲裁员只能由当事人共同选定
   D. 当事人没有在仲裁规则规定的期限内选定仲裁员的，由仲裁委员会主任指定

10. [单选] 关于仲裁程序的说法，错误的是（　　）。
    A. 仲裁不公开进行
    B. 申请人无正当理由不到庭的，可以缺席裁决
    C. 当事人申请仲裁后，可以自行和解
    D. 裁决书自作出之日起发生法律效力

11. [单选] 根据《中华人民共和国仲裁法》的规定，仲裁裁决应当按多数仲裁员的意见做出，仲裁庭不能形成多数意见时，裁决应当按照（　　）的意见做出。
    A. 首席仲裁员
    B. 仲裁委员会主任
    C. 仲裁委员会的专家委员会
    D. 仲裁委员会集体讨论

12. [单选] 仲裁裁决作出后，一方当事人申请执行裁决，另一方当事人申请撤销裁决，人民法院应当（　　）。
    A. 裁定中止执行　　　　　　　　　　B. 裁定重新仲裁
    C. 执行裁决　　　　　　　　　　　　D. 撤销裁决

✎ 学习笔记

本章学习检查表

知识点名称	初次学习		第一次复习		第二次复习	
	做对题目数/总题目数	学习日期	做对题目数/总题目数	复习日期	做对题目数/总题目数	复习日期
民事诉讼法的基本原则						
民事诉讼法的基本制度						
民事诉讼的管辖						
第一审普通程序与简易程序						
第二审程序						
审判监督程序						
督促程序						
公示催告程序						
执行程序						
仲裁法基础知识						

填写建议：

"做对题目数/总题目数"记录自己各知识点做题的情况，比如，某知识点总题目数10题，自己做对了其中7题，记录为7/10。

"学习日期"和"复习日期"记录自己学习和复习各知识点的日期。

备忘录

参考答案及解析

Day 53

1. ABCD ［解析］民事诉讼法的基本原则：①当事人诉讼权利平等原则。②诉讼权利义务同等原则和对等原则。③以事实为根据，以法律为准绳原则。④人民法院独立审判原则。⑤自愿、合法调解原则。⑥合议、回避、审判公开、两审终审原则。⑦使用本民族语言文字进行诉讼原则。⑧辩论原则。⑨诚实信用原则和处分原则。⑩《民事诉讼法》第十四条规定，人民检察院有权对民事诉讼实行法律监督。⑪支持起诉原则。

2. C ［解析］人民法院审理第一审民事案件，由审判员、陪审员共同组成合议庭或者由审判员组成合议庭。人民法院审理第二审民事案件，由审判员组成合议庭。

3. AE ［解析］《中华人民共和国民事诉讼法》规定，人民法院审理民事案件，除涉及国家秘密、个人隐私或者法律另有规定的以外，应当公开进行。离婚案件、涉及商业秘密的案件，当事人申请不公开审理的，可以不公开审理。人民法院对公开审理或者不公开审理的案件，一律公开宣告判决。

4. ABCD ［解析］下列情形为两审终审制的例外：①最高人民法院所作的一审判决、裁定，为终审判决、裁定，当事人不得上诉。②适用特别程序、督促程序、公示催告程序审理的案件，实行一审终审。③适用简易程序中的小额诉讼程序审理的案件，实行一审终审。

> ● 考点再现
>
> $Q_{2\text{-}4}$ 民事诉讼法的基本制度。
>
> （1）合议制。合议制是指若干名审判人员组成合议庭对民事案件进行审理的制度。合议庭的成员人数，必须是单数。
>
> （2）回避制。回避制是指为了保证案件的公平公正审判，而要求与案件有一定的利害关系的审判人员或其他有关人员，不得参与本案的审理活动或诉讼活动的审判制度。回避适用的对象包括审判人员（包括审判员和人民陪审员）、法官助理、书记员、司法技术人员、翻译人员、鉴定人员和勘验人员。回避适用的情形包括：①审判人员或其他人员是本案当事人或当事人、诉讼代理人的近亲属。②审判人员或其他人员与本案有利害关系。③与本案当事人有其他关系可能影响对本案的公正审理。"其他关系"是指有除与案件利害关系及与当事人近亲属关系之外的特殊亲密或仇嫌关系的存在，足以影响案件的公正审理。
>
> （3）公开审判制。公开审判制是指除法律规定的情况外，人民法院审理民事案件，审判过程及结果应当向公众、社会公开。根据法律规定，下列情形为公开审判的制度的例外：①涉及国家秘密和个人隐私的案件，一律不公开审理。②离婚案件、涉及商业秘密的案件，当事人申请不公开审理的，可以不公开审理。无论是公开审理的案件，还是不公开审理的案件，宣判时一律公开。
>
> （4）两审终审制。两审终审制是指一个民事案件经过两级人民法院审判后即告终结的制度。下列情形为两审终审制的例外：①最高人民法院所作的一审判决、裁定，为终审判决、裁定，当事人不得上诉。②适用特别程序、督促程序、公示催告程序审理的案件，实行一审终审。③适用简易程序中的小额诉讼程序审理的案件，实行一审终审。

5. C [解析] 民事诉讼法中的管辖主要包括级别管辖、地域管辖、专属管辖、协议管辖和裁定管辖。其中，裁定管辖有三种：①移送管辖：是指法院在受理民事案件后，发现自己对案件并无管辖权，依法将案件移送到有管辖权的法院审理；②指定管辖：是指上级法院以裁定方式指定其下级法院对某一案件行使管辖权；③管辖权转移：是指依据上级法院的决定或同意，将案件的管辖权从原来有管辖权的法院转移至无管辖权的法院，使后者取得管辖权。故 C 项正确。

6. A [解析] 民事案件一般地域管辖适用的原则是原告就被告，即由被告所在地人民法院管辖。A 项正确。对于合同纠纷案件可以实行协议管辖，但不得违反《中华人民共和国民事诉讼法》对级别管辖和专属管辖的规定。B 项错误。中级人民法院管辖的第一审民事案件有三类：①重大的涉外案件；②在本辖区有重大影响的案件；③最高人民法院确定由中级人民法院管辖的案件，如专利纠纷案件等。C 项错误。最高人民法院管辖的案件实行一审终审。D 项错误。

7. CDE [解析] 根据《中华人民共和国民事诉讼法》的规定，人民法院专属管辖包括：①因不动产纠纷提起的诉讼，由不动产所在地法院管辖；②因港口作业纠纷提起的诉讼，由港口所在地人民法院管辖；③因继承遗产纠纷提起的诉讼，由被继承人死亡时住所地或主要遗产所在地人民法院管辖。故 C、D、E 三项正确。A、B 两项属于特殊地域管辖的内容。

8. C [解析] 被告为公民的，其住所地为户籍所在地。住所地与经常居住地不一致的，由经常居住地人民法院管辖。经常居住地是指公民离开住所地至起诉时已连续居住一年以上的地方。

9. A [解析] 简易程序是指基层人民法院及其派出法庭审理事实清楚、权利义务关系明确、争议不大的简单的民事案件适用的程序；基层人民法院和它派出的法庭审理前述案件以外的民事案件，当事人也可以约定适用简易程序。A 项错误。在简易程序中，可以口头起诉。B 项正确。人民法院适用简易程序审理案件，应当在立案之日起 3 个月内审结。C 项正确。在审理过程中，发现案件不宜适用简易程序的，裁定转为普通程序。D 项正确。

10. C [解析] 适用小额诉讼程序制度的情形包括：①基层人民法院和它派出的法庭审理事实清楚、权利义务关系明确、争议不大的简单金钱给付民事案件，标的额为各省、自治区、直辖市上年度就业人员年平均工资 50% 以下的，适用小额诉讼的程序审理，实行一审终审；②基层人民法院和它派出的法庭审理前款规定的民事案件，标的额超过各省、自治区、直辖市上年度就业人员年平均工资 50% 但在 2 倍以下的，当事人双方也可以约定适用小额诉讼的程序。

11. D [解析] 人民法院适用第一审普通程序审理的案件，应当在立案之日起 6 个月内审结。有特殊情况需要延长的，由本院院长批准，可以延长 6 个月，还需要延长的，报请上级人民法院批准。

12. ABCD [解析] 起诉必须符合的条件有：①原告必须是与本案有直接利害关系的公民、法人或其他组织；②有明确的被告；③有具体的诉讼请求、事实和理由；④属于人民法院受理民事诉讼的范围和受诉人民法院管辖；⑤起诉应该在诉讼时效内进行。故 A、B、C、D 四项正确。

13. ACDE［解析］第二审人民法院对上诉案件，经过审理，按照下列情形分别处理：①原判决、裁定认定事实清楚，适用法律正确的，以判决、裁定方式驳回上诉，维持原判决、裁定（A项正确）。②原判决、裁定认定事实错误或者适用法律错误的，以判决、裁定方式依法改判、撤销或者变更（C项正确）。③原判决认定基本事实不清的，裁定撤销原判决，发回原审人民法院重审，或者查清事实后改判（D项正确）。④原判决遗漏当事人或者违法缺席判决等严重违反法定程序的，裁定撤销原判决，发回原审人民法院重审（E项正确）。二审法院审理对判决、裁定的上诉案件，应当分别在第二审立案之日起3个月内和30日内审结（B项错误）。

14. ACE［解析］当事人申请再审的，不停止判决、裁定的执行。A项正确。审判监督程序只是纠正生效裁判错误的法定程序，不是案件审理的必经程序，也非二审案件的上一审级诉讼。B项错误，C项正确。当事人对已经发生法律效力的判决、裁定，认为有错误的，可以向上一级人民法院申请再审。D项错误。当事人一方人数众多或者当事人双方为公民的案件，可以向原审人民法院申请再审。E项正确。

15. D［解析］当事人对已经发生法律效力的解除婚姻关系的判决、调解书，不得申请再审。故D项正确。

Day 54

1. DE［解析］督促程序属于一种非讼的特别程序。督促程序适用于债权人请求债务人给付金钱、有价证券的案件。

2. A［解析］督促程序是一种非讼的特别程序，A项正确。督促程序适用于请求给付金钱、有价证券的案件，交付房产不适用。B项错误。债务人应当自收到支付令之日起15日内清偿债务，或者向人民法院提出书面异议。口头异议无效。C、D两项错误。

3. B［解析］公示催告期间的长短，由人民法院根据案件的具体情况决定，但最短不得少于60日。A项错误。在公示催告期间，转让票据权利的行为无效，B项正确。公示催告案件由票据支付地的基层人民法院管辖，C项错误。公示催告申请人申请人民法院做出除权判决的，应自申报权利期间届满的次日起1个月内提出，D项错误。

4. A［解析］除权判决，是指人民法院做出的宣告票据无效的判决。其含义包含：①宣告票据无效进而排除申请人以外的其他人对该票据享有权利；②通过在制定期间内无人申报权利的事实，推定票据权利归申请人所有。故A项正确。

5. D［解析］根据《中华人民共和国民事诉讼法》的规定，在执行过程中，引起执行终结的情况有：①申请人撤销执行申请的；②据以执行的法律文书被撤销的；③作为被执行人的公民死亡，无遗产可供执行，又无义务承担人的；④追索赡养费、扶养费、抚育费案件的权利人死亡的；⑤作为被执行人的公民因生活困难无力偿还借款，无收入来源，又丧失劳动能力的；⑥人民法院认为应当终结执行的其他情形。D项正确。《中华人民共和国民事诉讼法》规定，有下列情形之一的，人民法院应当裁定中止执行：①申请人表示可以延期执行的；②案外人对执行标的提出确有理由的异议的；③作为一方当事人的公民死亡，需要等待继承人继承权利或者承担义务的；④作为一方当事人的法人或者其他组织终止，尚未确定权利义务承受人的；⑤人民法院认定应当中止执行的其他情形，如被执行人下落不明的，或作为执行根据的法律文书与正在审理的案件有密切联系、无法单独执行以及被执行人在短期内无偿付能力等。A、B、C三项属于执行中止。

6. A [解析] 仲裁委员会应当由当事人协议选定。仲裁不实行级别管辖和地域管辖。

7. ABDE [解析] 根据《中华人民共和国仲裁法》的规定，导致仲裁协议无效的原因有：①以口头方式订立的仲裁协议无效。②约定的仲裁事项超出法律规定的仲裁范围的。③无民事行为能力人或者限制民事行为能力人订立的仲裁协议。④一方采取胁迫手段，迫使对方订立仲裁协议的。⑤仲裁协议对仲裁事项没有约定或约定不明确，达不成补充协议的，仲裁协议无效。⑥仲裁协议约定两个以上仲裁机构的，当事人可以协议选择其中的一个仲裁机构申请仲裁；当事人不能就仲裁机构选择达成一致的，仲裁协议无效。⑦仲裁协议约定由某地的仲裁机构仲裁且该地仅有一个仲裁机构的，该仲裁机构视为约定的仲裁机构。该地有两个以上仲裁机构的，当事人可以协议选择其中的一个仲裁机构申请仲裁；当事人不能就仲裁机构选择达成一致的，仲裁协议无效。故A、B、D、E四项正确。

8. A [解析] 仲裁协议是指双方当事人自愿将他们之间已经发生或者可能发生的争议提交仲裁解决的书面协议。A项错误。仲裁协议独立存在，合同的变更、解除终止或者无效，不影响仲裁协议的效力。B项正确。当事人对仲裁协议的效力有异议，应当在仲裁庭首次开庭前提出。C项正确。无民事行为能力人或者限制民事行为能力人订立仲裁协议的，仲裁协议无效。D项正确。

9. C [解析] 仲裁庭可以由3名仲裁员或者1名仲裁员组成。A项正确。由3名仲裁员组成的，设首席仲裁员。B项正确。约定由3名仲裁员组成仲裁庭的，应当各自选定或者各自委托仲裁委员会主任指定1名仲裁员，第3名仲裁员由当事人共同选定或者共同委托仲裁委员会主任指定。C项错误。当事人没有在仲裁规则规定的期限内约定仲裁庭的组成方式或者选定仲裁员的，由仲裁委员会主任指定。D项正确。

10. B [解析] 申请人无正当理由不到庭或者未经仲裁庭许可中途退庭，可以视为撤回仲裁申请。经书面通知后被申请人无正当理由不到庭或者未经仲裁庭许可中途退庭的，可以缺席裁决。B项错误。A、C、D三项均为正确描述。

11. A [解析] 仲裁裁决应当按多数仲裁员的意见做出，少数仲裁员的不同意见可以记入笔记。仲裁庭不能形成多数意见时，裁决应当按照首席仲裁员的意见做出。

12. A [解析] 一方当事人申请执行裁决，另一方当事人申请撤销裁决，人民法院应当裁定中止执行。

本部分强化测试

思维导图

Day 55

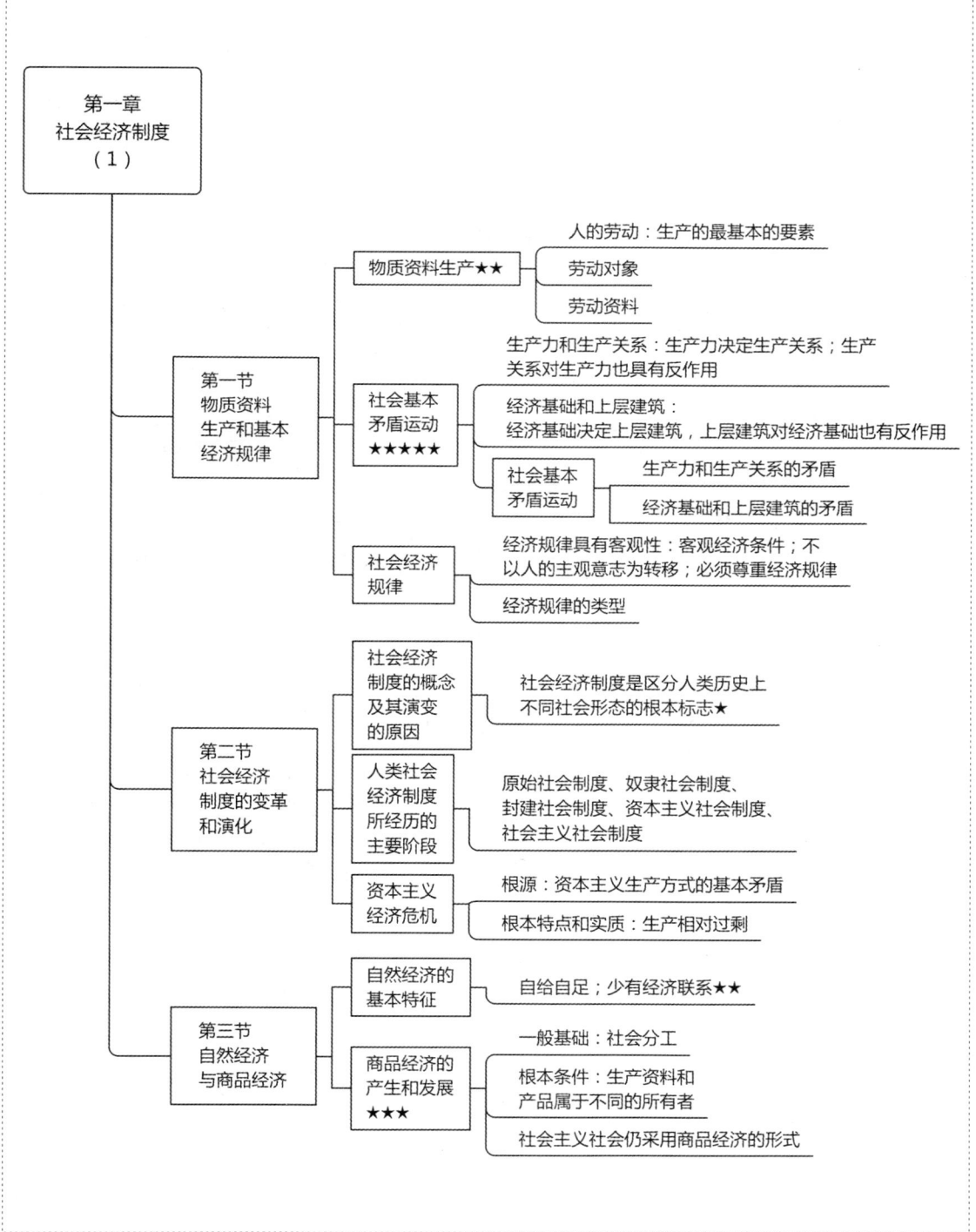

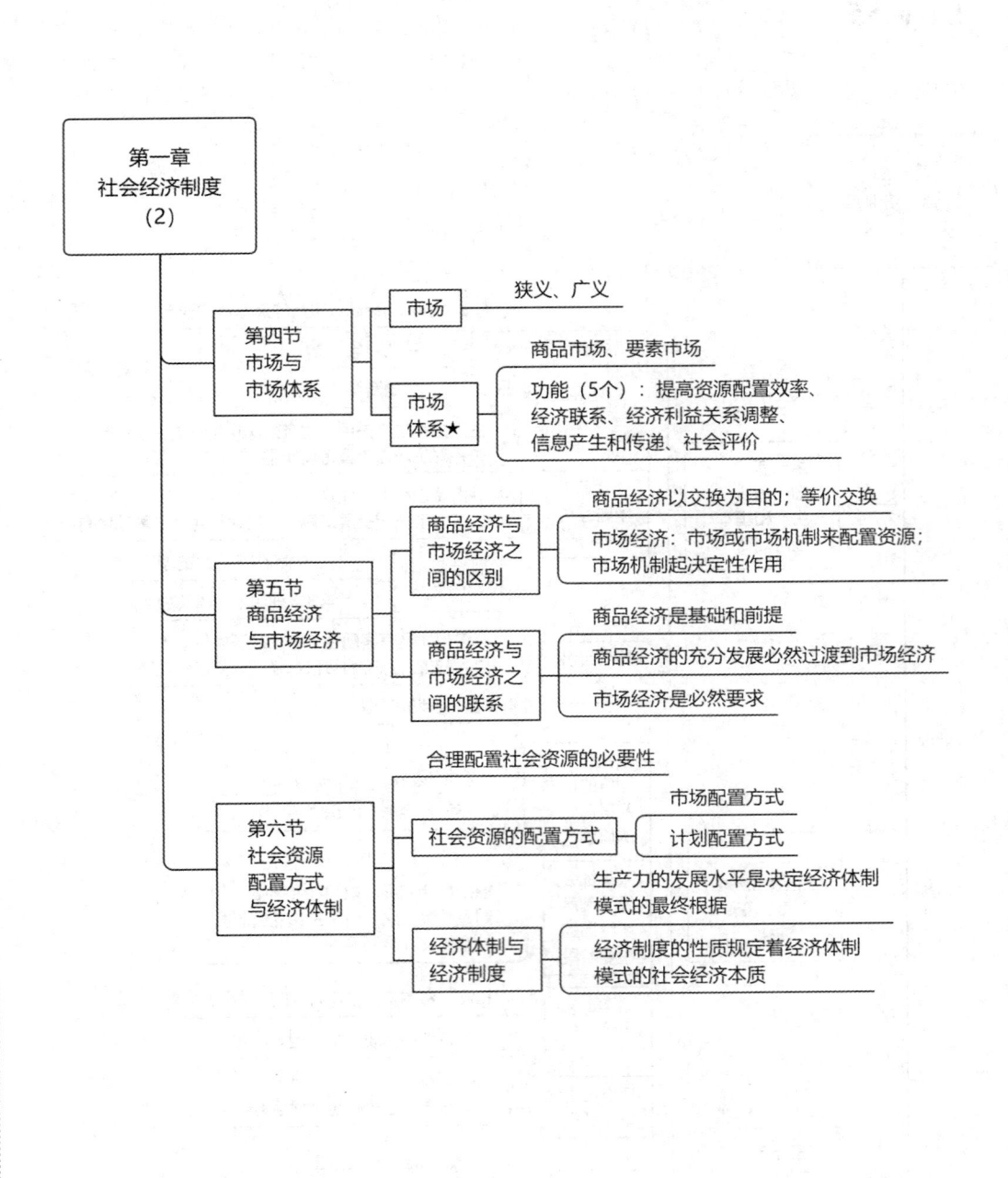

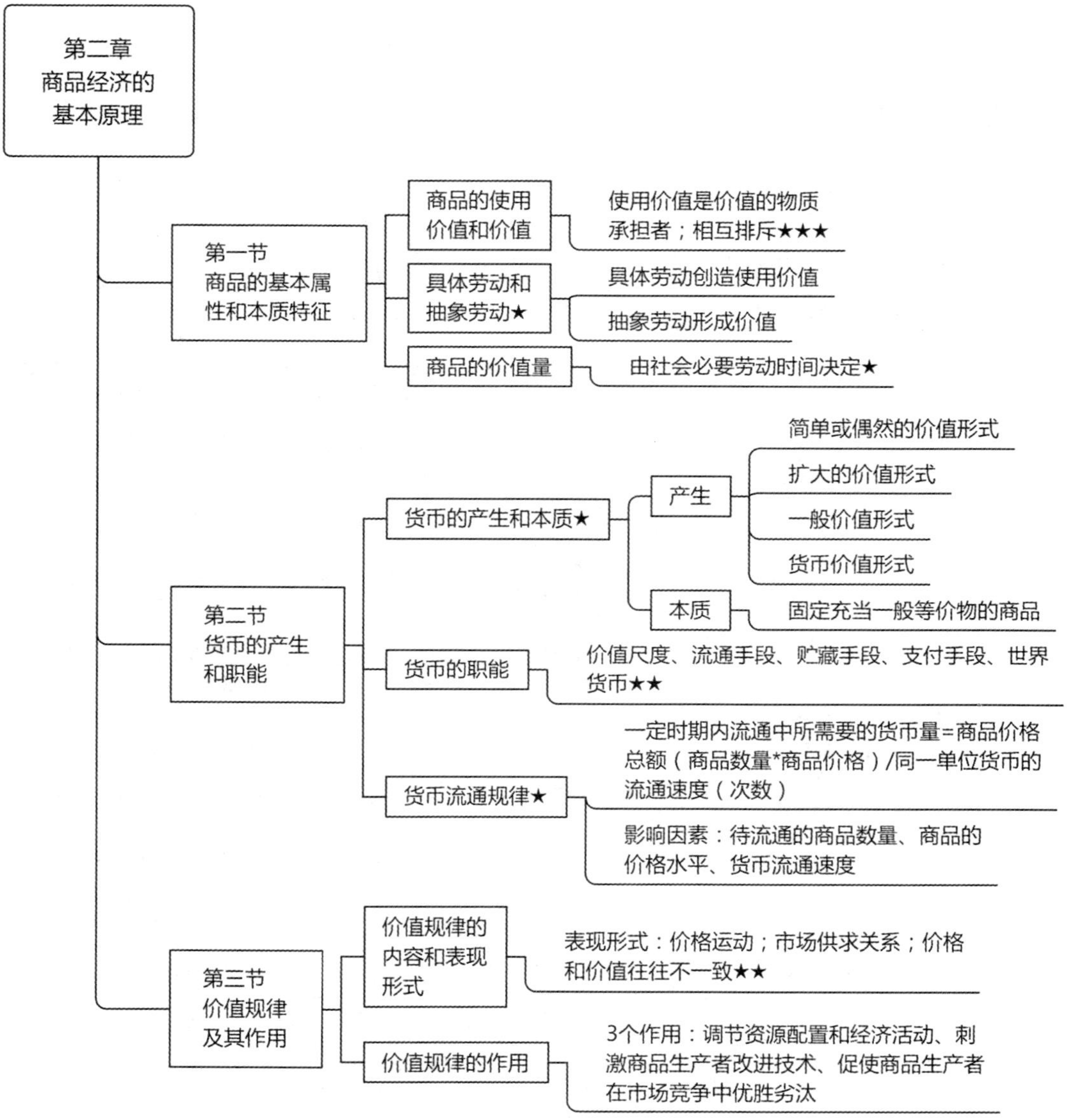

思维导图

```
第二章 商品经济的基本原理
├── 第一节 商品的基本属性和本质特征
│   ├── 商品的使用价值和价值 ── 使用价值是价值的物质承担者；相互排斥★★★
│   ├── 具体劳动和抽象劳动★
│   │   ├── 具体劳动创造使用价值
│   │   └── 抽象劳动形成价值
│   └── 商品的价值量 ── 由社会必要劳动时间决定★
├── 第二节 货币的产生和职能
│   ├── 货币的产生和本质★
│   │   ├── 产生
│   │   │   ├── 简单或偶然的价值形式
│   │   │   ├── 扩大的价值形式
│   │   │   ├── 一般价值形式
│   │   │   └── 货币价值形式
│   │   └── 本质 ── 固定充当一般等价物的商品
│   ├── 货币的职能 ── 价值尺度、流通手段、贮藏手段、支付手段、世界货币★★
│   └── 货币流通规律★
│       ├── 一定时期内流通中所需要的货币量=商品价格总额（商品数量*商品价格）/同一单位货币的流通速度（次数）
│       └── 影响因素：待流通的商品数量、商品的价格水平、货币流通速度
└── 第三节 价值规律及其作用
    ├── 价值规律的内容和表现形式 ── 表现形式：价格运动；市场供求关系；价格和价值往往不一致★★
    └── 价值规律的作用 ── 3个作用：调节资源配置和经济活动、刺激商品生产者改进技术、促使商品生产者在市场竞争中优胜劣汰
```

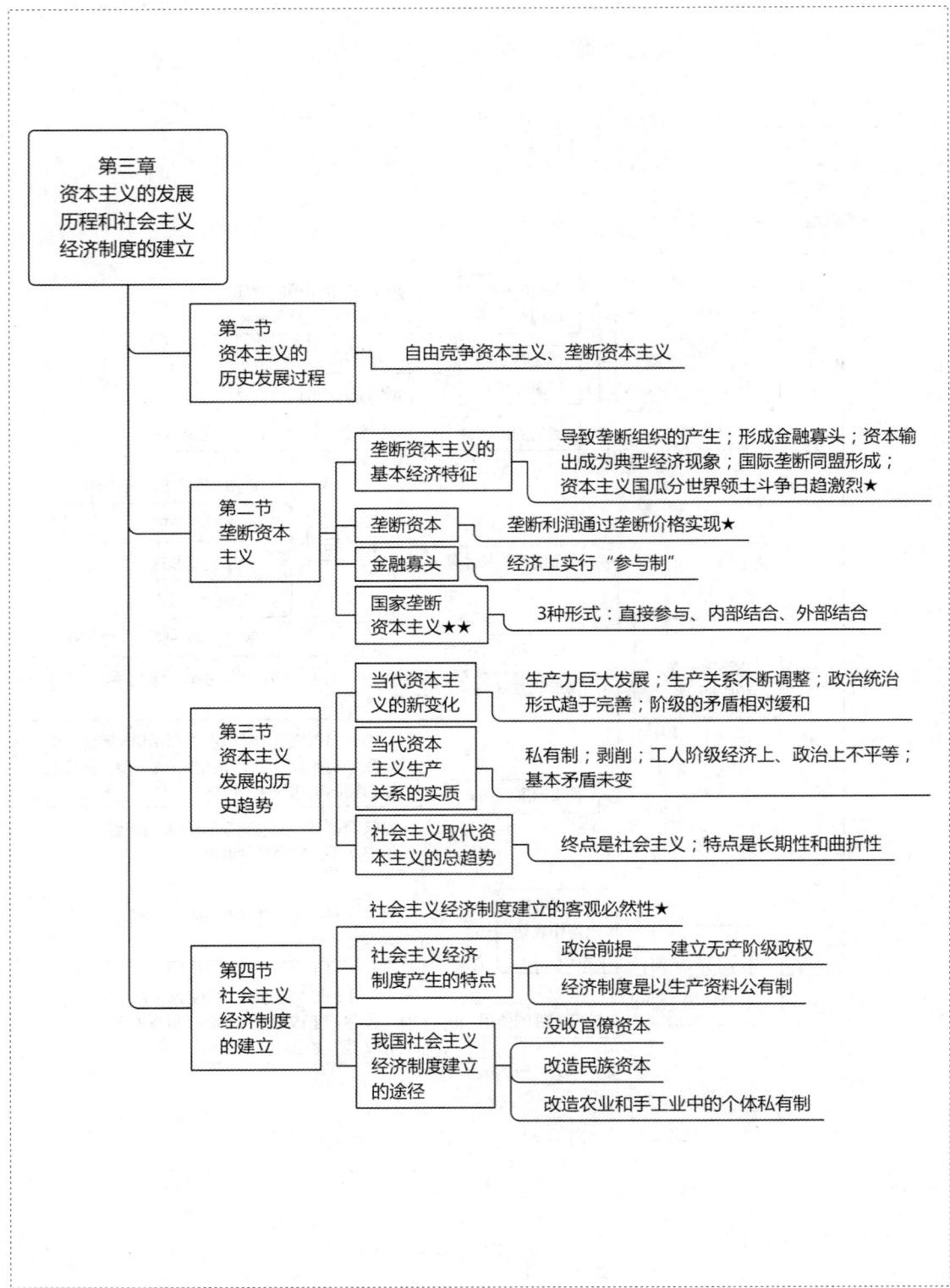

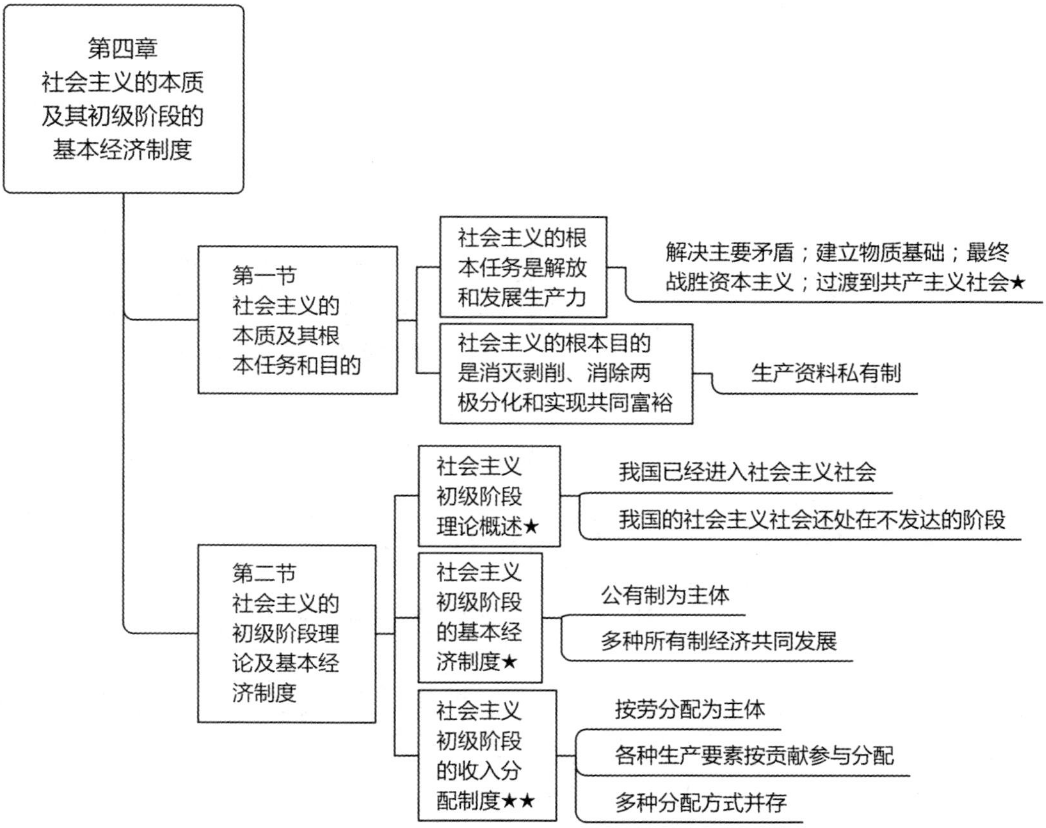

思维导图

- 第四章 社会主义的本质及其初级阶段的基本经济制度
  - 第一节 社会主义的本质及其根本任务和目的
    - 社会主义的根本任务是解放和发展生产力
      - 解决主要矛盾；建立物质基础；最终战胜资本主义；过渡到共产主义社会★
    - 社会主义的根本目的是消灭剥削、消除两极分化和实现共同富裕
      - 生产资料私有制
  - 第二节 社会主义的初级阶段理论及基本经济制度
    - 社会主义初级阶段理论概述★
      - 我国已经进入社会主义社会
      - 我国的社会主义社会还处在不发达的阶段
    - 社会主义初级阶段的基本经济制度★
      - 公有制为主体
      - 多种所有制经济共同发展
    - 社会主义初级阶段的收入分配制度★★
      - 按劳分配为主体
      - 各种生产要素按贡献参与分配
      - 多种分配方式并存

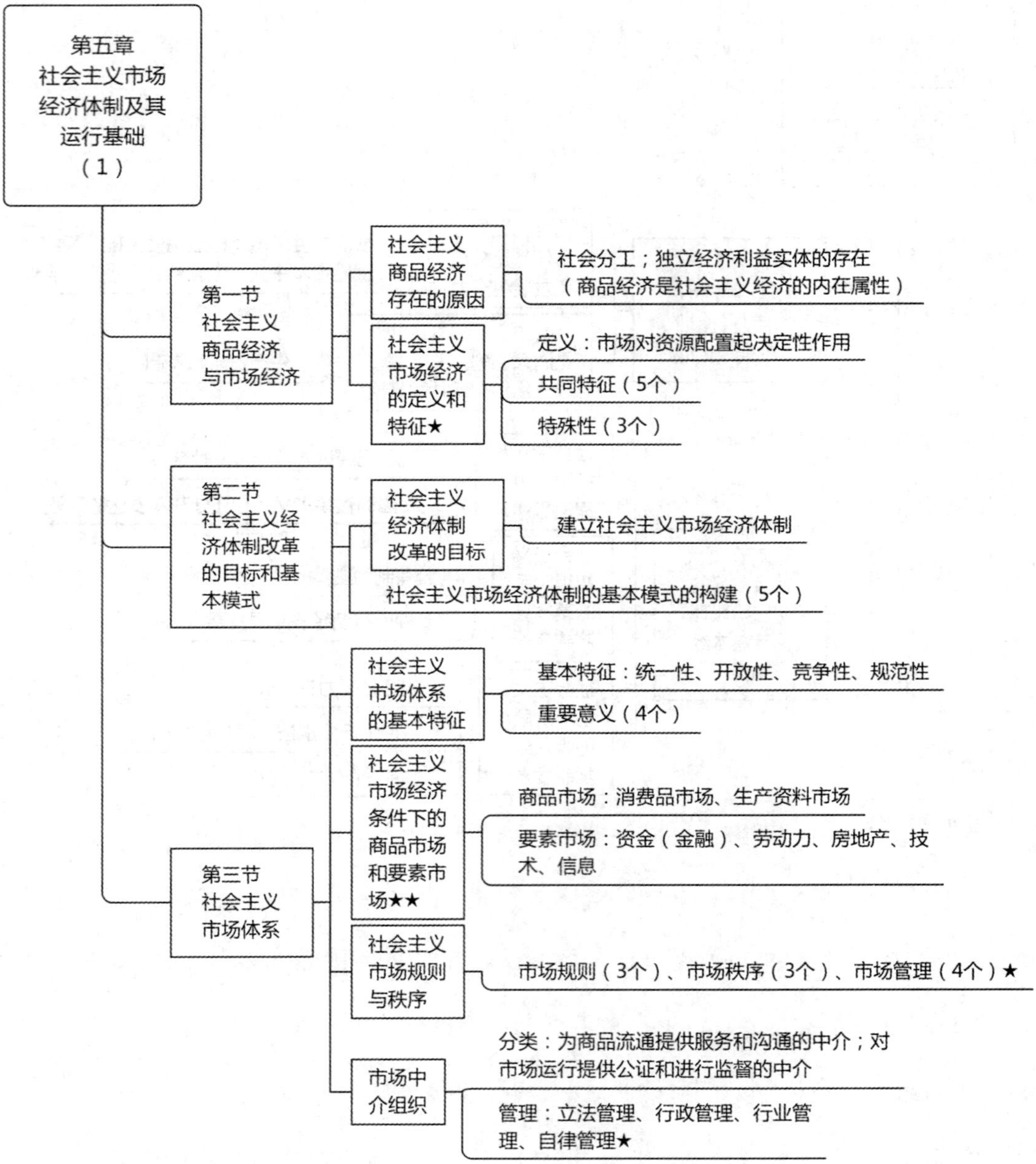

第五章 社会主义市场经济体制及其运行基础（1）

第一节 社会主义商品经济与市场经济

- 社会主义商品经济存在的原因：社会分工；独立经济利益实体的存在（商品经济是社会主义经济的内在属性）
- 社会主义市场经济的定义和特征★
  - 定义：市场对资源配置起决定性作用
  - 共同特征（5个）
  - 特殊性（3个）

第二节 社会主义经济体制改革的目标和基本模式

- 社会主义经济体制改革的目标：建立社会主义市场经济体制
- 社会主义市场经济体制的基本模式的构建（5个）

第三节 社会主义市场体系

- 社会主义市场体系的基本特征
  - 基本特征：统一性、开放性、竞争性、规范性
  - 重要意义（4个）
- 社会主义市场经济条件下的商品市场和要素市场★★
  - 商品市场：消费品市场、生产资料市场
  - 要素市场：资金（金融）、劳动力、房地产、技术、信息
- 社会主义市场规则与秩序
  - 市场规则（3个）、市场秩序（3个）、市场管理（4个）★
- 市场中介组织
  - 分类：为商品流通提供服务和沟通的中介；对市场运行提供公证和进行监督的中介
  - 管理：立法管理、行政管理、行业管理、自律管理★

思维导图

- 第五章 社会主义市场经济体制及其运行基础（2）
  - 第四节 社会主义市场经济的微观基础
    - 社会主义企业和企业制度
    - 社会主义企业的类型
      - 按企业的所有制性质分类：6种
      - 按企业的组织形式分类：4种
    - 现代企业制度的基本特征★★★★★
      - 基本特征：产权清晰、权责明确、政企分开、管理科学
      - 现代企业制度的财产关系
      - 现代企业制度的组织形式和组织结构
    - 我国农村的基本经济制度
      - 家庭联产承包经营责任制★

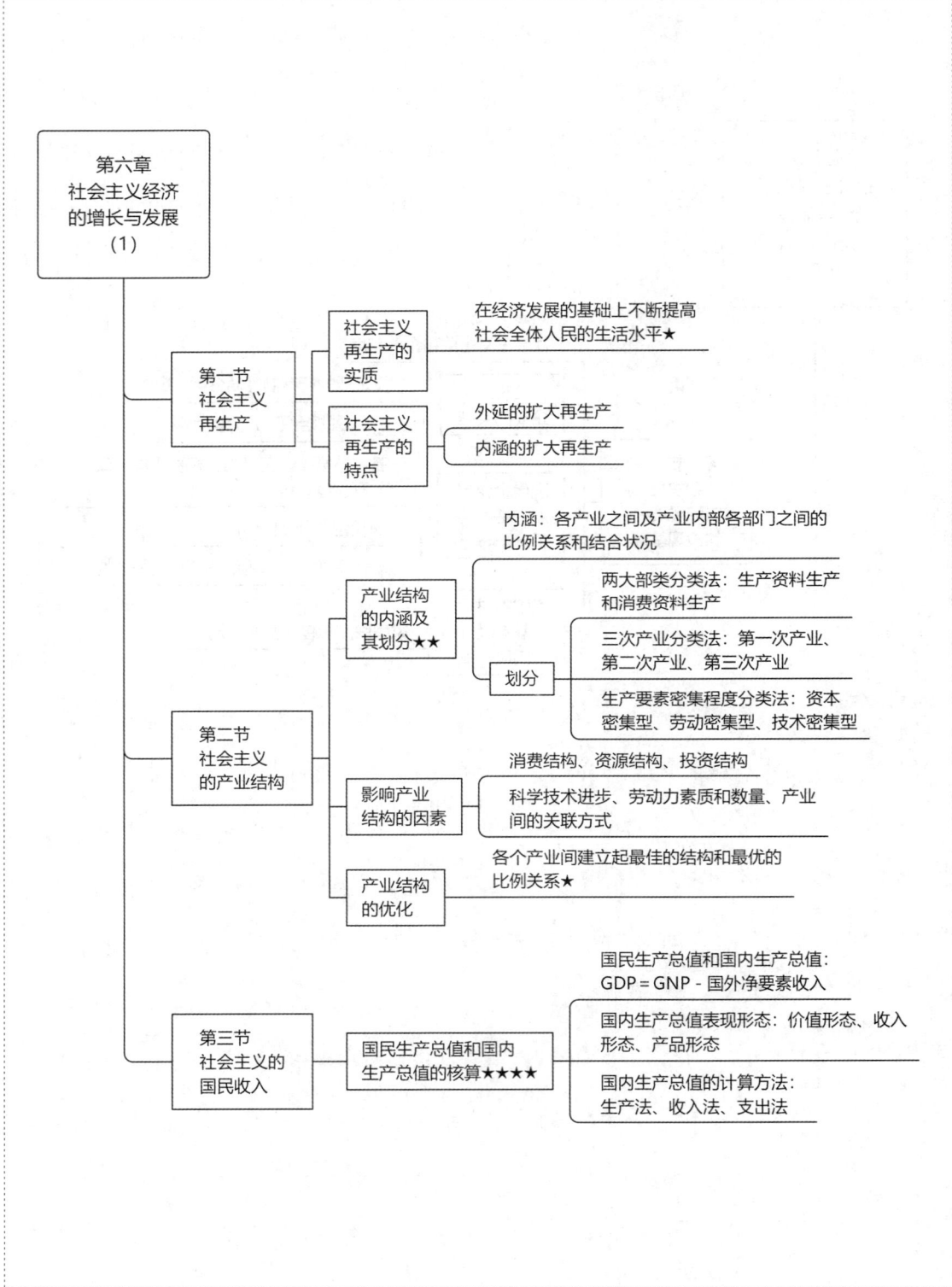

思维导图

- 第六章 社会主义经济的增长与发展（2）
  - 第三节 社会主义的国民收入
    - 社会主义积累基金和消费基金★★★
      - 消费基金构成
        - 社会消费基金：国家管理基金、文教卫生基金、社会保障基金
        - 个人消费基金：物质生产部门和非物质生产部门劳动者的劳动报酬基金
      - 社会主义积累和消费的关系
      - 正确处理积累基金和消费基金关系的原则（4个）
    - 社会保障制度的健全和完善
      - 社会保障制度的内容
      - 社会保障制度的改革与完善
      - 健全和完善社会保障制度的作用和意义（4个）
  - 第四节 社会主义经济增长与经济发展
    - 经济增长与经济发展
    - 经济增长方式及其转变★★
      - 增长方式
        - 粗放型
        - 集约型
      - 转变
    - 社会主义经济发展战略
      - 第一要义是发展
      - 核心是以人为本
      - 基本要求是全面、协调和可持续发展
      - 根本方法是统筹兼顾
    - 认识新发展阶段，贯彻新发展理念，构建新发展格局★
      - 新发展理念
      - 六个远景目标
    - 以中国式现代化全面推进中华民族伟大复兴
      - 中国式现代化的主要特征
      - 中国式现代化的基本要求
    - 高质量发展是全面建设社会主义现代化国家的首要任务

· 267 ·

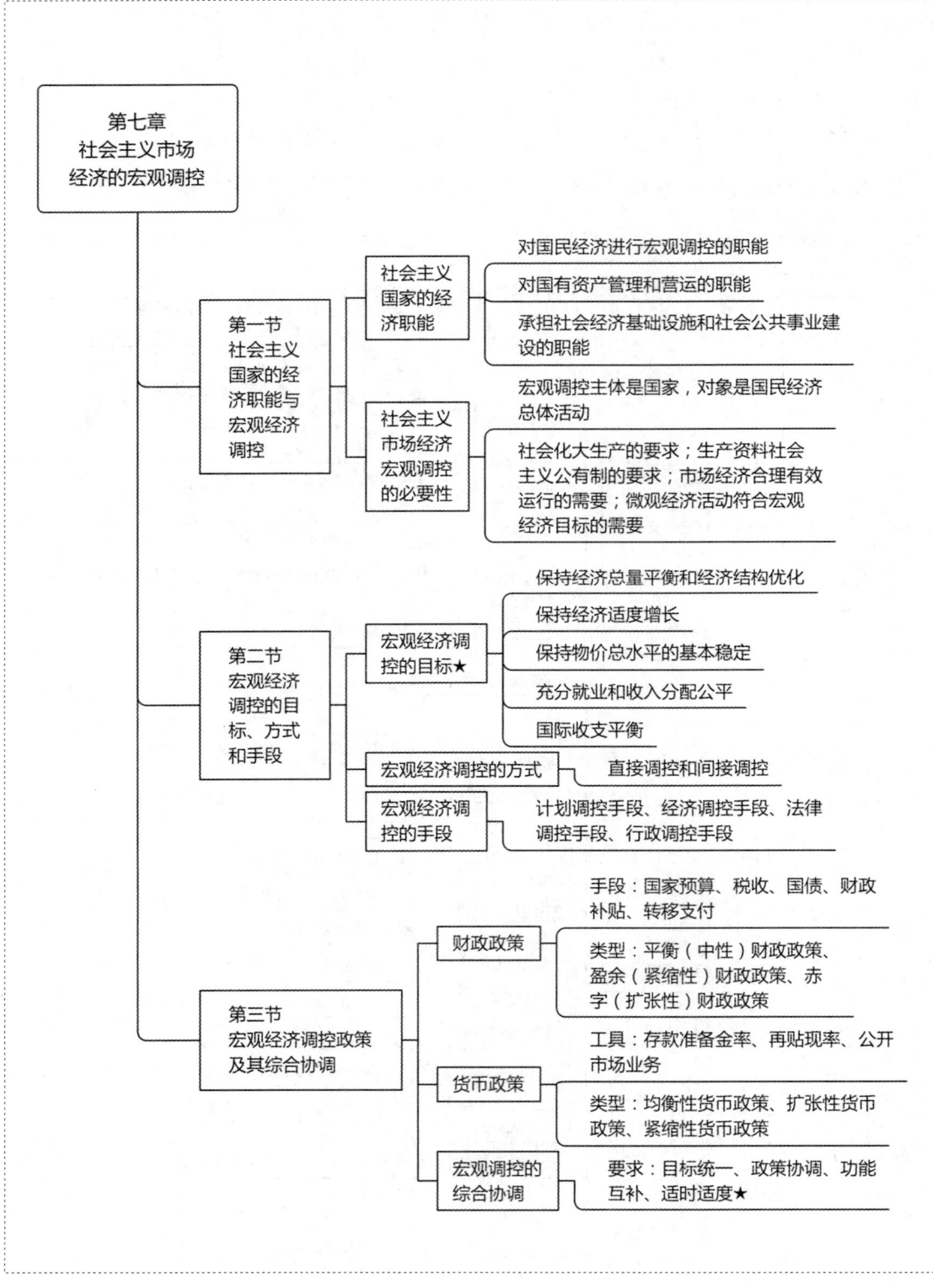

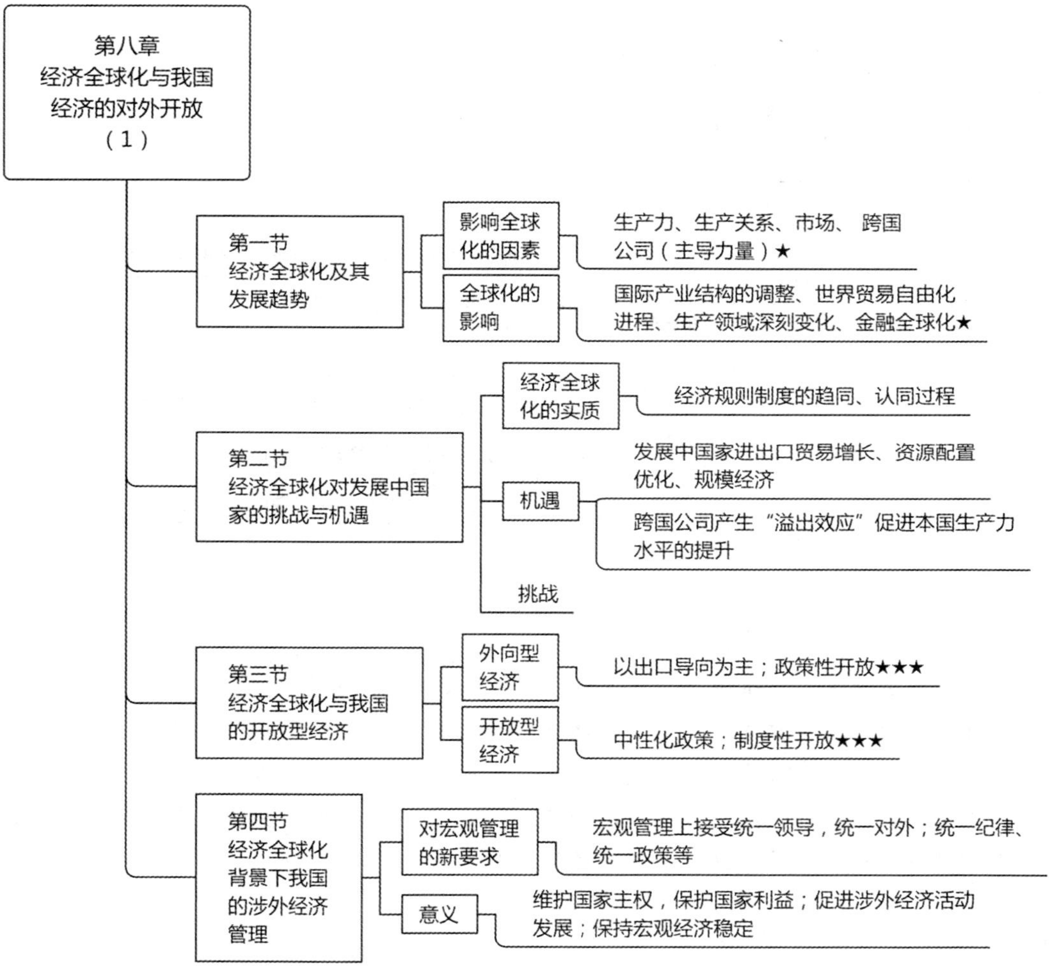

思维导图

- 第八章 经济全球化与我国经济的对外开放（1）
  - 第一节 经济全球化及其发展趋势
    - 影响全球化的因素：生产力、生产关系、市场、跨国公司（主导力量）★
    - 全球化的影响：国际产业结构的调整、世界贸易自由化进程、生产领域深刻变化、金融全球化★
  - 第二节 经济全球化对发展中国家的挑战与机遇
    - 经济全球化的实质：经济规则制度的趋同、认同过程
    - 机遇：
      - 发展中国家进出口贸易增长、资源配置优化、规模经济
      - 跨国公司产生"溢出效应"促进本国生产力水平的提升
    - 挑战
  - 第三节 经济全球化与我国的开放型经济
    - 外向型经济：以出口导向为主；政策性开放★★★
    - 开放型经济：中性化政策；制度性开放★★★
  - 第四节 经济全球化背景下我国的涉外经济管理
    - 对宏观管理的新要求：宏观管理上接受统一领导，统一对外；统一纪律、统一政策等
    - 意义：维护国家主权，保护国家利益；促进涉外经济活动发展；保持宏观经济稳定

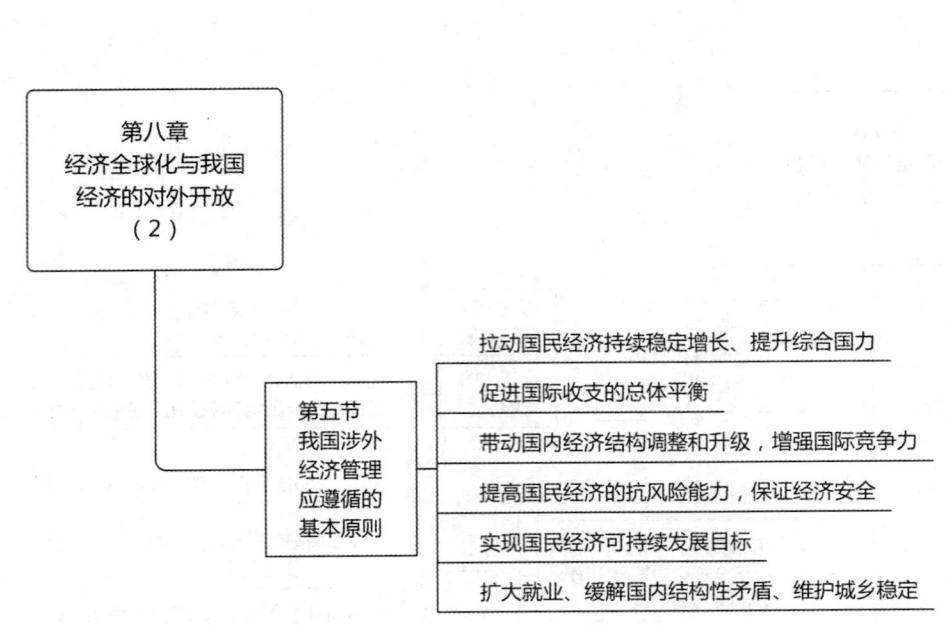

▶温馨贴士

本部分内容共 8 章,考查分值为 29 分左右。本部分涉及的章节较多,是整本教材的重点,具体内容包括社会经济制度、商品经济、资本主义经济的发展历程、社会主义基本经济制度、社会主义市场经济、经济全球化与我国的经济。学习本部分内容重在理解,要在理解的基础上对我国的经济制度和市场经济有一个宏观的把握。本部分内容偏重考查以往年份考过题目的变形,要做到融会贯通灵活应对考题。

思维导图

第九章 公共物品与财政职能（1）

第一节 公共物品的定义及其融资与生产

- 公共物品及其特征 —— 非竞争性、非排他性★★★
- 公共物品的需求显示 —— 通过具有强制性的政治交易实现
- 公共物品的融资与生产★★
  - 融资：政府融资、私人融资、联合融资
  - 生产：政府生产、合同外包、特许经营、合同委托
- 公共物品供给的制度结构 —— 决策制度、融资制度、生产制度、受益分配制度

第二节 市场效率与市场失灵

- 市场和市场效率 —— 市场机制的基本规律就是供求规律
- 市场失灵★
  - 自然垄断
  - 信息不充分和不对称
  - 外部效应和公共物品
  - 收入分配不公和经济波动

第三节 财政的基本含义与特征

- 财政的基本含义 —— 满足社会公共需要
- 财政的基本特征 —— 弥补市场失效；提供公平服务；非市场营利性；法治性★

第四节 财政的基本职能

- 资源配置职能 —— 应由政府发挥资源配置的职能★
- 收入分配职能 —— 实现公平收入分配的目标★
- 经济稳定和发展职能 —— 充分就业、物价稳定、经济增长和国际收支平衡

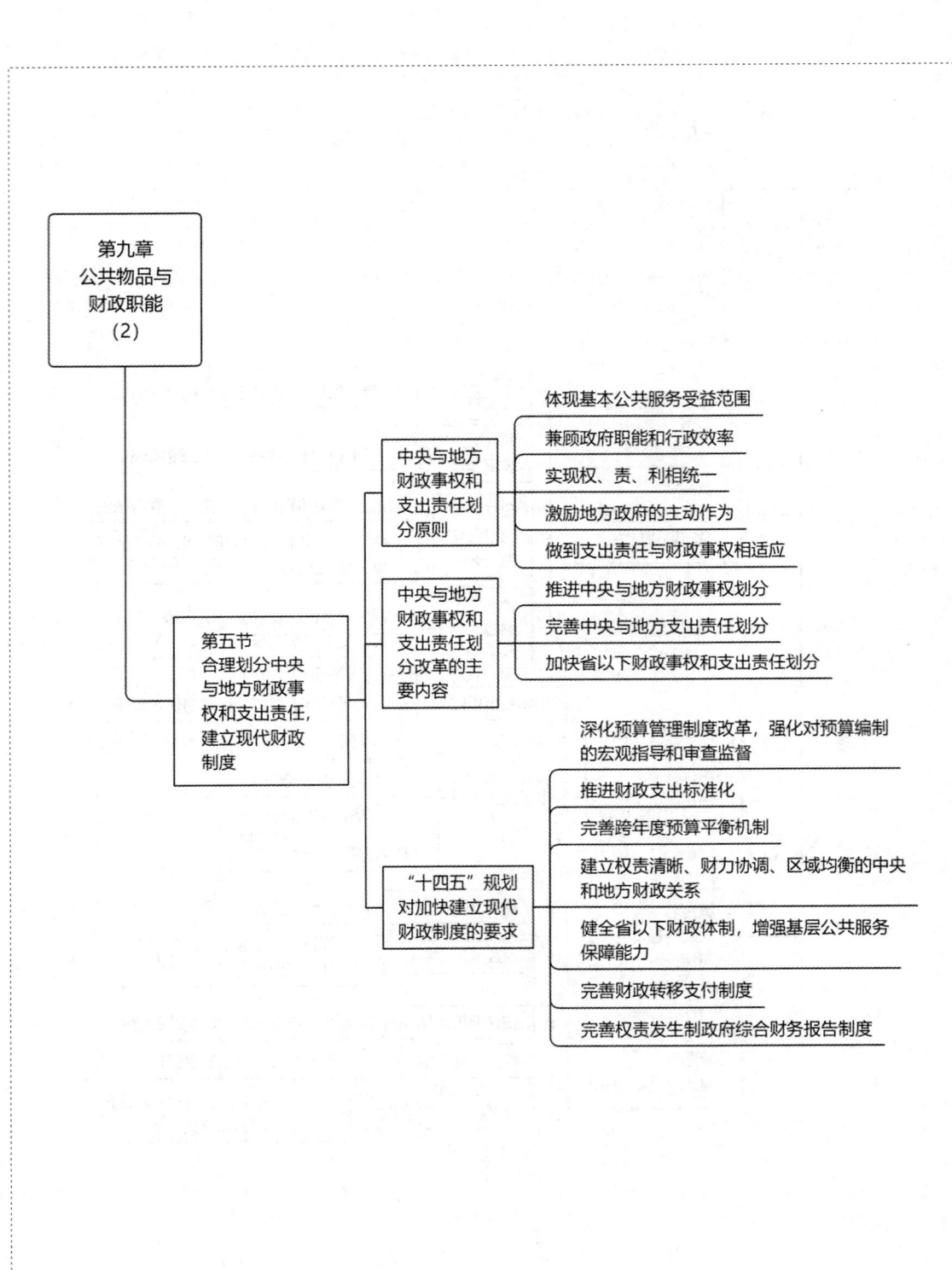

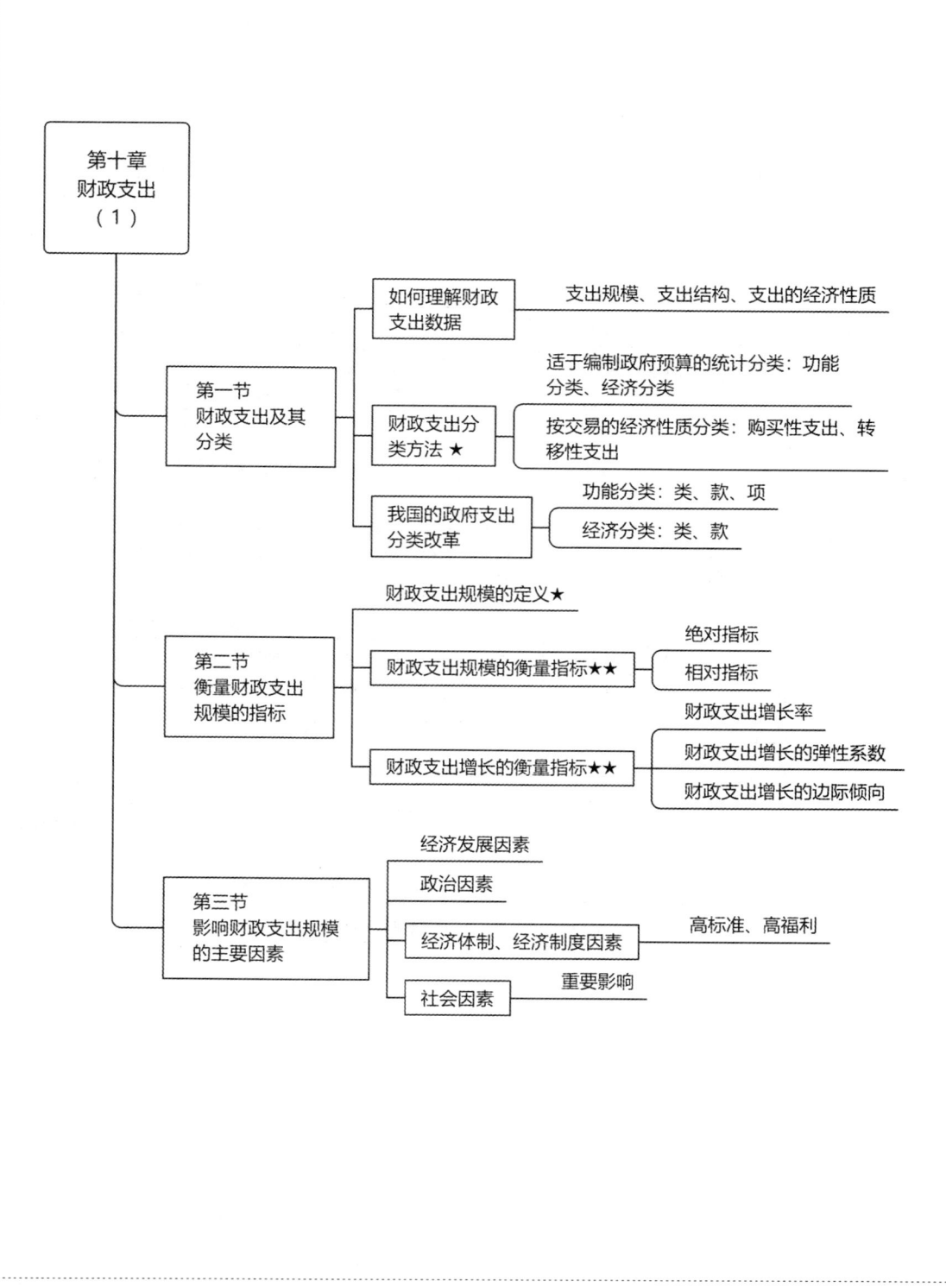

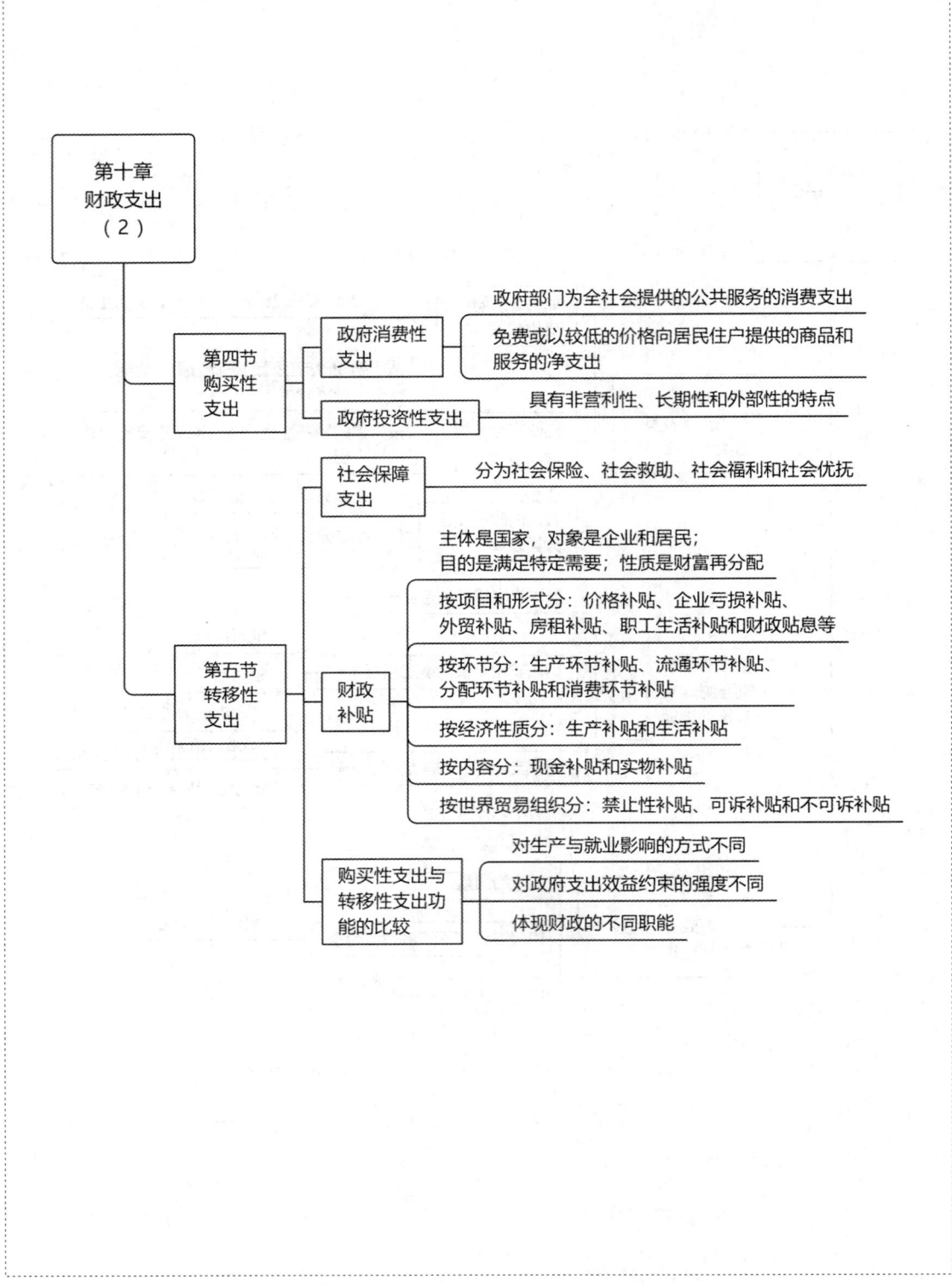

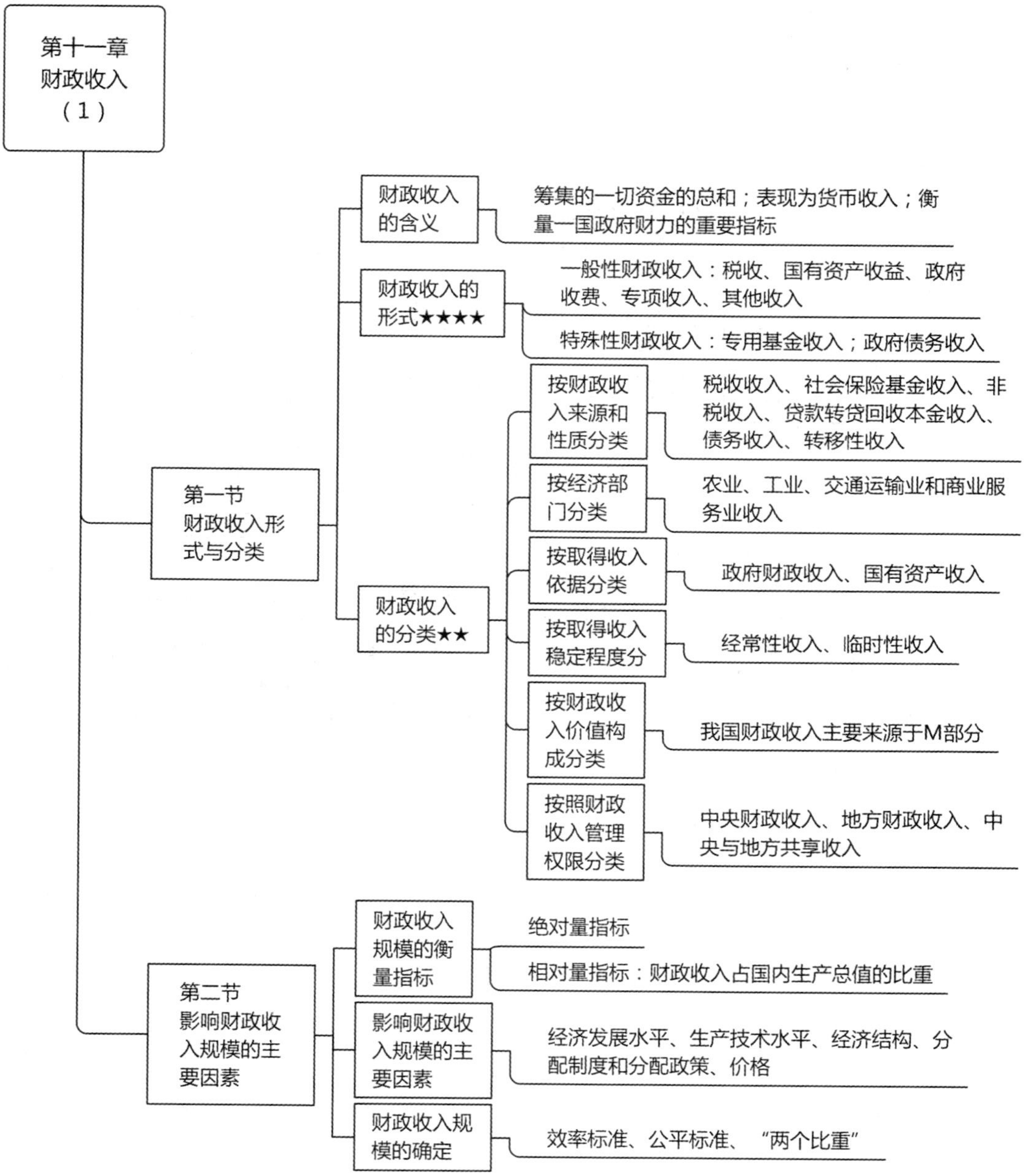

思维导图

第十一章 财政收入（1）

第一节 财政收入形式与分类

- **财政收入的含义**：筹集的一切资金的总和；表现为货币收入；衡量一国政府财力的重要指标

- **财政收入的形式★★★★**
  - 一般性财政收入：税收、国有资产收益、政府收费、专项收入、其他收入
  - 特殊性财政收入：专用基金收入；政府债务收入

- **财政收入的分类★★**
  - 按财政收入来源和性质分类：税收收入、社会保险基金收入、非税收入、贷款转贷回收本金收入、债务收入、转移性收入
  - 按经济部门分类：农业、工业、交通运输业和商业服务业收入
  - 按取得收入依据分类：政府财政收入、国有资产收入
  - 按取得收入稳定程度分：经常性收入、临时性收入
  - 按财政收入价值构成分类：我国财政收入主要来源于M部分
  - 按照财政收入管理权限分类：中央财政收入、地方财政收入、中央与地方共享收入

第二节 影响财政收入规模的主要因素

- **财政收入规模的衡量指标**
  - 绝对量指标
  - 相对量指标：财政收入占国内生产总值的比重

- **影响财政收入规模的主要因素**：经济发展水平、生产技术水平、经济结构、分配制度和分配政策、价格

- **财政收入规模的确定**：效率标准、公平标准、"两个比重"

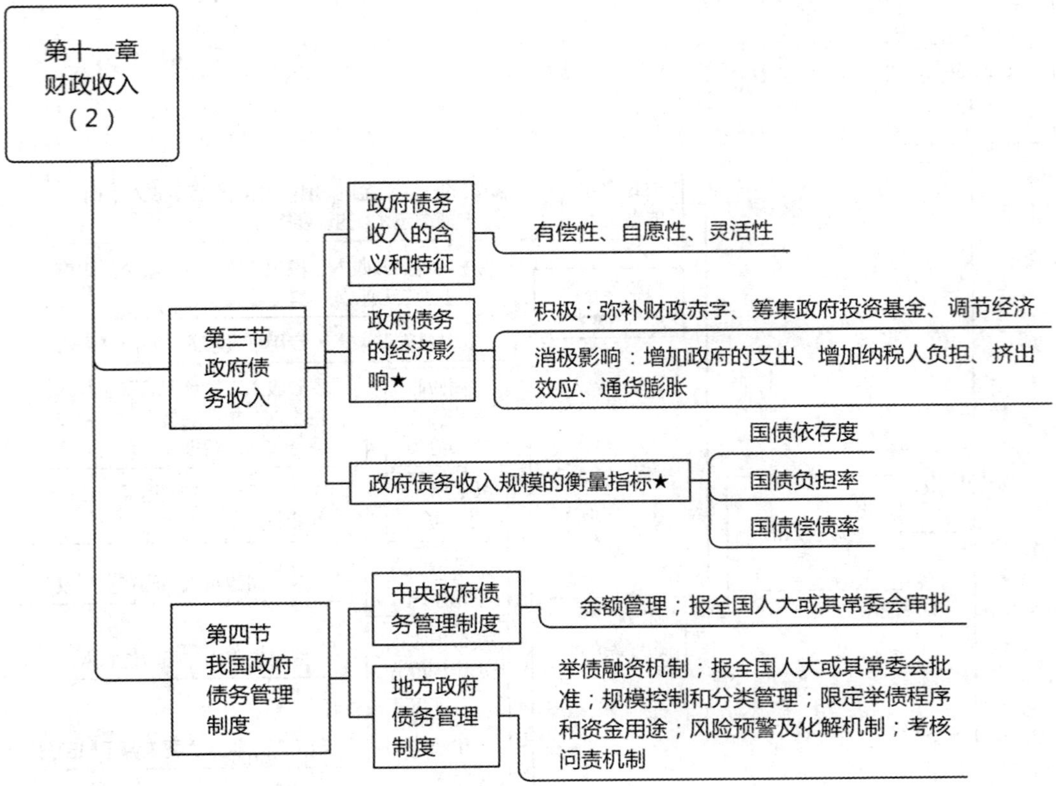

第十一章 财政收入（2）

第三节 政府债务收入

- 政府债务收入的含义和特征 —— 有偿性、自愿性、灵活性
- 政府债务的经济影响★
  - 积极：弥补财政赤字、筹集政府投资基金、调节经济
  - 消极影响：增加政府的支出、增加纳税人负担、挤出效应、通货膨胀
- 政府债务收入规模的衡量指标★
  - 国债依存度
  - 国债负担率
  - 国债偿债率

第四节 我国政府债务管理制度

- 中央政府债务管理制度 —— 余额管理；报全国人大或其常委会审批
- 地方政府债务管理制度 —— 举债融资机制；报全国人大或其常委会批准；规模控制和分类管理；限定举债程序和资金用途；风险预警及化解机制；考核问责机制

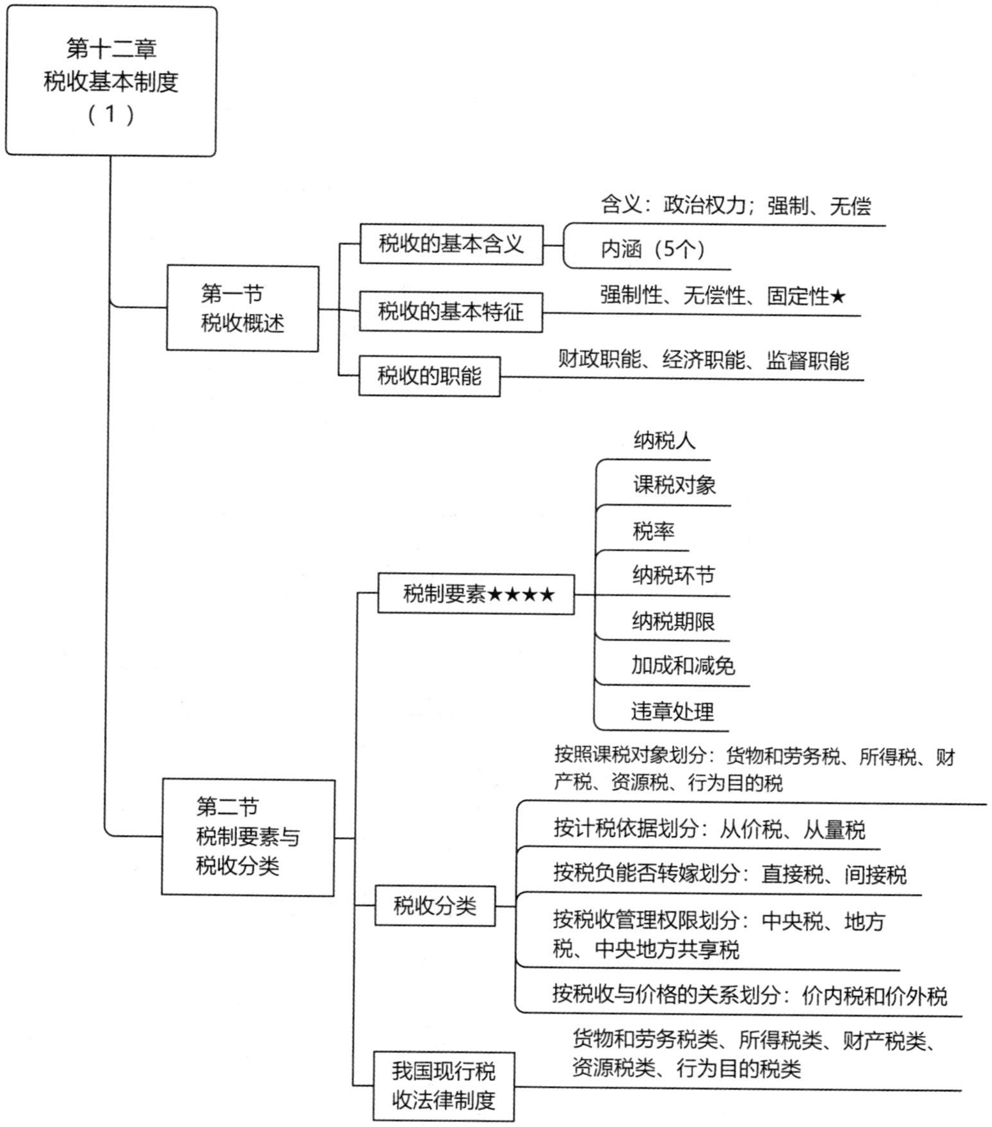

思维导图

- 第十二章 税收基本制度（1）
  - 第一节 税收概述
    - 税收的基本含义
      - 含义：政治权力；强制、无偿
      - 内涵（5个）
    - 税收的基本特征：强制性、无偿性、固定性★
    - 税收的职能：财政职能、经济职能、监督职能
  - 第二节 税制要素与税收分类
    - 税制要素★★★★
      - 纳税人
      - 课税对象
      - 税率
      - 纳税环节
      - 纳税期限
      - 加成和减免
      - 违章处理
    - 税收分类
      - 按照课税对象划分：货物和劳务税、所得税、财产税、资源税、行为目的税
      - 按计税依据划分：从价税、从量税
      - 按税负能否转嫁划分：直接税、间接税
      - 按税收管理权限划分：中央税、地方税、中央地方共享税
      - 按税收与价格的关系划分：价内税和价外税
    - 我国现行税收法律制度：货物和劳务税类、所得税类、财产税类、资源税类、行为目的税类

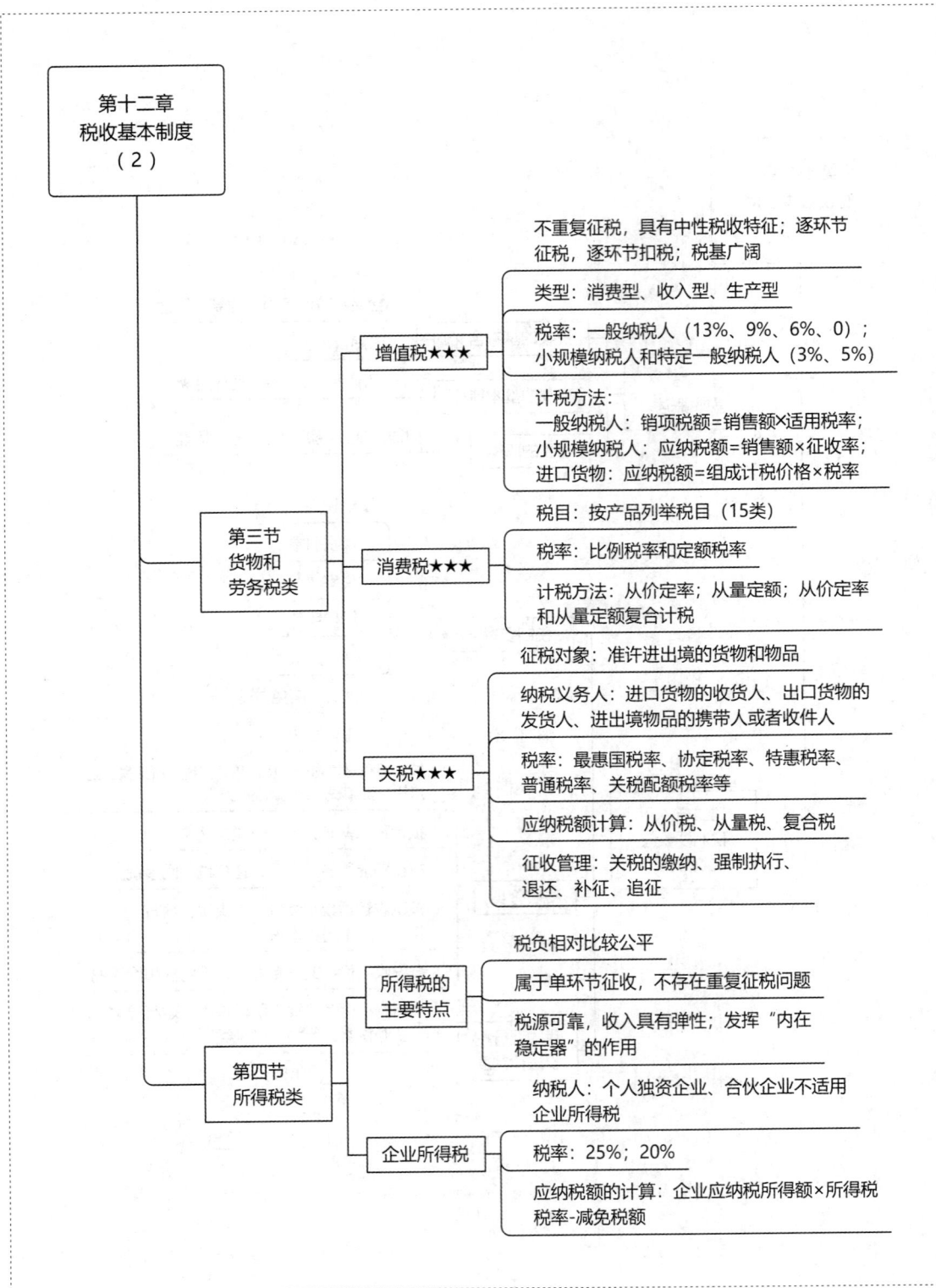

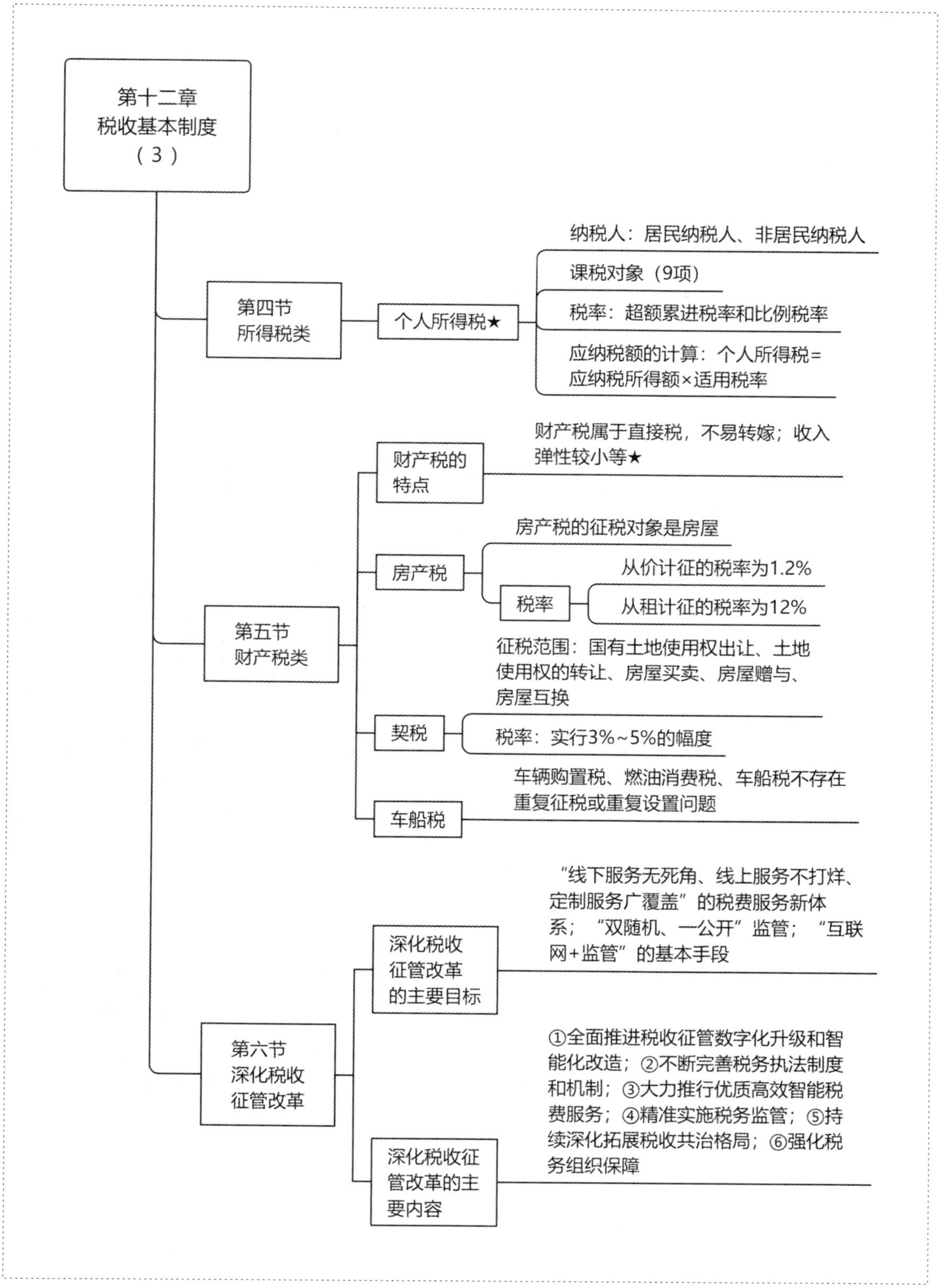

思维导图

第十二章 税收基本制度（3）

第四节 所得税类

个人所得税★
- 纳税人：居民纳税人、非居民纳税人
- 课税对象（9项）
- 税率：超额累进税率和比例税率
- 应纳税额的计算：个人所得税=应纳税所得额×适用税率

第五节 财产税类

财产税的特点：财产税属于直接税，不易转嫁；收入弹性较小等★

房产税
- 房产税的征税对象是房屋
- 税率：
  - 从价计征的税率为1.2%
  - 从租计征的税率为12%

征税范围：国有土地使用权出让、土地使用权的转让、房屋买卖、房屋赠与、房屋互换

契税
- 税率：实行3%~5%的幅度

车船税：车辆购置税、燃油消费税、车船税不存在重复征税或重复设置问题

第六节 深化税收征管改革

深化税收征管改革的主要目标："线下服务无死角、线上服务不打烊、定制服务广覆盖"的税费服务新体系；"双随机、一公开"监管；"互联网+监管"的基本手段

深化税收征管改革的主要内容：①全面推进税收征管数字化升级和智能化改造；②不断完善税务执法制度和机制；③大力推行优质高效智能税费服务；④精准实施税务监管；⑤持续深化拓展税收共治格局；⑥强化税务组织保障

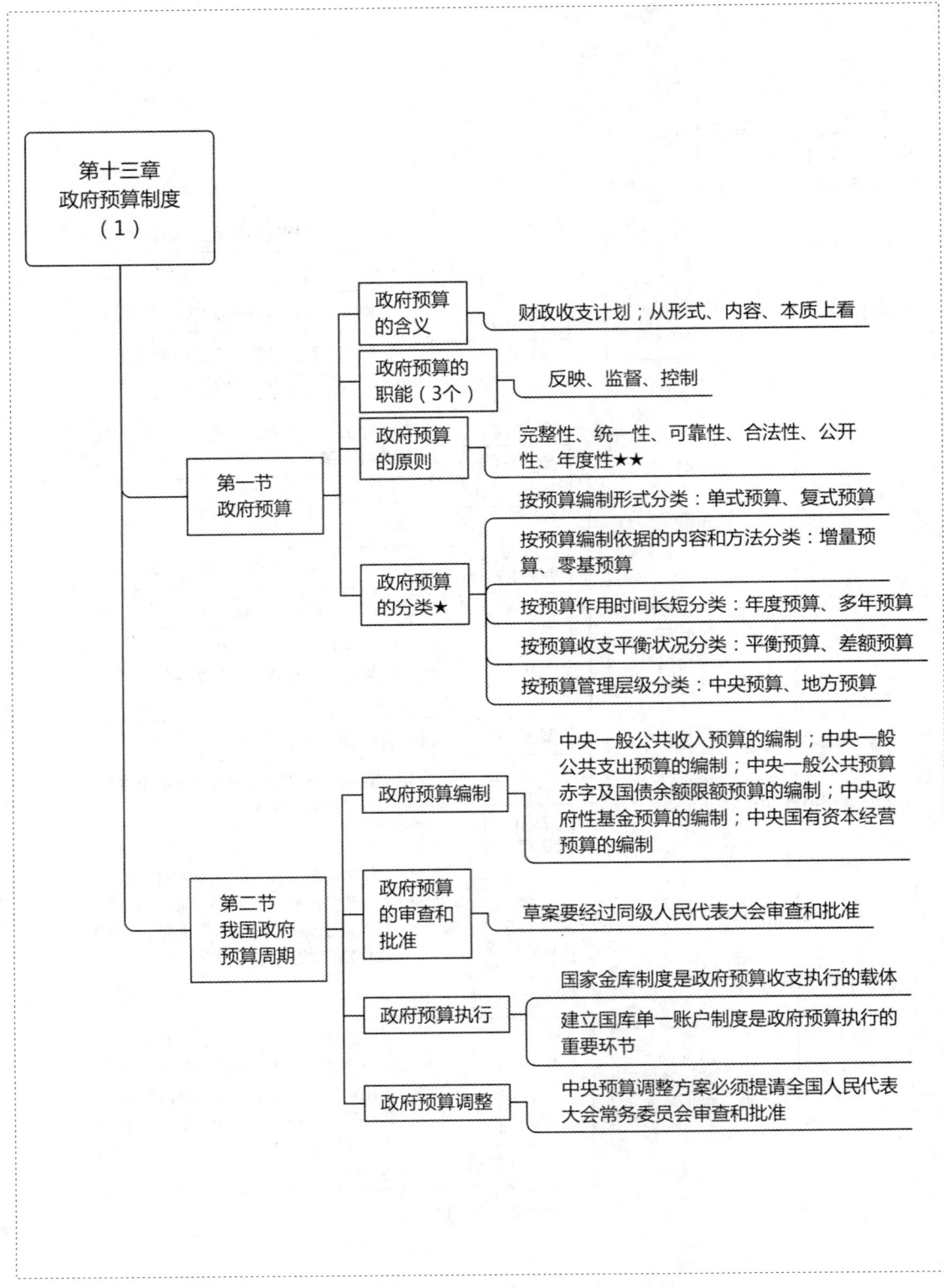

思维导图

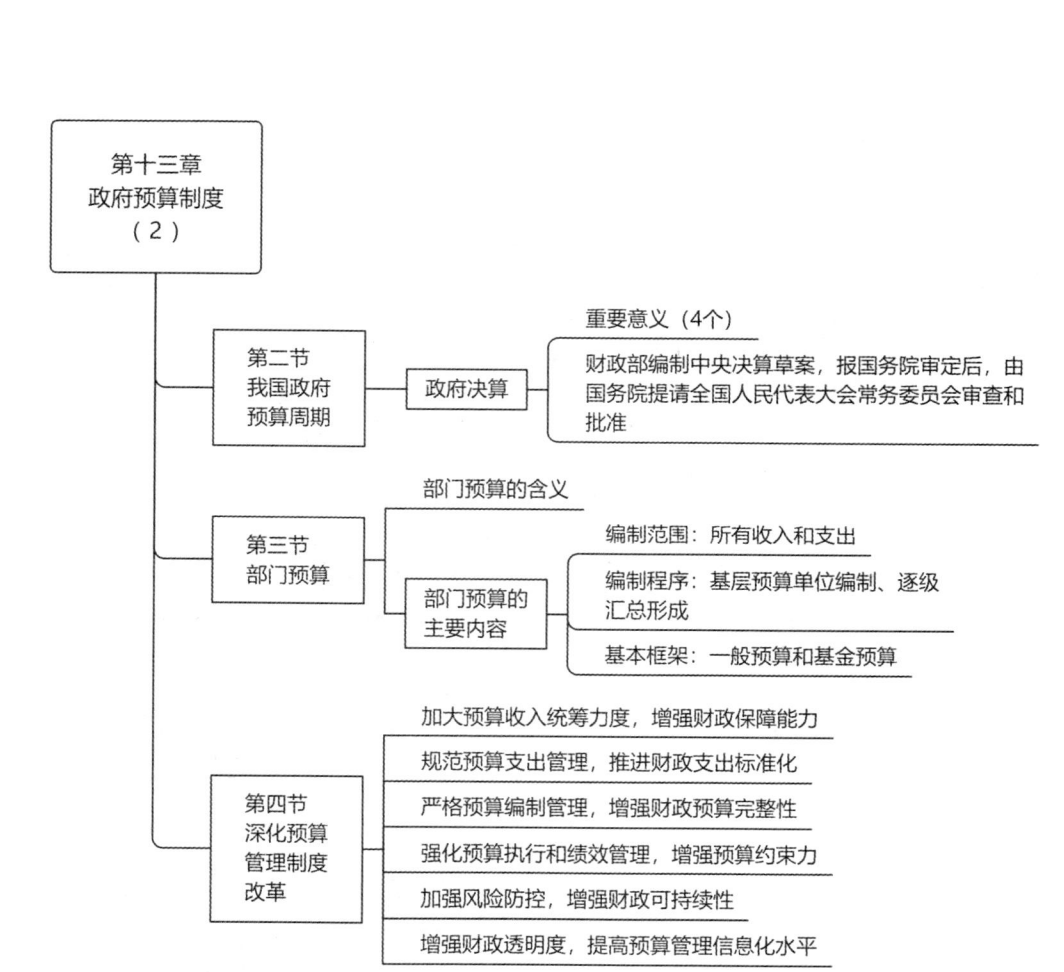

> **温馨贴士**

本部分内容共5章，考查分值为23分左右，内容主要涉及公共物品、财政职能、财政支出、财政收入、税收基本制度、政府预算制度。对本部分内容的学习要结合课程中的口诀总结来记忆，做到有耐心，多看多记。对于一些内容特别是税收制度的相关规定容易混淆，要做到分类明确、抓关键词记忆。考生要着重注意历年真题反复考核的知识点、新增知识点以及已经存在但未考核过的知识点。

Day 56

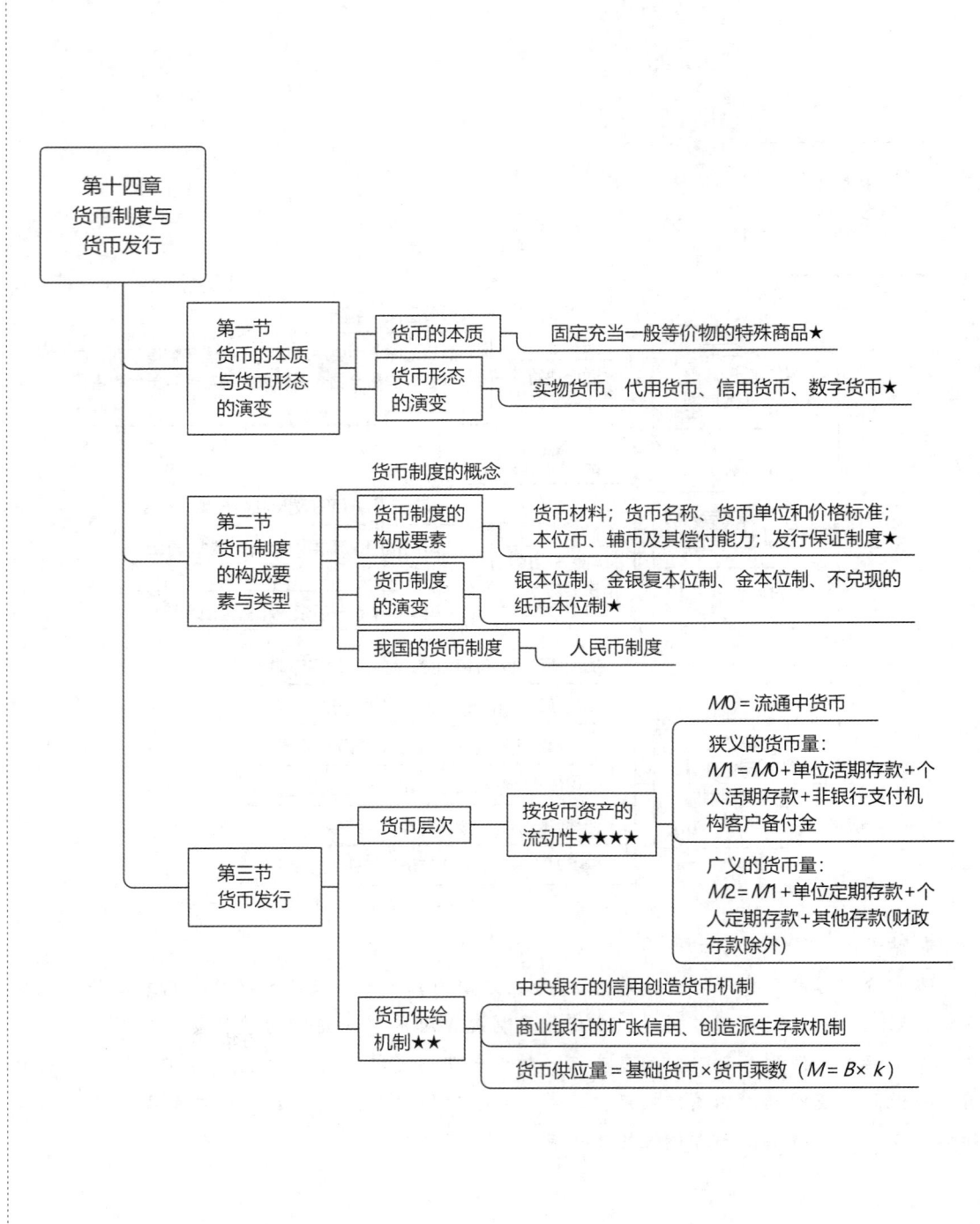

思维导图

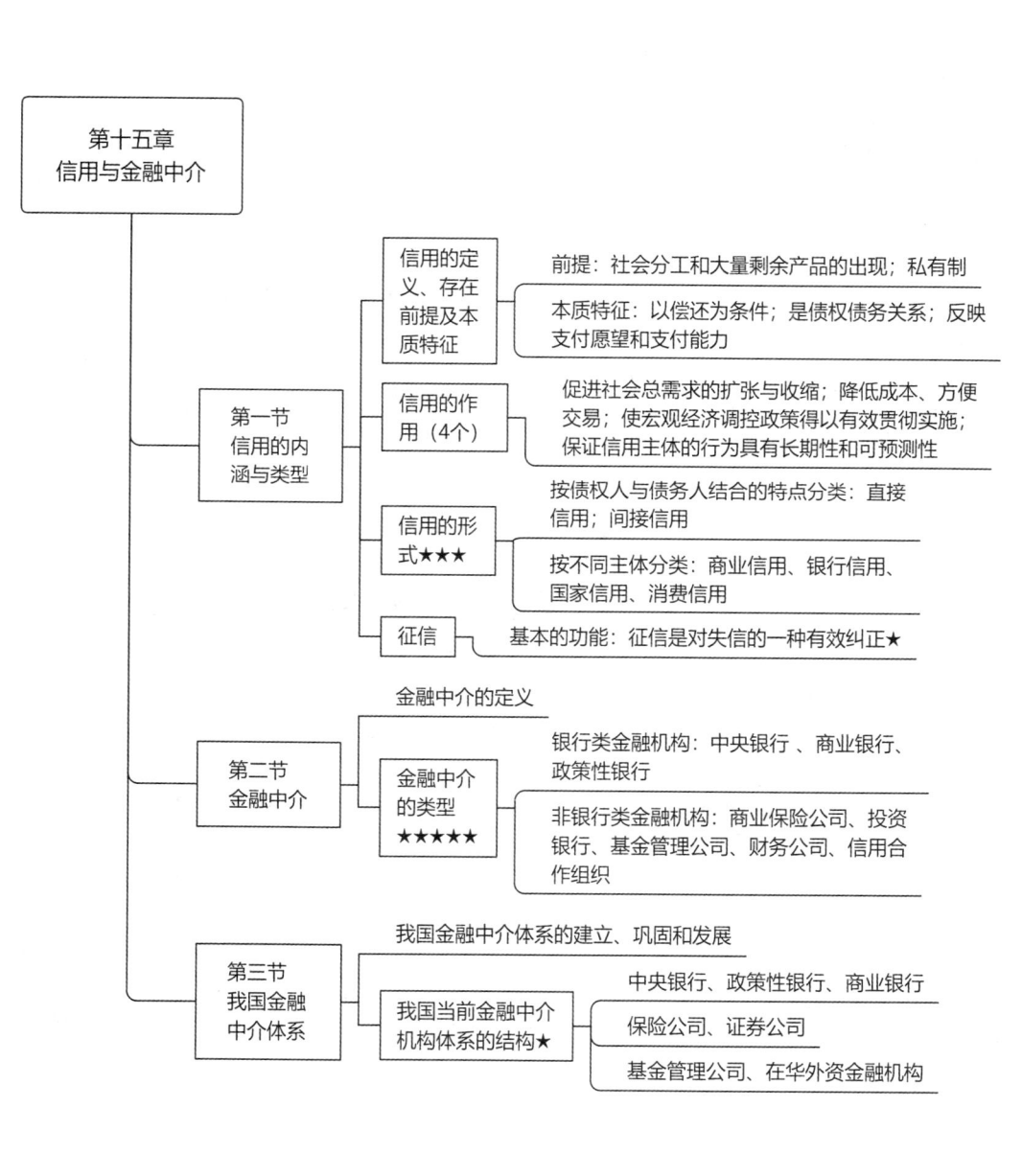

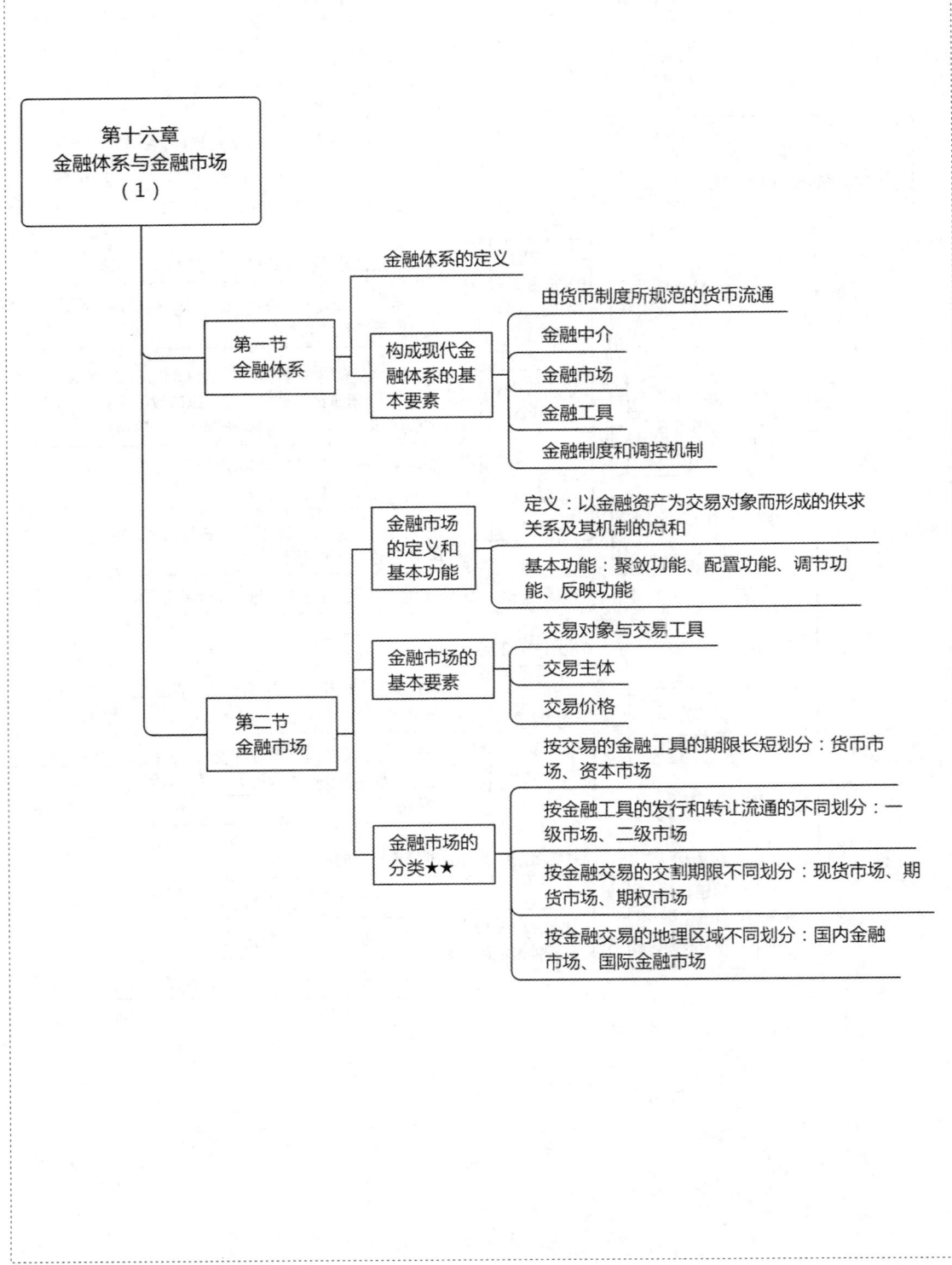

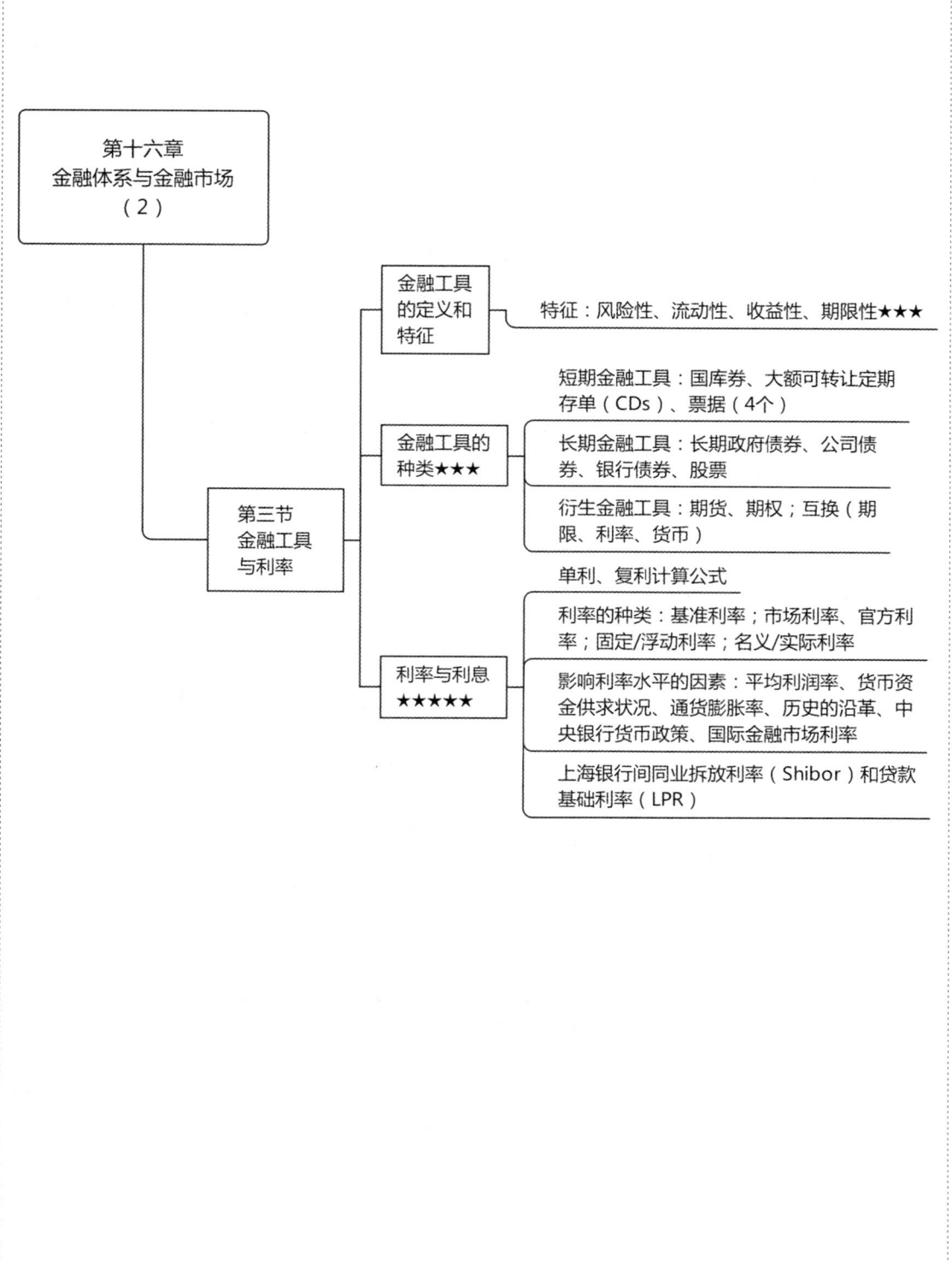

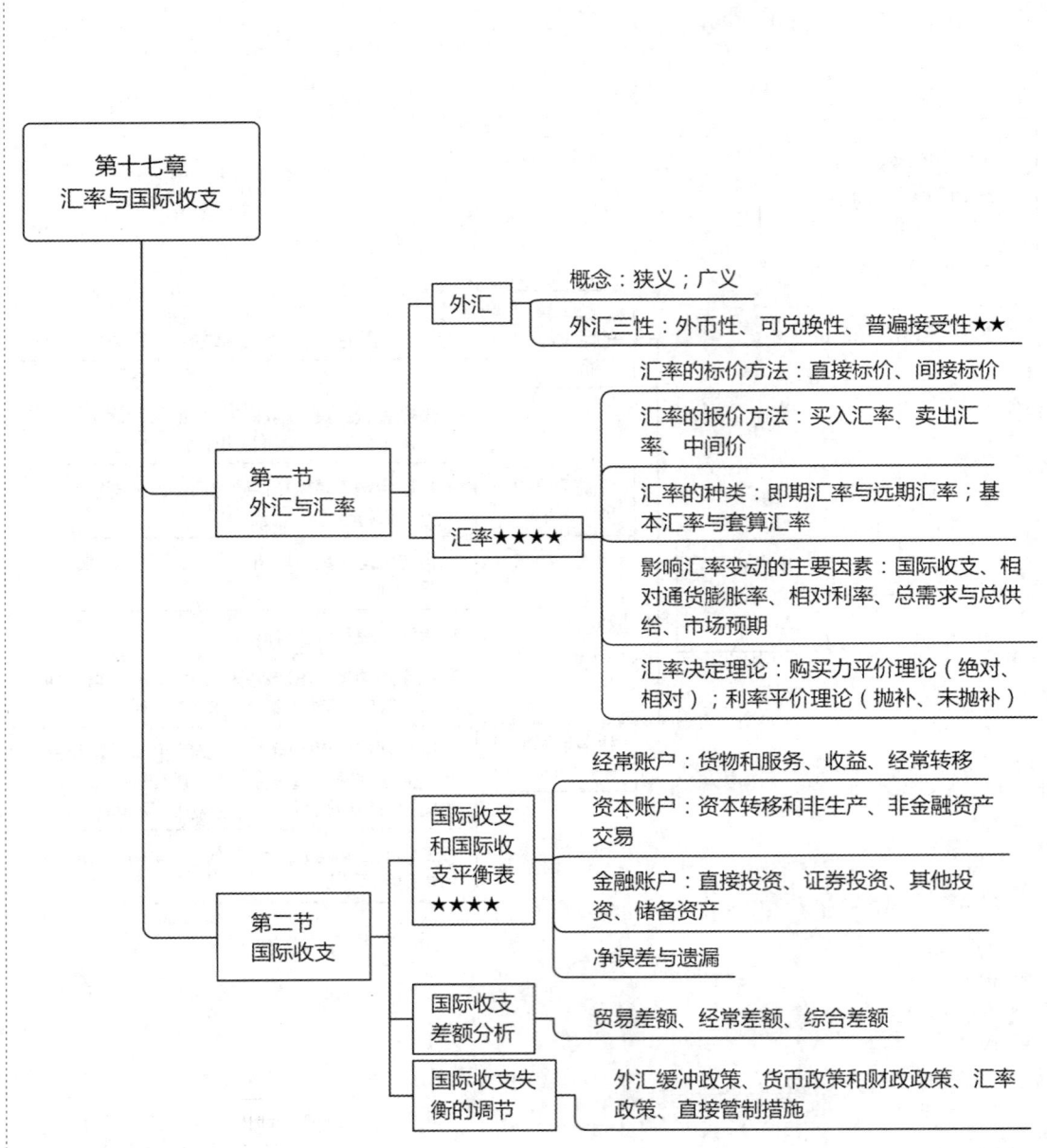

> **温馨贴士**

本部分内容共 4 章，考查分值为 23 分左右，主要内容涉及货币制度、货币发行、信用与金融中介、金融体系、金融市场、汇率、国际收支。本部分的特点是章节少分数高，是性价比非常高的部分。只要把握历年题目的常规考点，学会灵活变通，在理解的基础上反复记忆，一定可以拿下本部分的大部分分数。

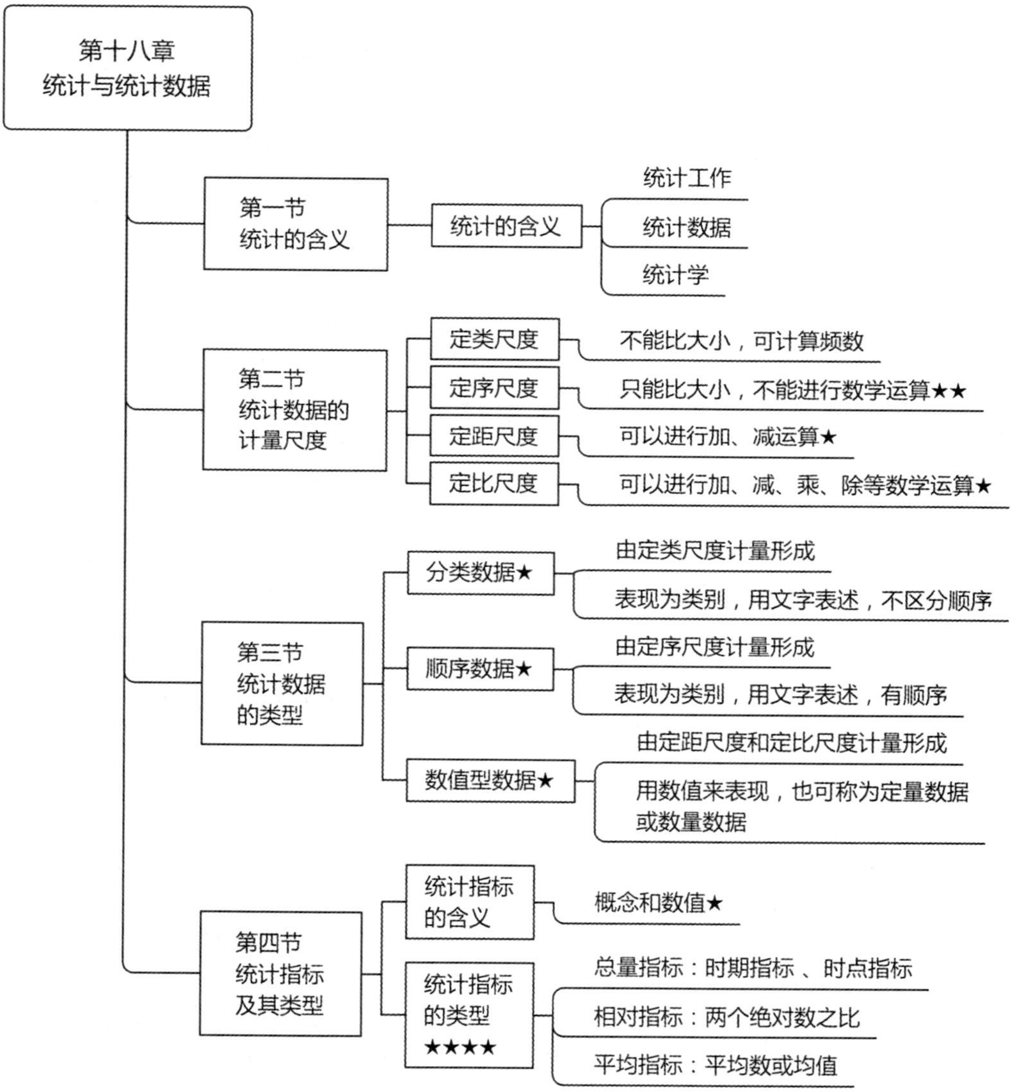

思维导图

- 第十八章 统计与统计数据
  - 第一节 统计的含义
    - 统计的含义
      - 统计工作
      - 统计数据
      - 统计学
  - 第二节 统计数据的计量尺度
    - 定类尺度 — 不能比大小，可计算频数
    - 定序尺度 — 只能比大小，不能进行数学运算★★
    - 定距尺度 — 可以进行加、减运算★
    - 定比尺度 — 可以进行加、减、乘、除等数学运算★
  - 第三节 统计数据的类型
    - 分类数据★
      - 由定类尺度计量形成
      - 表现为类别，用文字表述，不区分顺序
    - 顺序数据★
      - 由定序尺度计量形成
      - 表现为类别，用文字表述，有顺序
    - 数值型数据★
      - 由定距尺度和定比尺度计量形成
      - 用数值来表现，也可称为定量数据或数量数据
  - 第四节 统计指标及其类型
    - 统计指标的含义 — 概念和数值★
    - 统计指标的类型★★★★
      - 总量指标：时期指标、时点指标
      - 相对指标：两个绝对数之比
      - 平均指标：平均数或均值

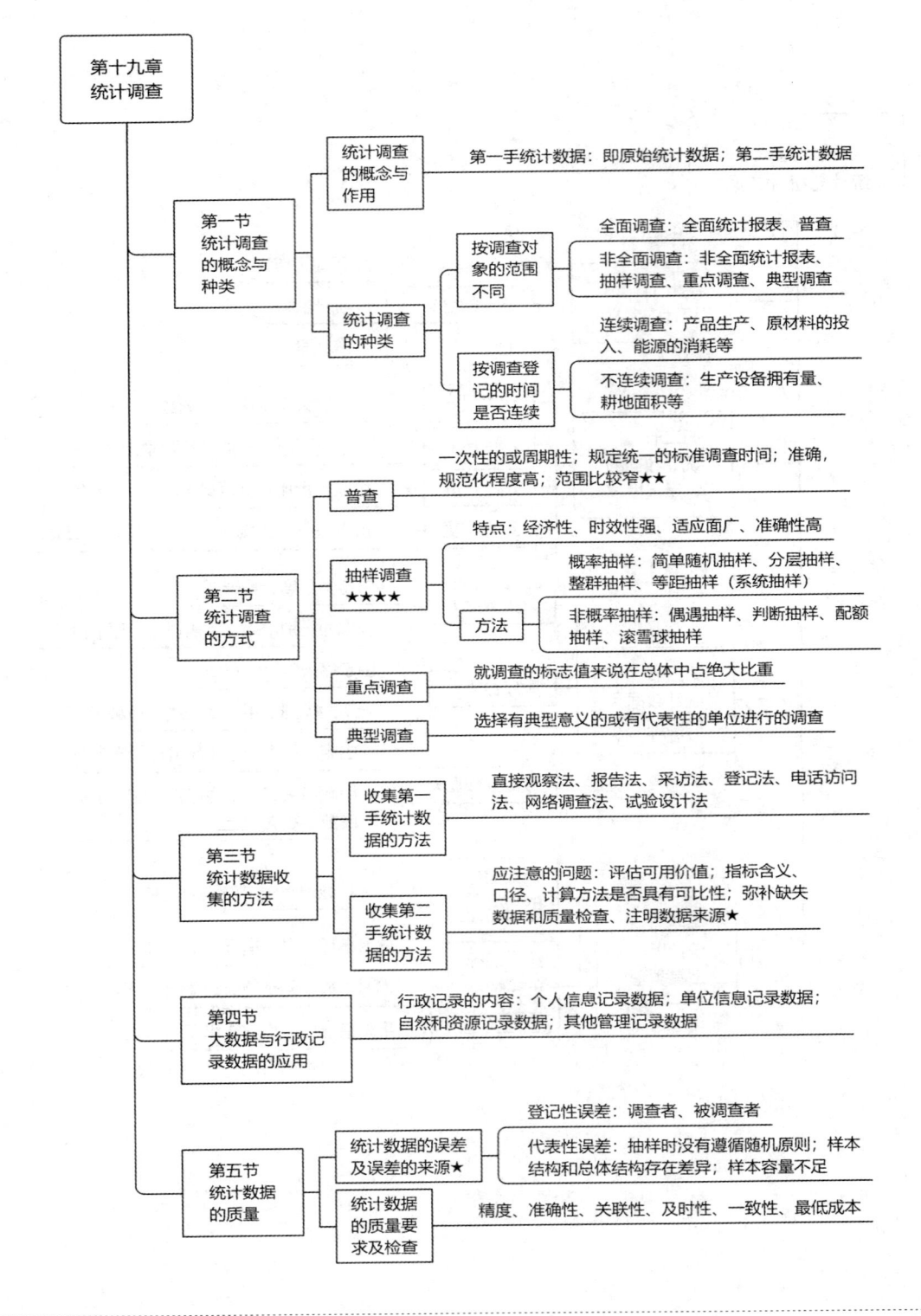

思维导图

```
第二十章 统计数据的整理与显示
├── 第一节 品质数据的整理与显示
│   ├── 分类数据的整理与显示 ★★★★★
│   │   ├── 频数与频数分布：比例、百分比、比率
│   │   └── 分类数据的图示：条形图（柱状图）、圆形图（饼图）
│   └── 顺序数据的整理与显示 ★★★★
│       ├── 方法：比例、百分比、比率；累积频数、累积频率
│       └── 图示：条形图、圆形图、累积频数分布图
├── 第二节 数值型数据的整理与显示
│   ├── 数据的分组 ★★
│   │   ├── 确定分组组数
│   │   ├── 对原始资料进行排序
│   │   ├── 求极差：极差=最大观察值-最小观察值
│   │   ├── 确定各组组距：组距=极差/组数
│   │   ├── 确定组限：组中值=（上限值+下限值）÷2
│   │   ├── 确定各组观察值出现的频数：上组限不在内
│   │   └── 制作频数分布表
│   └── 数值型数据的图示 ★
│       ├── 直方图——用矩形的宽度和高度表示频数分布
│       └── 折线图——直方图的基础上，把直方图顶部的中点（即组中值）用直线连接起来
└── 第三节 统计表
    ├── 统计表的构成：表头、行标题、列标题、数字资料、表外附加
    └── 统计表的设计 ★★
        ├── 合理安排统计表的结构
        ├── 表头一般应包括表号、总标题和表中数据的单位等
        ├── 表中的上下两条横线一般用粗线，其他线要用细线；【注意事项】
        └── 必要时可在表的下方加上注释
```

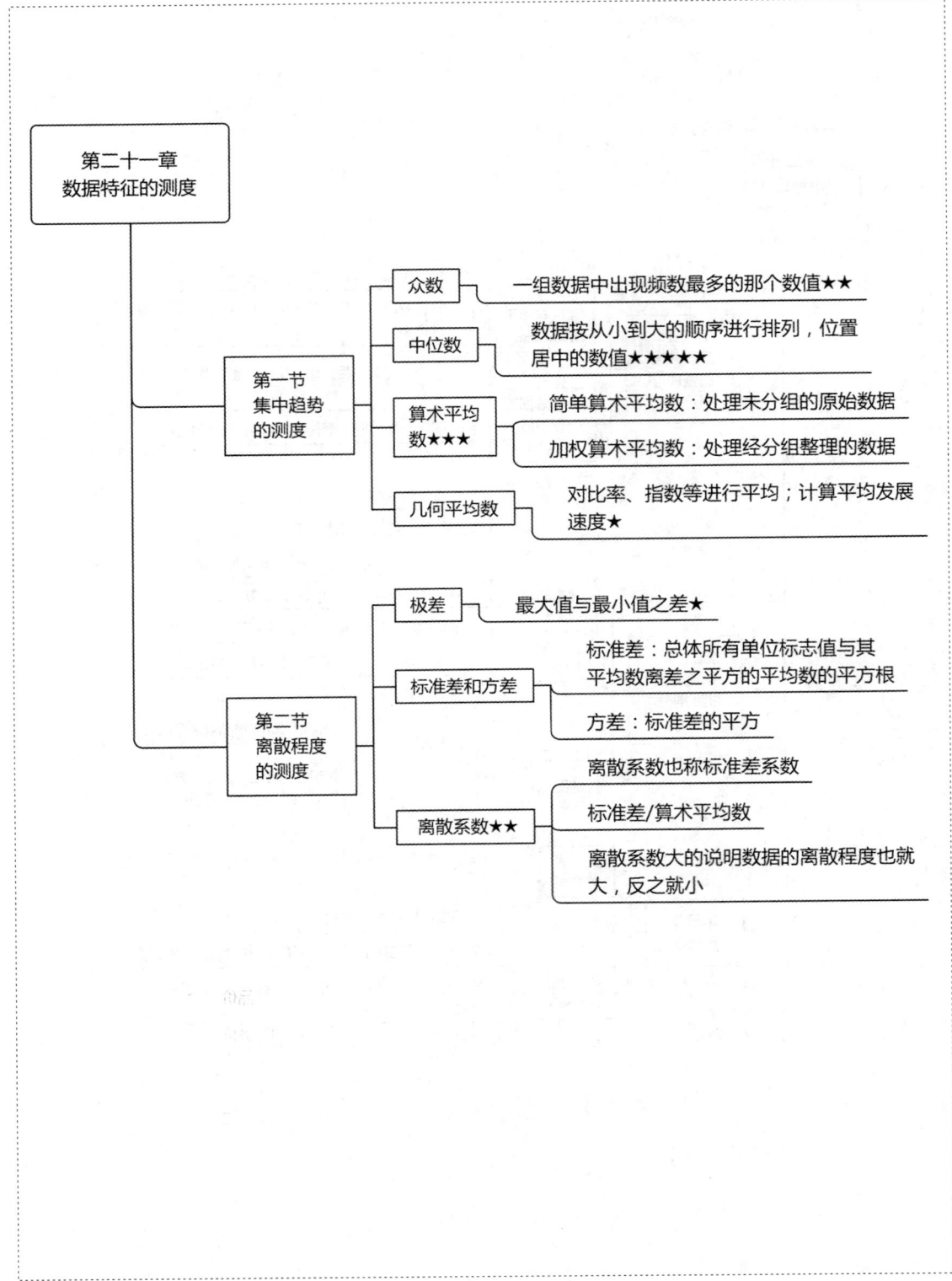

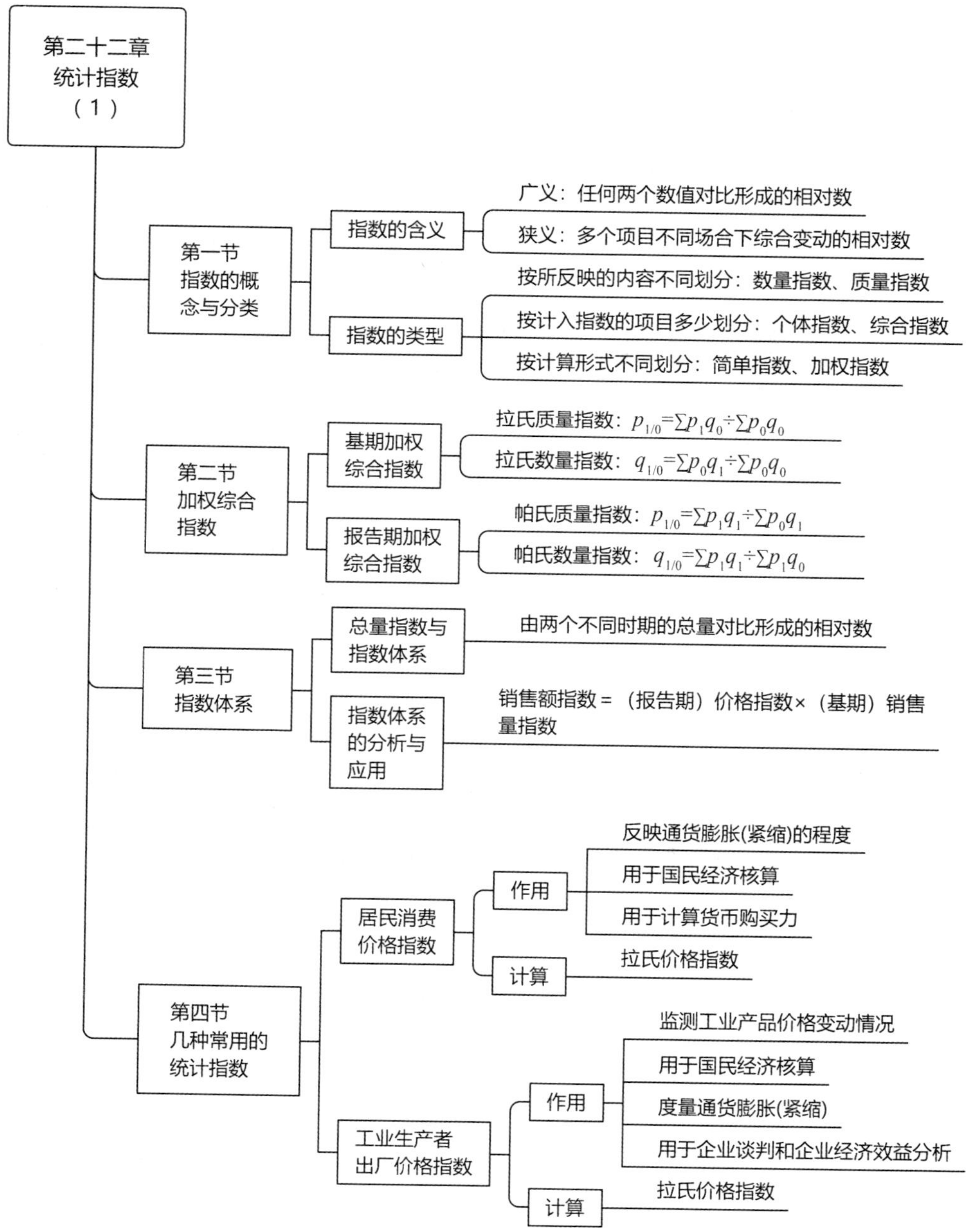

思维导图

第二十二章 统计指数（1）

第一节 指数的概念与分类

- 指数的含义
  - 广义：任何两个数值对比形成的相对数
  - 狭义：多个项目不同场合下综合变动的相对数
- 指数的类型
  - 按所反映的内容不同划分：数量指数、质量指数
  - 按计入指数的项目多少划分：个体指数、综合指数
  - 按计算形式不同划分：简单指数、加权指数

第二节 加权综合指数

- 基期加权综合指数
  - 拉氏质量指数：$p_{1/0}=\Sigma p_1 q_0 \div \Sigma p_0 q_0$
  - 拉氏数量指数：$q_{1/0}=\Sigma p_0 q_1 \div \Sigma p_0 q_0$
- 报告期加权综合指数
  - 帕氏质量指数：$p_{1/0}=\Sigma p_1 q_1 \div \Sigma p_0 q_1$
  - 帕氏数量指数：$q_{1/0}=\Sigma p_1 q_1 \div \Sigma p_1 q_0$

第三节 指数体系

- 总量指数与指数体系：由两个不同时期的总量对比形成的相对数
- 指数体系的分析与应用：销售额指数=（报告期）价格指数×（基期）销售量指数

第四节 几种常用的统计指数

- 居民消费价格指数
  - 作用
    - 反映通货膨胀(紧缩)的程度
    - 用于国民经济核算
    - 用于计算货币购买力
  - 计算：拉氏价格指数
- 工业生产者出厂价格指数
  - 作用
    - 监测工业产品价格变动情况
    - 用于国民经济核算
    - 度量通货膨胀(紧缩)
    - 用于企业谈判和企业经济效益分析
  - 计算：拉氏价格指数

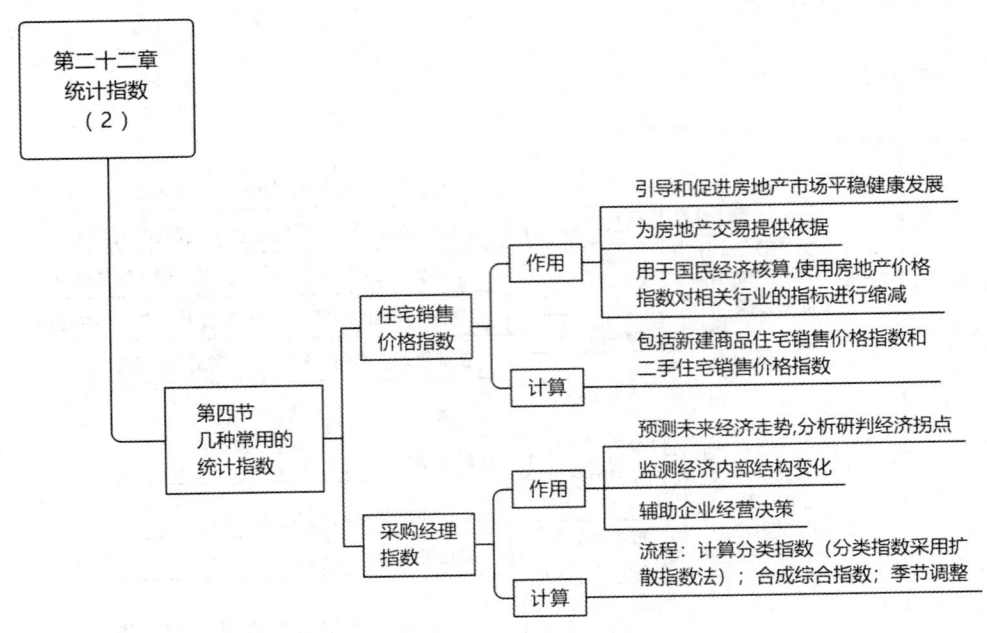

> **温馨贴士**

本部分内容共5章,考查分值为21分左右,具体内容涉及统计与统计数据、统计调查、统计数据的整理与显示、数据特征的测度、统计指数。本部分的内容涉及计算,并且有一定的难度,学员要树立信心,建议结合老师的课程和讲义进行学习。要学会对统计部分与生活实际结合类型的例题进行分析,明确考核内容,运用正确的统计方法进行计算与分析。

Day 57

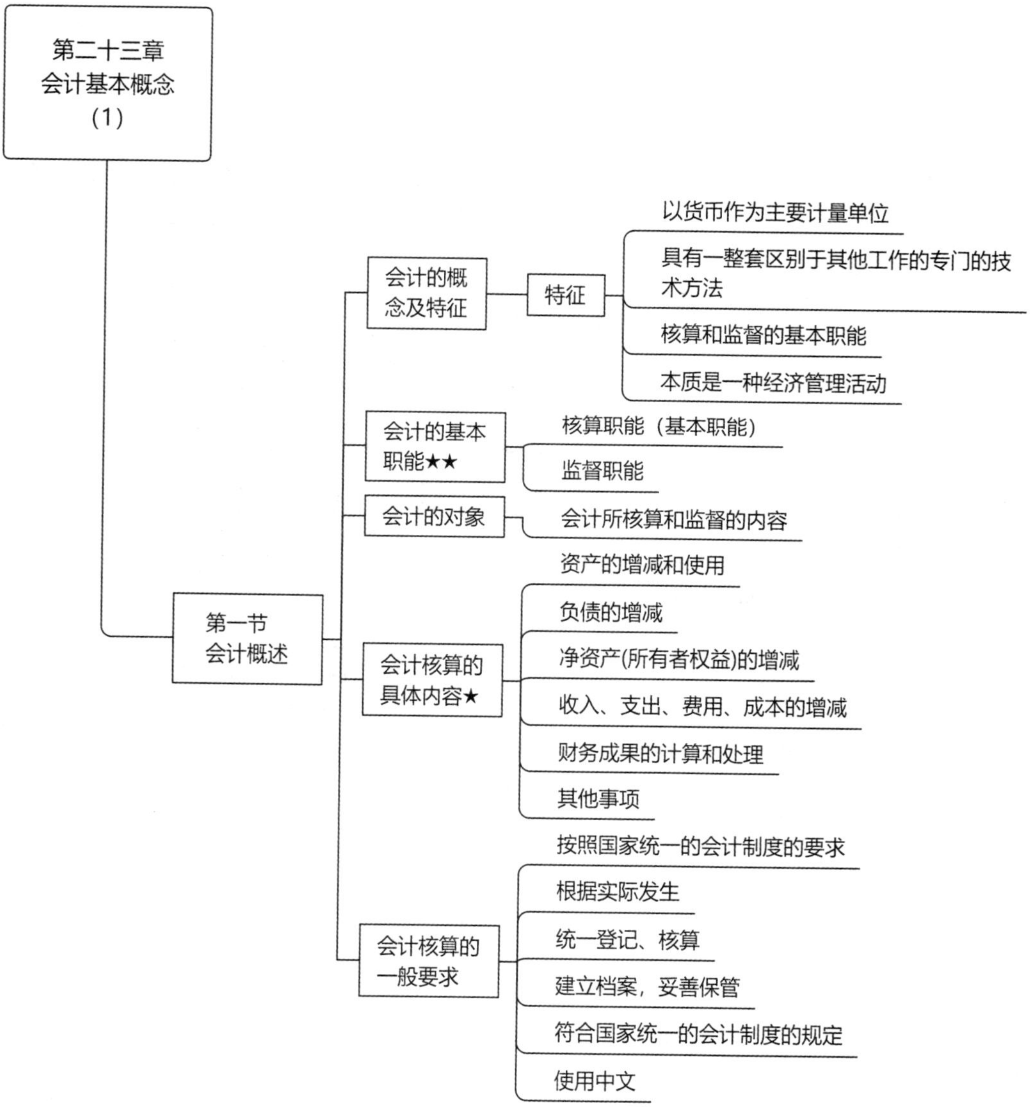

```
第二十三章
会计基本概念
   (1)
      │
      └── 第一节 会计概述
              ├── 会计的概念及特征 ── 特征 ┬── 以货币作为主要计量单位
              │                          ├── 具有一整套区别于其他工作的专门的技术方法
              │                          ├── 核算和监督的基本职能
              │                          └── 本质是一种经济管理活动
              ├── 会计的基本职能★★ ┬── 核算职能（基本职能）
              │                    └── 监督职能
              ├── 会计的对象 ── 会计所核算和监督的内容
              ├── 会计核算的具体内容★ ┬── 资产的增减和使用
              │                      ├── 负债的增减
              │                      ├── 净资产(所有者权益)的增减
              │                      ├── 收入、支出、费用、成本的增减
              │                      ├── 财务成果的计算和处理
              │                      └── 其他事项
              └── 会计核算的一般要求 ┬── 按照国家统一的会计制度的要求
                                     ├── 根据实际发生
                                     ├── 统一登记、核算
                                     ├── 建立档案，妥善保管
                                     ├── 符合国家统一的会计制度的规定
                                     └── 使用中文
```

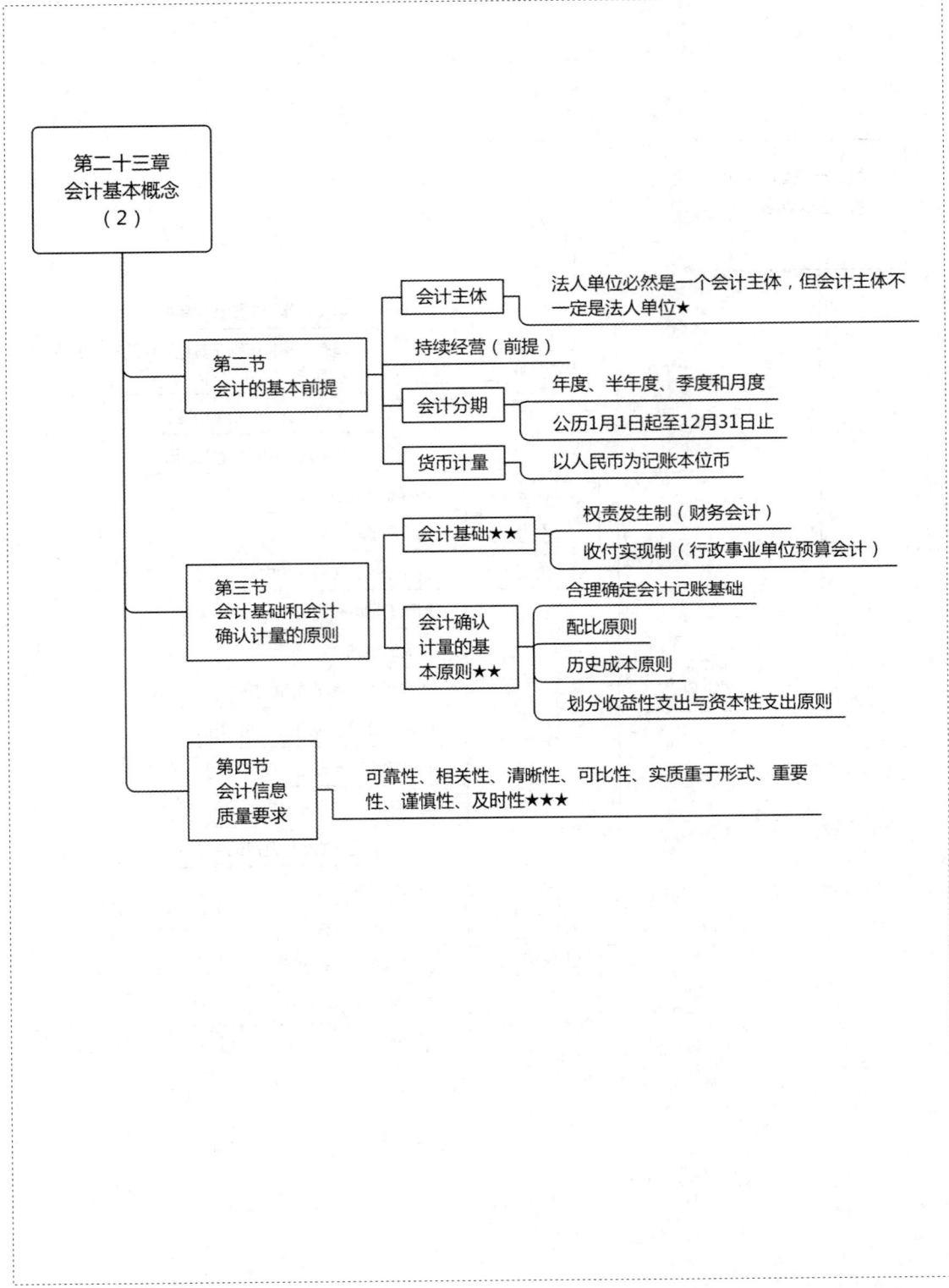

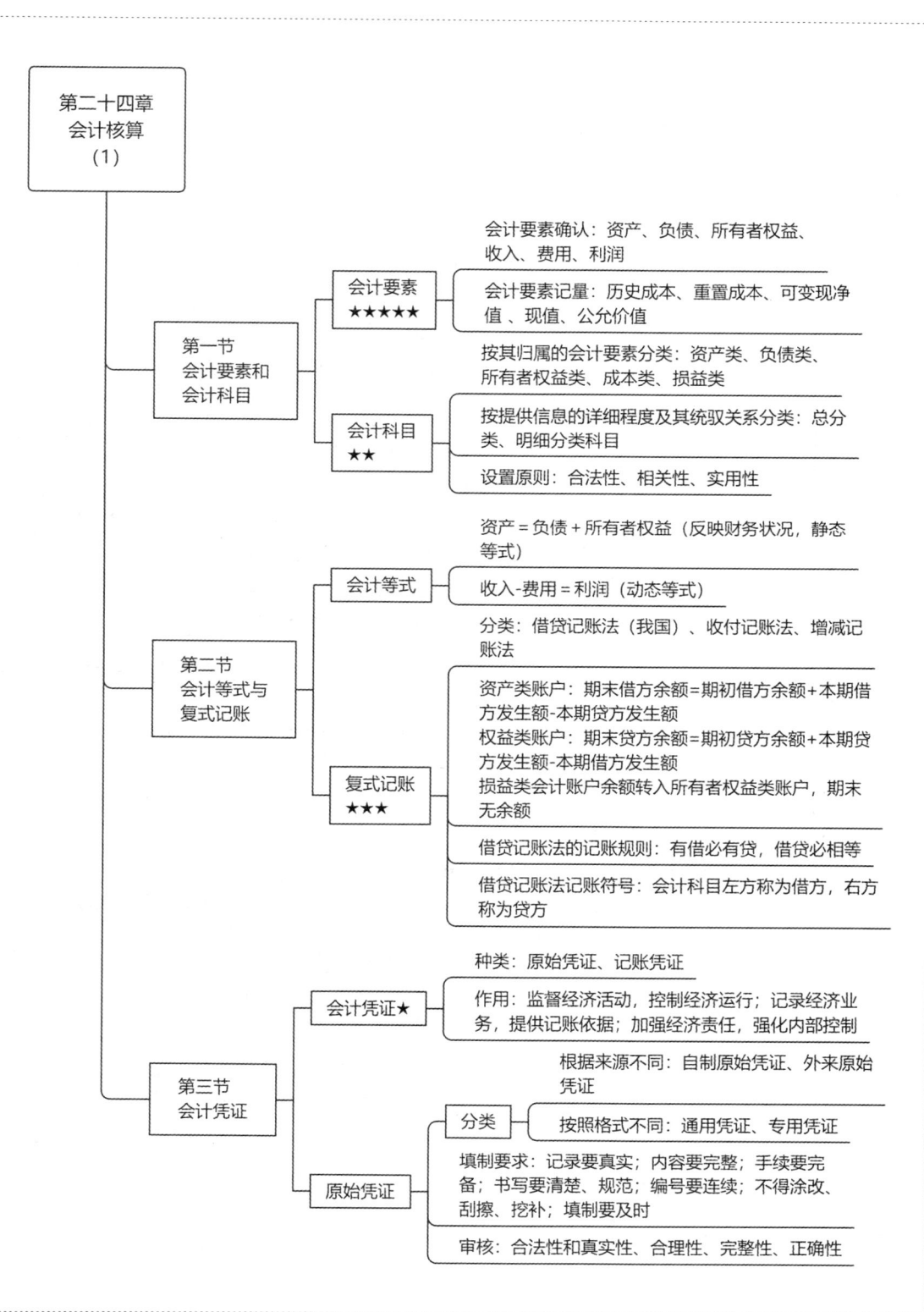

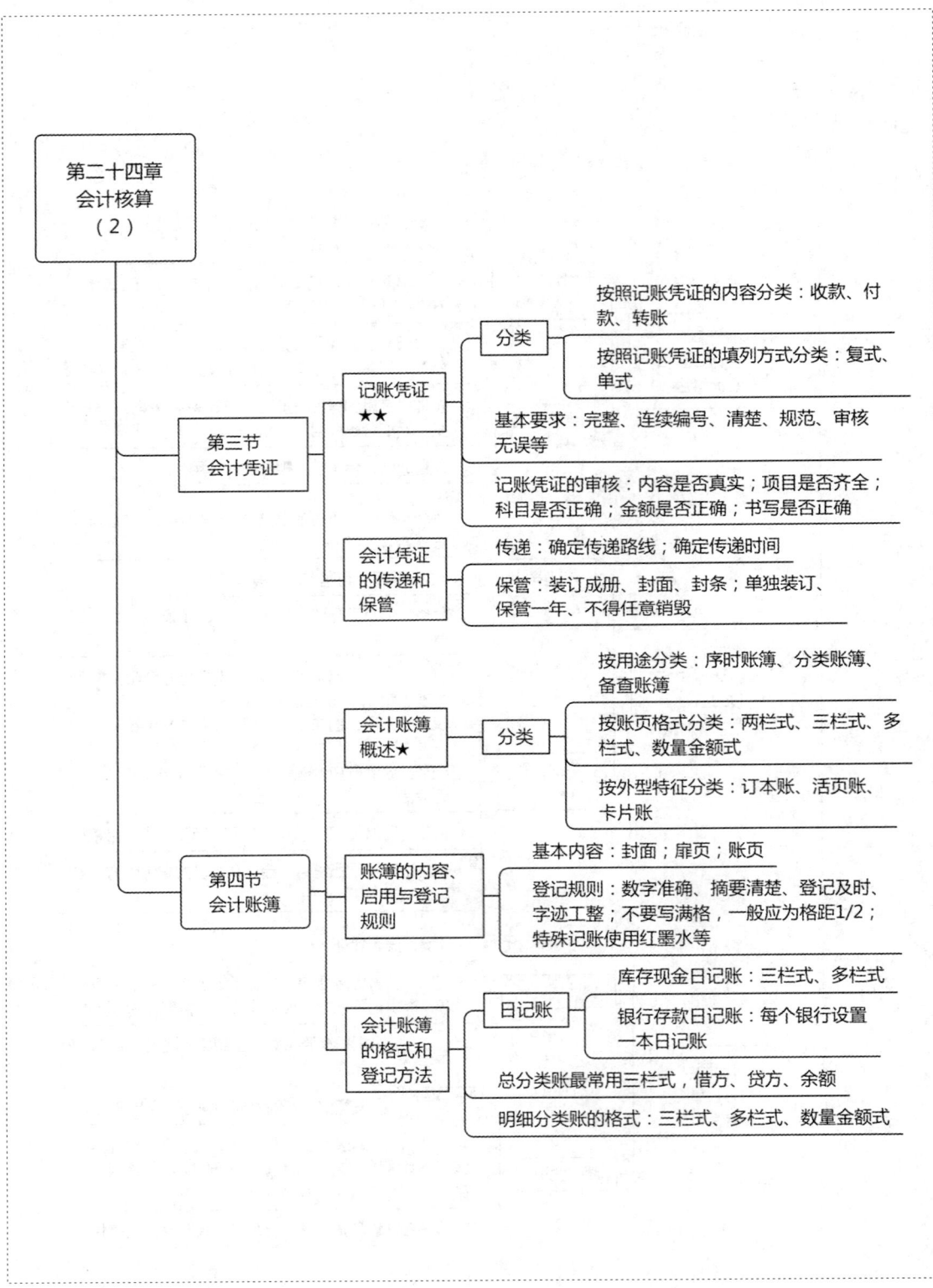

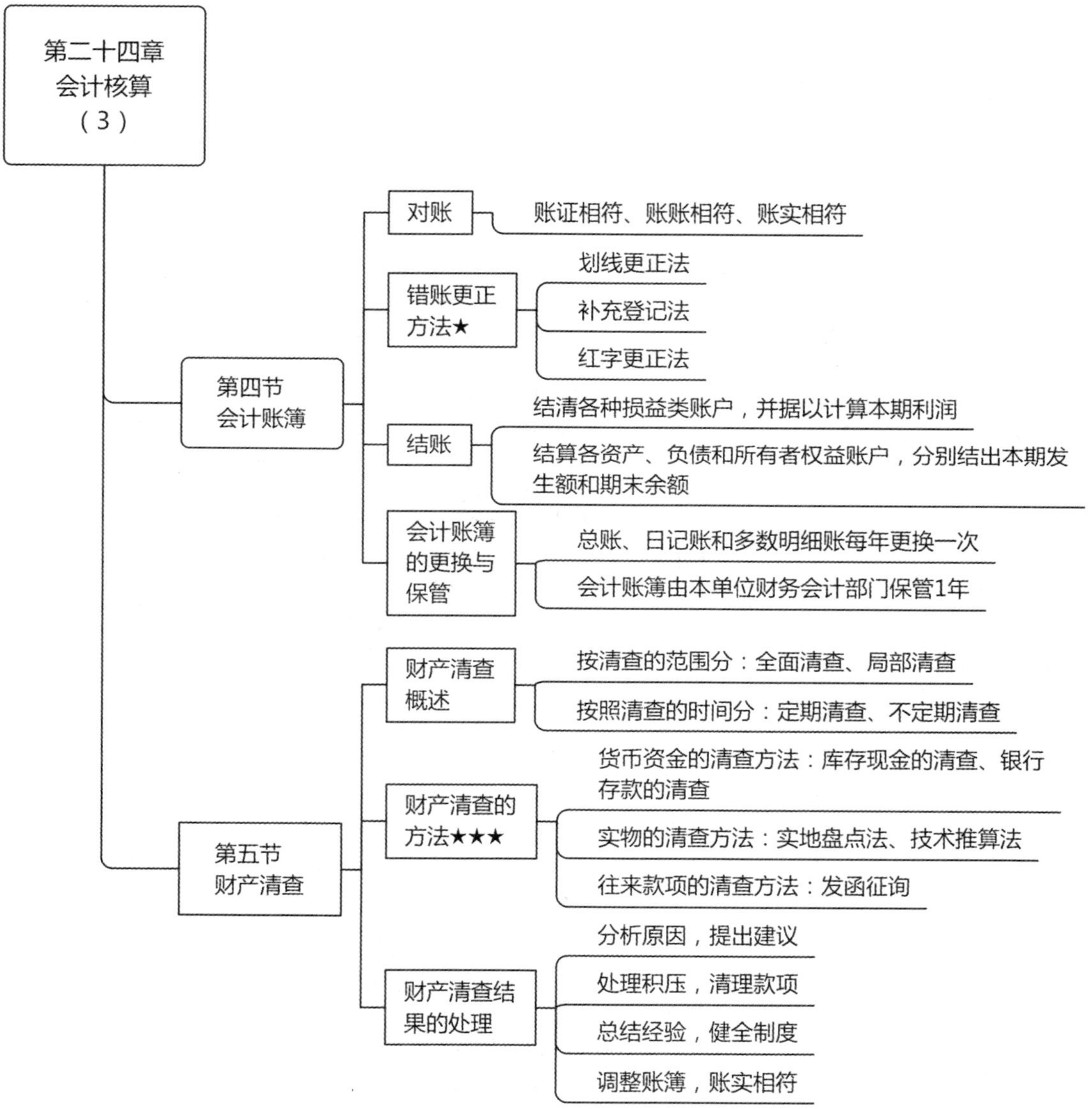

第二十四章 会计核算（3）

第四节 会计账簿

- 对账
  - 账证相符、账账相符、账实相符
- 错账更正方法★
  - 划线更正法
  - 补充登记法
  - 红字更正法
- 结账
  - 结清各种损益类账户，并据以计算本期利润
  - 结算各资产、负债和所有者权益账户，分别结出本期发生额和期末余额
- 会计账簿的更换与保管
  - 总账、日记账和多数明细账每年更换一次
  - 会计账簿由本单位财务会计部门保管1年

第五节 财产清查

- 财产清查概述
  - 按清查的范围分：全面清查、局部清查
  - 按照清查的时间分：定期清查、不定期清查
- 财产清查的方法★★★
  - 货币资金的清查方法：库存现金的清查、银行存款的清查
  - 实物的清查方法：实地盘点法、技术推算法
  - 往来款项的清查方法：发函征询
- 财产清查结果的处理
  - 分析原因，提出建议
  - 处理积压，清理款项
  - 总结经验，健全制度
  - 调整账簿，账实相符

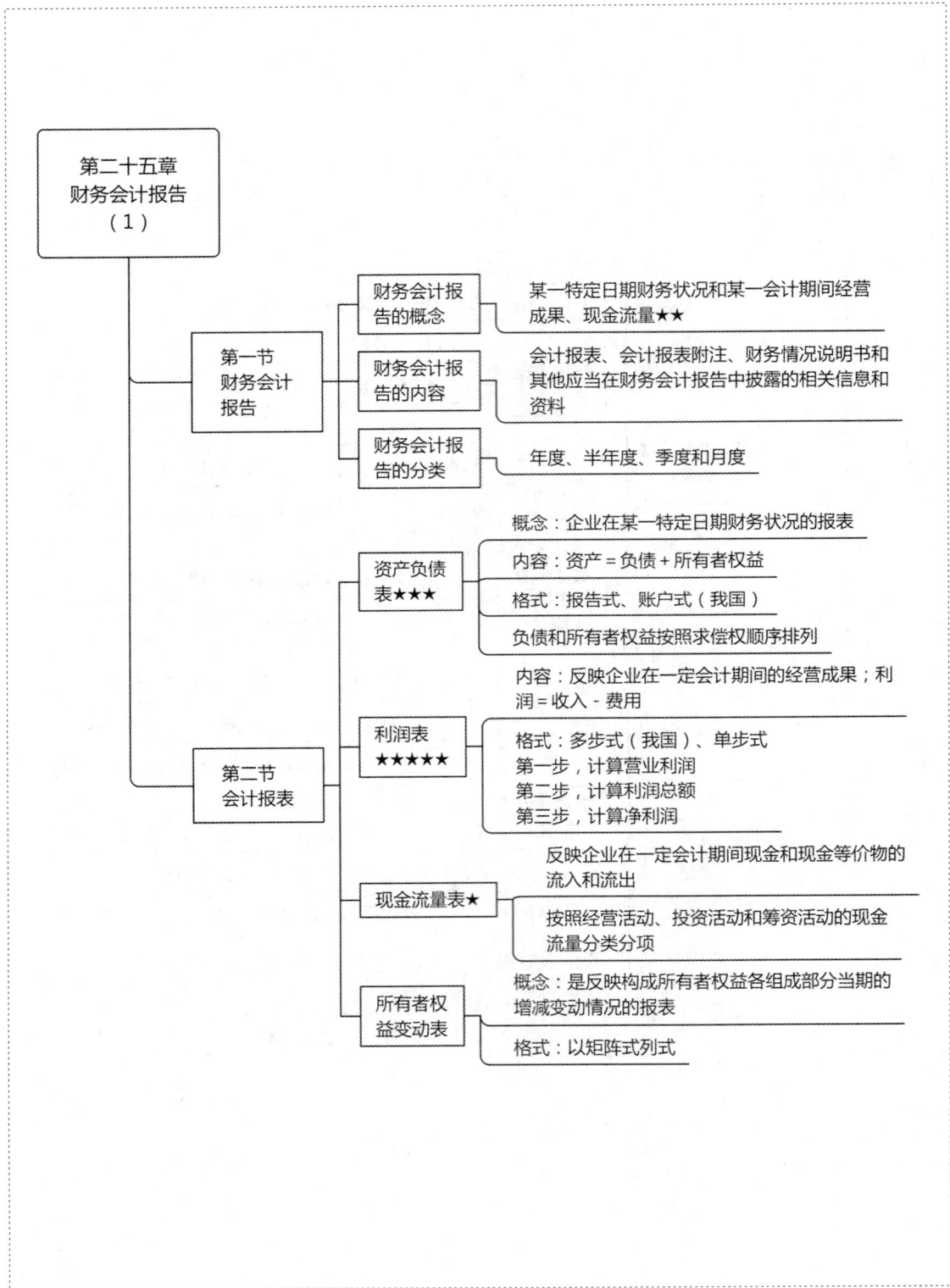

思维导图

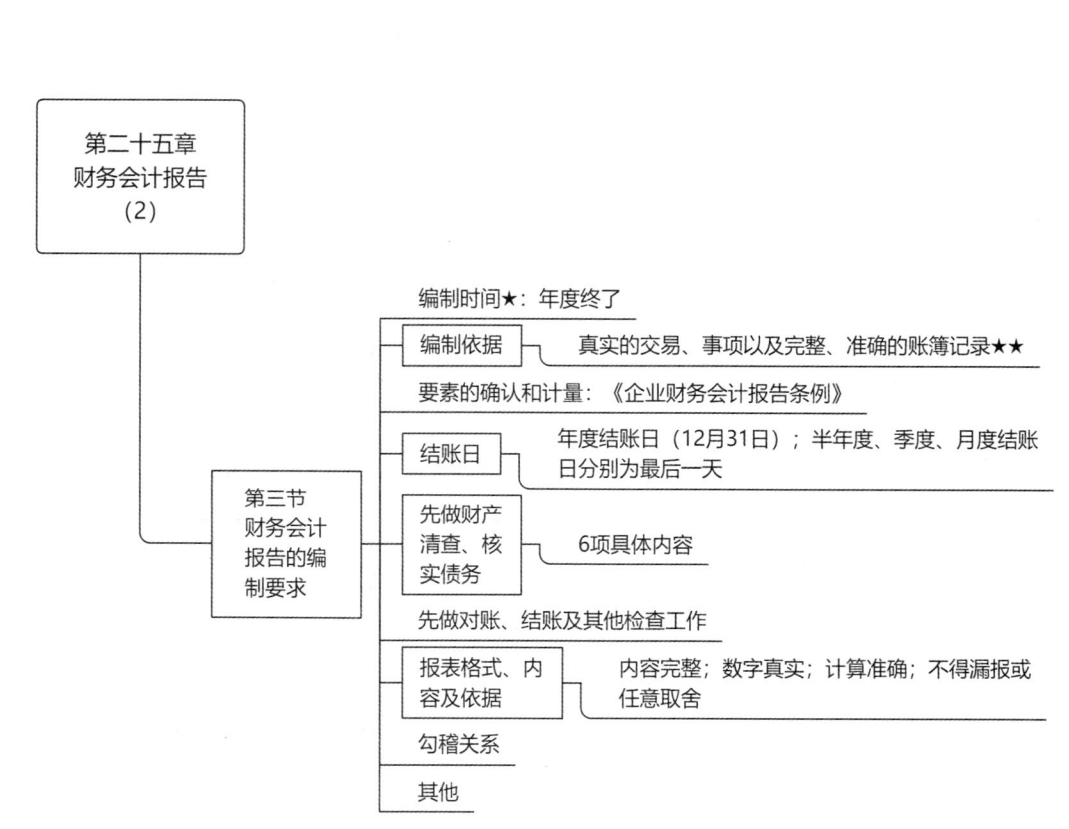

> **温馨贴士**

本部分内容共3章,考核分值为21分左右,具体内容涉及会计的基本概念、会计核算、财务会计报告。本部分内容难度不并不是很大,是整本书内容最少、分值较高的部分,性价比最高。有些考生可能之前没有接触过会计,所以学习本部分内容建议结合讲义、认真听老师讲课。考试的内容偏向对会计一些具体概念的考查,多看多记才是关键。

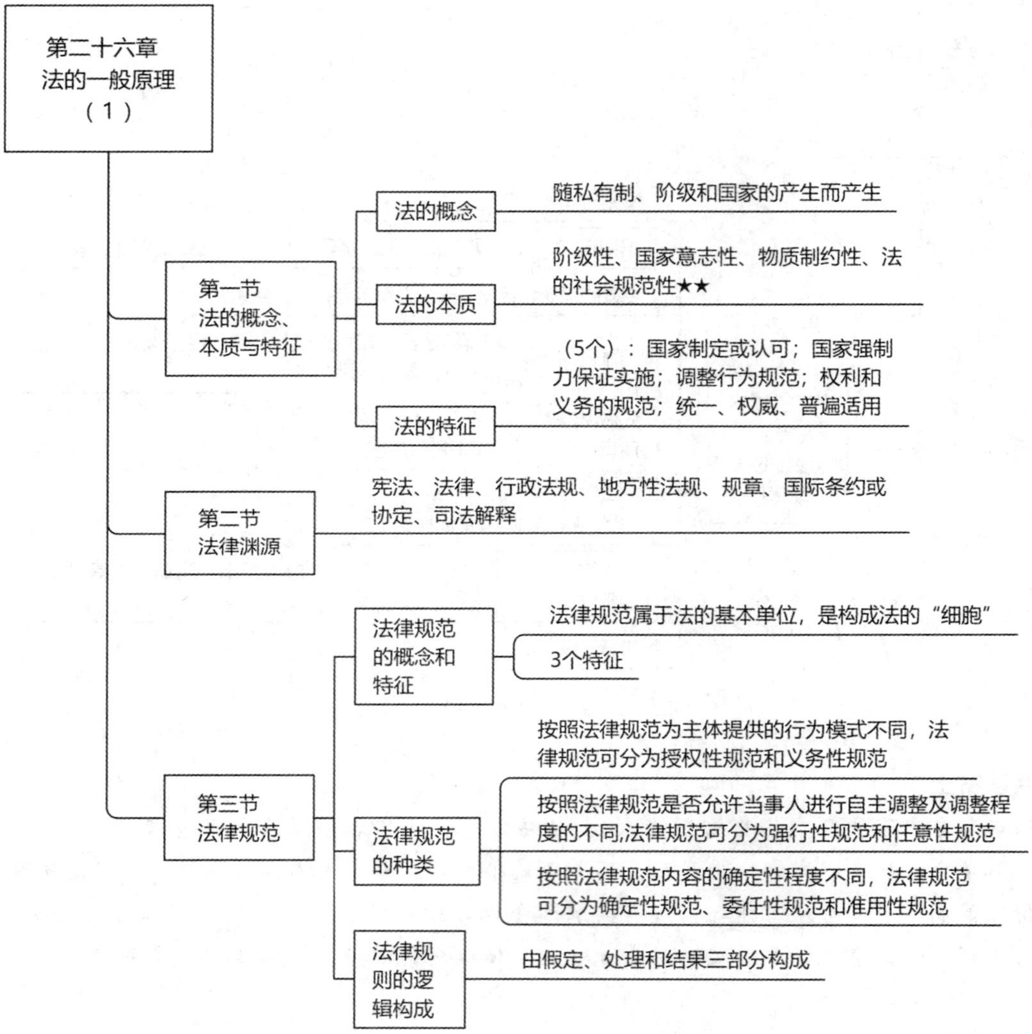

```
第二十六章              ┌── 法的概念 ──── 随私有制、阶级和国家的产生而产生
法的一般原理            │
    (1)     ── 第一节  ├── 法的本质 ──── 阶级性、国家意志性、物质制约性、法
              法的概念、│                 的社会规范性★★
              本质与特征│
                       └── 法的特征 ──── (5个)：国家制定或认可；国家强制
                                         力保证实施；调整行为规范；权利和
                                         义务的规范；统一、权威、普遍适用

           ── 第二节  ──────────────── 宪法、法律、行政法规、地方性法规、规章、国际条约或
              法律渊源                    协定、司法解释

                       ┌── 法律规范 ──── 法律规范属于法的基本单位，是构成法的"细胞"
                       │   的概念和
                       │   特征       └── 3个特征
                       │
                       │                 按照法律规范为主体提供的行为模式不同，法
                       │                 律规范可分为授权性规范和义务性规范
              第三节  │
           ── 法律规范 ├── 法律规范 ──── 按照法律规范是否允许当事人进行自主调整及调整程
                       │   的种类        度的不同，法律规范可分为强行性规范和任意性规范
                       │
                       │                 按照法律规范内容的确定性程度不同，法律规范
                       │                 可分为确定性规范、委任性规范和准用性规范
                       │
                       └── 法律规则 ──── 由假定、处理和结果三部分构成
                           的逻辑构成
```

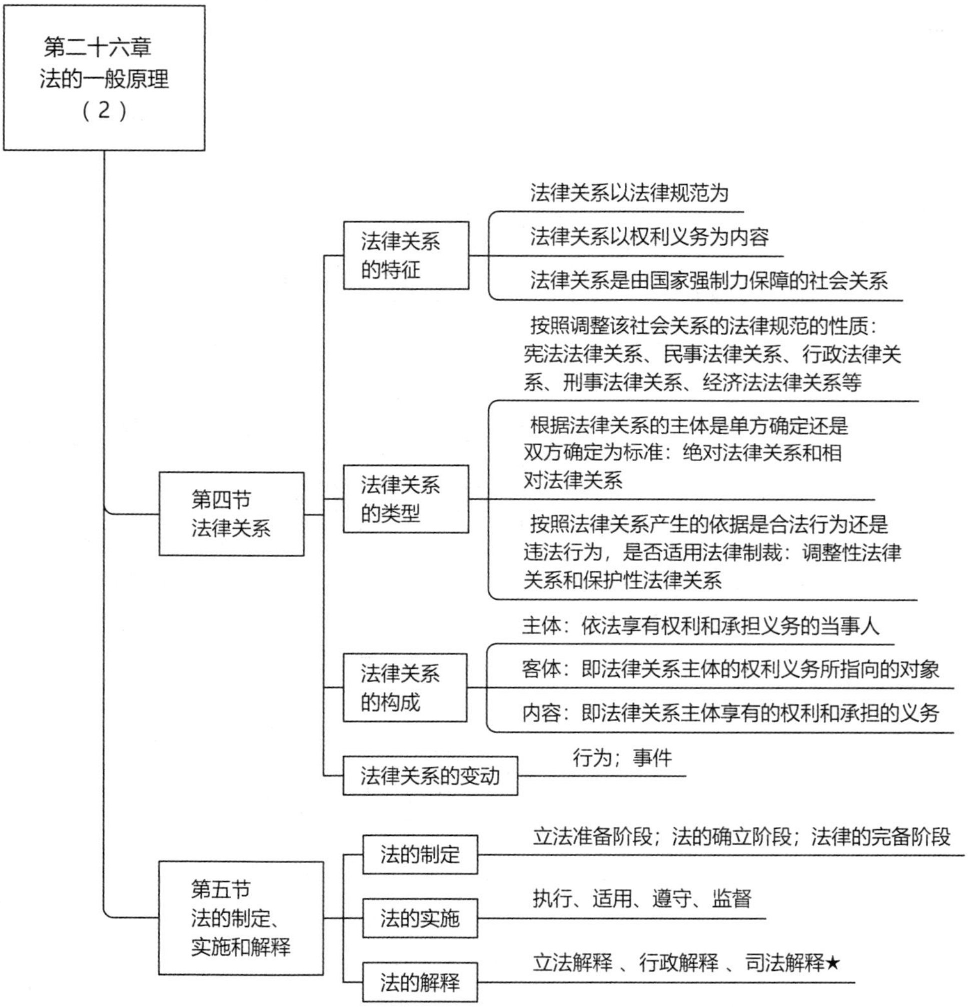

思维导图

```
第二十六章
法的一般原理
（2）
├─ 第四节 法律关系
│   ├─ 法律关系的特征
│   │   ├─ 法律关系以法律规范为
│   │   ├─ 法律关系以权利义务为内容
│   │   └─ 法律关系是由国家强制力保障的社会关系
│   ├─ 法律关系的类型
│   │   ├─ 按照调整该社会关系的法律规范的性质：宪法法律关系、民事法律关系、行政法律关系、刑事法律关系、经济法法律关系等
│   │   ├─ 根据法律关系的主体是单方确定还是双方确定为标准：绝对法律关系和相对法律关系
│   │   └─ 按照法律关系产生的依据是合法行为还是违法行为，是否适用法律制裁：调整性法律关系和保护性法律关系
│   ├─ 法律关系的构成
│   │   ├─ 主体：依法享有权利和承担义务的当事人
│   │   ├─ 客体：即法律关系主体的权利义务所指向的对象
│   │   └─ 内容：即法律关系主体享有的权利和承担的义务
│   └─ 法律关系的变动 —— 行为；事件
└─ 第五节 法的制定、实施和解释
    ├─ 法的制定 —— 立法准备阶段；法的确立阶段；法律的完备阶段
    ├─ 法的实施 —— 执行、适用、遵守、监督
    └─ 法的解释 —— 立法解释、行政解释、司法解释★
```

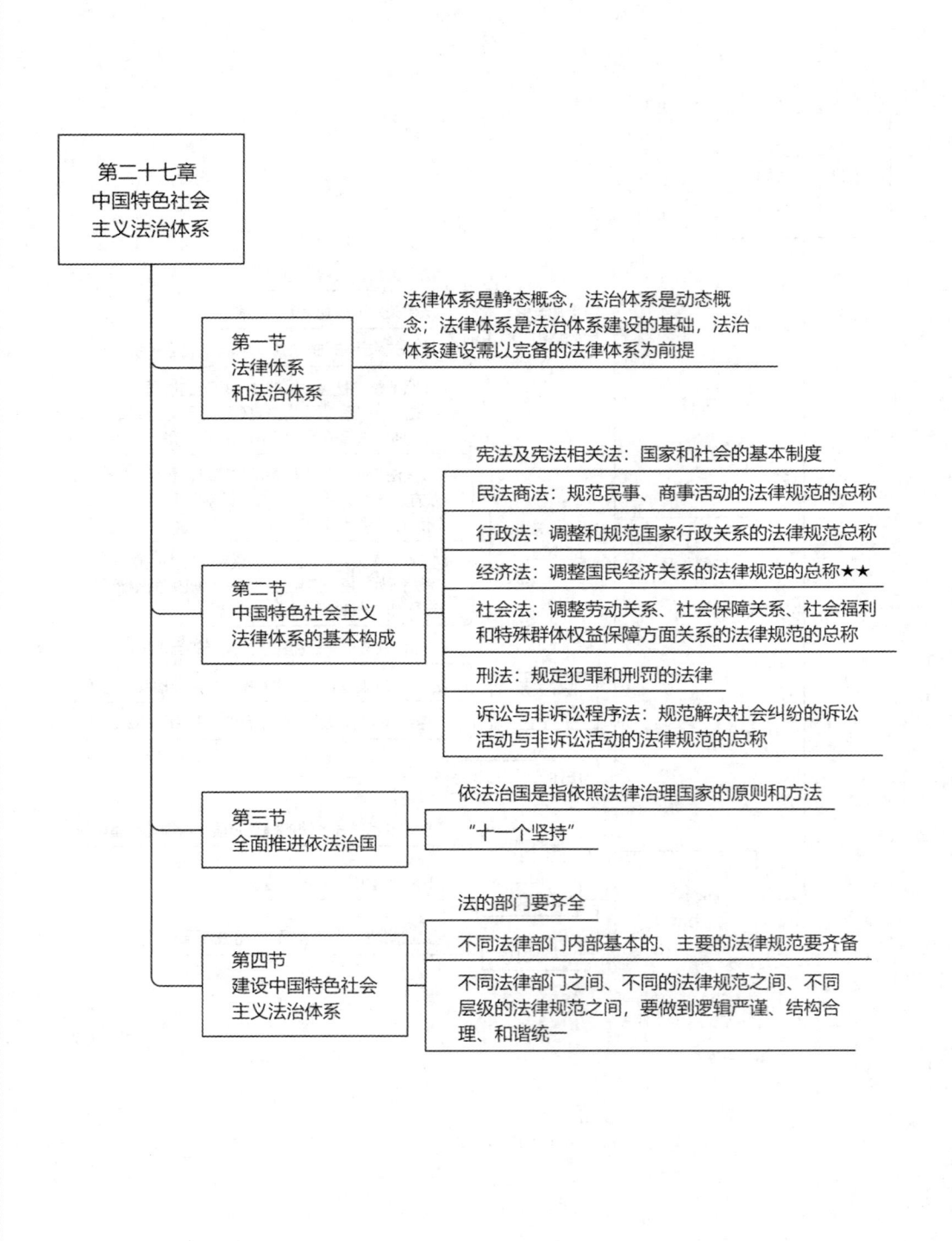

第二十八章 行政法基础知识（1）

第一节 行政法概述

- 行政法的概念和特征
  - 概念：国家调整行政关系的法律规范总称
  - 特征：无统一完整的实体行政法典；涉及领域广泛；易于变动，稳定性弱
- 行政法律关系
  - 概念：行政活动形成产生的各种权利义务关系
  - 构成要素：主体、客体、内容

第二节 行政主体

- 行政主体法律特征★★★
  - 享有国家行政权力的组织
  - 能够以自己名义行使行政权的组织
  - 能够独立对外承担其行为所产生的法律责任

第三节 行政行为

- 行政行为的概念和特征
  - 概念：行政主体行使行政职权所作出的行为
  - 特征：执行法律的行为；裁量性；单方意志性；强制性
- 几种主要的行政行为：行政立法；行政许可；行政处罚；行政强制★★★★

第四节 行政复议

- 行政复议的概念：由受理机关对具体行政行为作出处理决定的活动
- 行政复议的特征
  - 行政机关的行政行为
  - 行政争议为处理对象的行为
  - 以行政行为为审查对象
  - 行政复议是由行政相对人启动的
- 行政复议的基本原则
  - 合法原则
  - 公正原则
  - 公开原则
  - 高效原则
  - 便民原则
  - 为民原则
  - 禁止不利变更原则
- 行政复议基本制度★
  - 一级复议制度
  - 复议不停止执行制度
  - 被申请人承担举证责任的制度
  - 行政复议中的调解制度

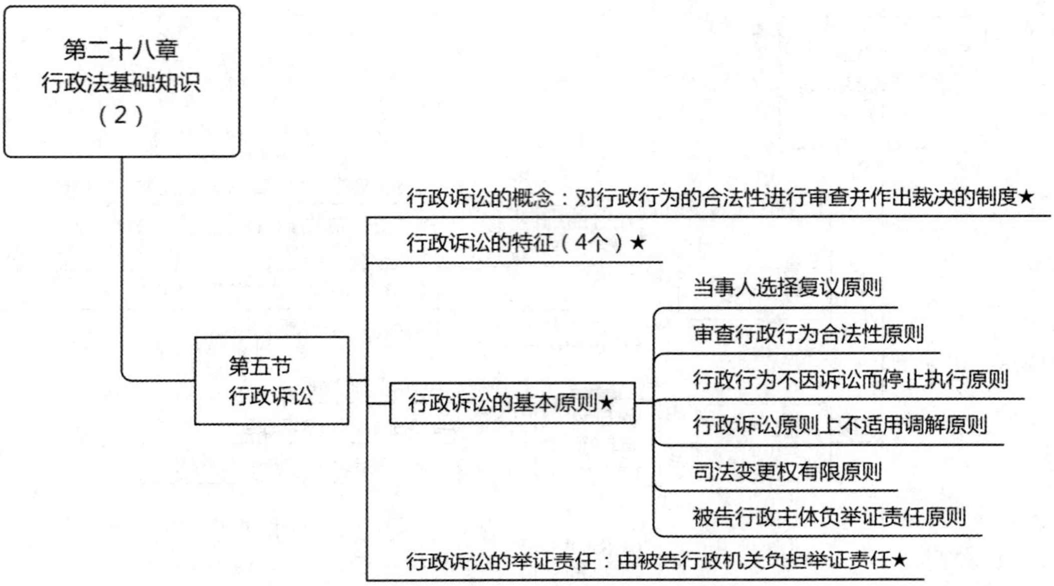

```
第二十八章
行政法基础知识
（2）
                                    行政诉讼的概念：对行政行为的合法性进行审查并作出裁决的制度★
                                    行政诉讼的特征（4个）★
                                                        当事人选择复议原则
                                                        审查行政行为合法性原则
              第五节                 行政诉讼的基本原则★   行政行为不因诉讼而停止执行原则
              行政诉讼                                  行政诉讼原则上不适用调解原则
                                                        司法变更权有限原则
                                                        被告行政主体负举证责任原则
                                    行政诉讼的举证责任：由被告行政机关负担举证责任★
```

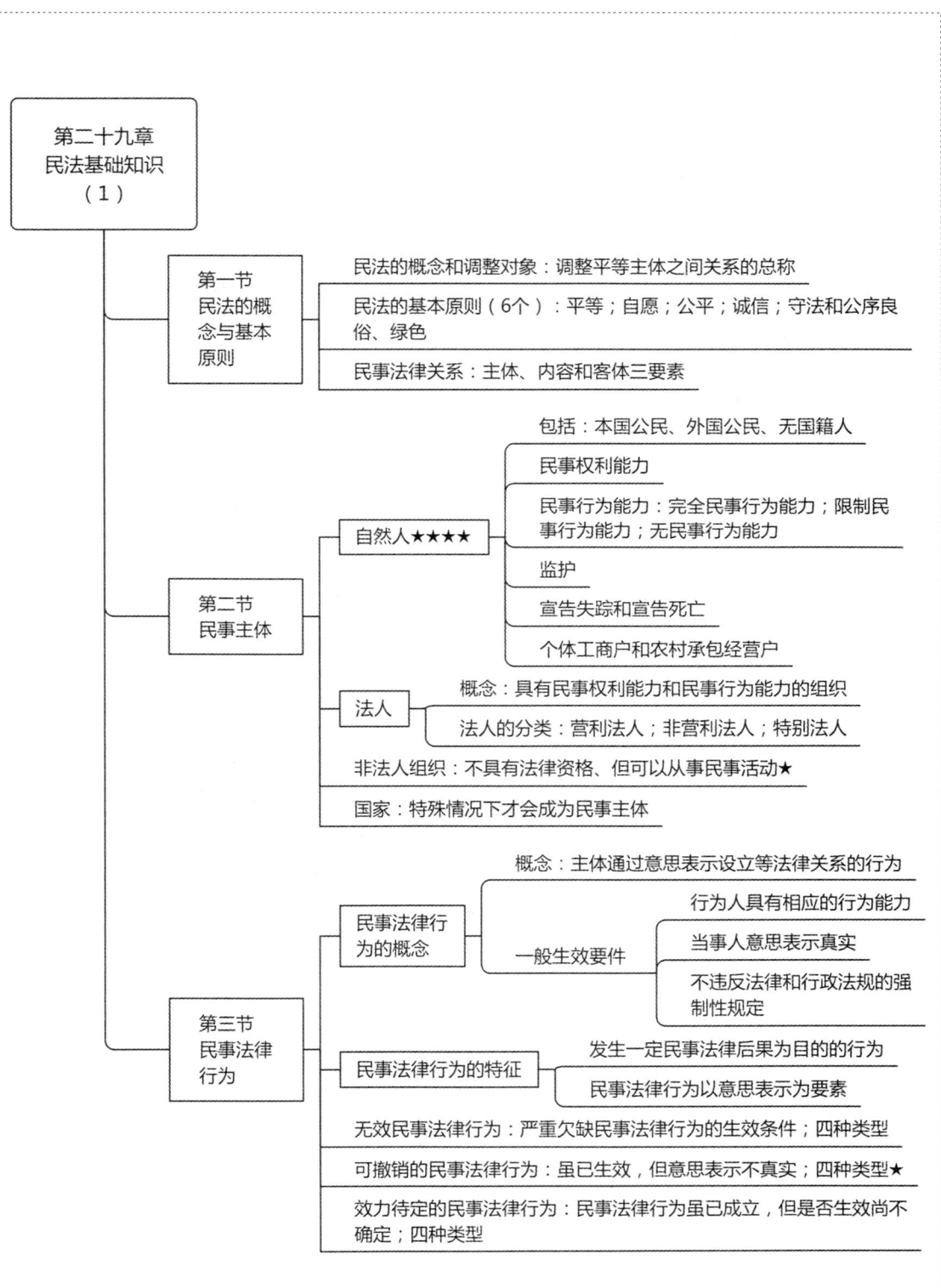

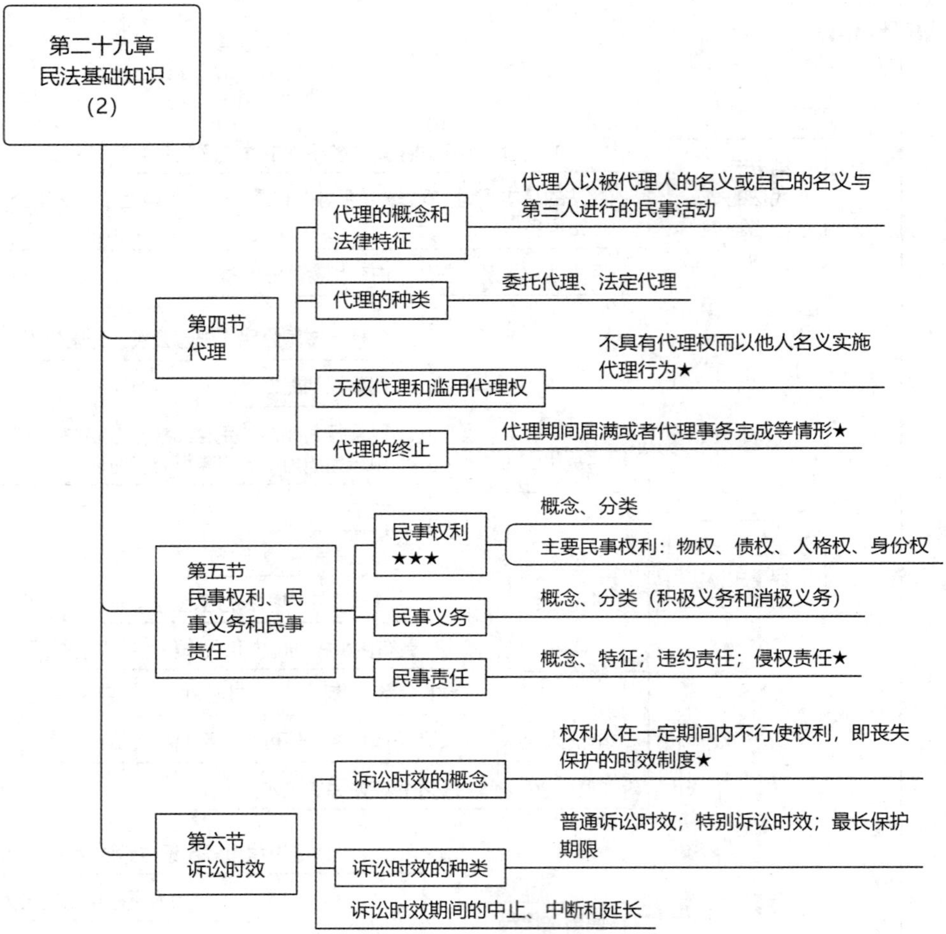

第二十九章 民法基础知识（2）

第四节 代理

- 代理的概念和法律特征：代理人以被代理人的名义或自己的名义与第三人进行的民事活动
- 代理的种类：委托代理、法定代理
- 无权代理和滥用代理权：不具有代理权而以他人名义实施代理行为★
- 代理的终止：代理期间届满或者代理事务完成等情形★

第五节 民事权利、民事义务和民事责任

- 民事权利★★★
  - 概念、分类
  - 主要民事权利：物权、债权、人格权、身份权
- 民事义务：概念、分类（积极义务和消极义务）
- 民事责任：概念、特征；违约责任；侵权责任★

第六节 诉讼时效

- 诉讼时效的概念：权利人在一定期间内不行使权利，即丧失保护的时效制度★
- 诉讼时效的种类：普通诉讼时效；特别诉讼时效；最长保护期限
- 诉讼时效期间的中止、中断和延长

思维导图

```
第三十章
诉讼与仲裁法
律基础知识
(1)
         │
         │                    ┌── 民事诉讼与民事诉讼法的概念 ── 审理、判决、执行等活动产生的各种诉讼关系的总和
         │                    │
         │                    ├── 民事诉讼法的基本原则（12个）── 当事人诉讼权利平等原则；诉讼权利义务同等原则和对等原则；以事实为根据，以法律为准绳原则；人民法院独立审批原则；自愿、合法调解原则；合议、回避、审批公开、两审终审原则、使用本民族语言文字进行诉讼原则、辩论原则、诚实信用原则和处分原则、对民事诉讼实行法律监督原则、支持起诉原则、在线诉讼与线下诉讼具有同等法律效力原则★
         │                    │
         │                    ├── 民事诉讼法的基本制度（4个）── 合议制；回避制；公开审判制；两审终审制★★★★
         │                    │
         └── 第一节            ├── 民事诉讼管辖 ── 级别管辖；地域管辖；专属管辖；协议管辖；裁定管辖★
             民事诉讼法        │
             基础知识          ├── 第一审普通程序 ── 起诉；立案登记与受理；审理前的准备；开庭审理★★
                              │
                              ├── 简易程序 ── 审判员一人独任审理
                              │
                              ├── 第二审程序 ── 上诉；审理★★
                              │
                              ├── 审判监督程序 ── 审判监督程序启动；人民检察院抗诉的再审案件
                              │
                              ├── 督促程序 ── 概念与适用范围；申请支付令的条件；申请与审查；支付令的效力★
                              │
                              ├── 公示催告程序 ── 申请条件（3个）；审理与受理；公告与权力申报（不得少于60日）；除权判决★
                              │
                              └── 执行程序 ── 执行申请；执行措施；执行中止和终结
```

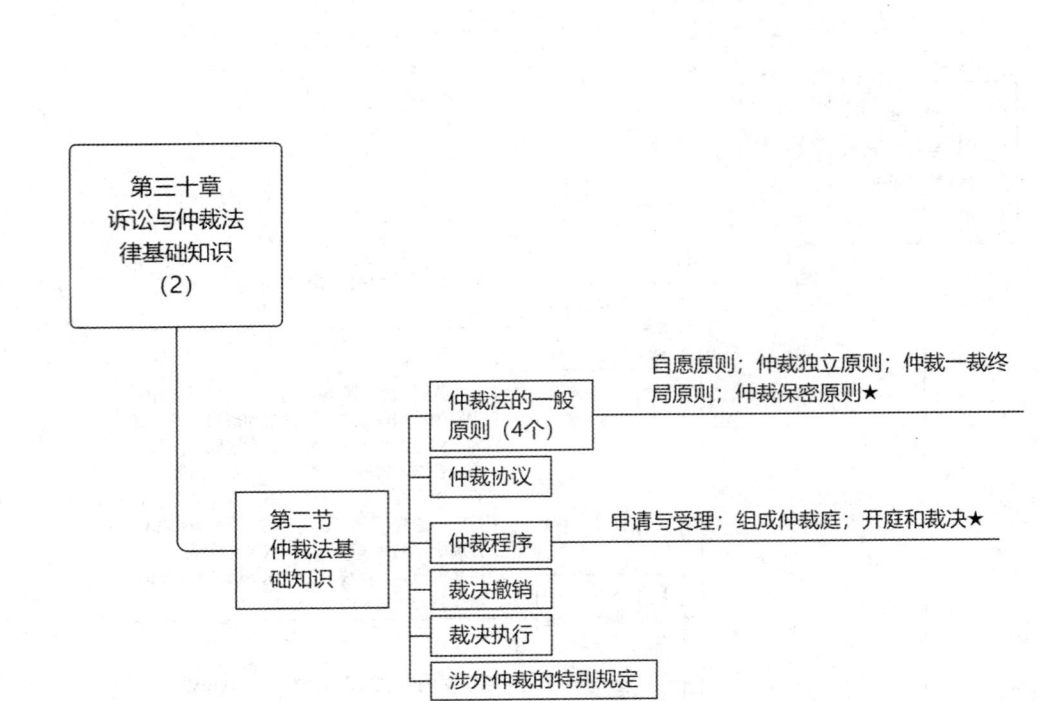

> **温馨贴士**

　　本部分内容共 5 章，考查分值为 23 分左右，具体内容涉及法的一般原理、中国特色社会主义法治体系、行政法基础知识、民法基础知识、诉讼与仲裁法基础知识。本部分内容需记忆、对文字性的知识考查较多，学习时重点掌握高频考点即可。法律部分的内容比较枯燥，一定要有足够的信心和耐心。需要留意新颖的案例题，做到在理解的基础上进行分析。

全真机考模拟

Day 58 至 Day 60

由于经济师考试形式为机考,为了真实模拟考场环境,本书提供三套试卷,需要通过电脑在线做题。

【领取试卷及做题步骤】

- 请扫右侧码领取模拟试卷。
- 登录环球网校官网(www.hqwx.com)。
- 点击《60天过经济师》全真机考模拟试卷。
- 进入界面之后即可开始做题。

扫码领取试卷

模考说明

【答题时长要求】3小时40分钟,两门考试中间有40分钟休息时间

【时间安排】8:30—10:00,10:40—12:10

亲爱的读者：

如果您对本书有任何 感受、建议、纠错，都可以告诉我们。

我们会精益求精，为您提供更好的产品和服务。

祝您顺利通过考试！

扫码参与调查

环球网校经济师考试研究院